人与自然和谐共生的中国式现代化研究

李萌萌

著

山东教育出版社

·济南·

图书在版编目（CIP）数据

人与自然和谐共生的中国式现代化研究／李萌萌著.

济南：山东教育出版社，2024.8. -- ISBN 978-7-5701-

3213-3

Ⅰ．D61

中国国家版本馆 CIP 数据核字第 2024Z9B699 号

REN YU ZIRAN HEXIE GONGSHENG DE ZHONGGUOSHI XIANDAIHUA YANJIU

人与自然和谐共生的中国式现代化研究　　　　李萌萌　著

主管单位：山东出版传媒股份有限公司

出版发行：山东教育出版社

地址：济南市市中区二环南路 2066 号 4 区 1 号　　邮编：250003

电话：（0531）82092660　　网址：www.sjs.com.cn

印　　刷：肥城新华印刷有限公司

版　　次：2024 年 8 月第 1 版

印　　次：2024 年 8 月第 1 次印刷

开　　本：710 毫米 ×1000 毫米　1/16

印　　张：14.75

字　　数：230 千

定　　价：60.00 元

（如印装质量有问题，请与印刷厂联系调换）印厂电话：0538-3460929

目录
Contents

绪 论

一、本研究的必要性和重要性

（一）必要性

工业化、现代化是世界潮流，是近代以来人类社会发展史上最深刻的社会变革，为西方发达国家带来了前所未有的财富和繁荣。在这个过程中，许多国家以"资本至上"为原则，将经济增长和利润最大化视为首要目标，以此指导现代化的发展。然而，这种发展模式却带来了人与自然、人与人之间的割裂与异化。一方面，人与自然之间的关系遭到了破坏。为了追求更高的经济效益，许多企业过度开发和消耗自然资源，导致资源枯竭、环境污染和生态失衡。生态环境问题不仅威胁着地球上其他生物的生存，也给人类的可持续发展带来了巨大的挑战。全球生态环境的恶化为人类敲响了警钟，气候变化、生物多样性丧失、水资源短缺等问题已经成为全球各个国家共同面临的问题与挑战，对人类的生存和发展构成了严重威胁。生态危机的加剧也推动人类反思在现代化过程中怎样处理人与自然之间的关系，生态环境的破坏不是自然界自身变化所引起的，而是由于人类从事违反自然规律的具有破坏性的实践活动所造成的。另一方面，人与人之间的关系也受到了割裂。在"资本至上"的价值观驱动下，社会出现了贫富分化、阶层固化和社会不公等问题。富人越来越富，穷人越来越穷，社会阶层的流动性降低，人们之间的信任和合作减少，社会矛盾和冲突加剧，还伴随着物欲横流、价值扭曲等问题。这种人与人之间的割裂不仅损害了社会的和谐稳定，也削弱了社会的凝聚力和发展潜力。

党的十八大以来，我国在指导思想和实际行动中，高度重视生态文明建设，将其放在国家发展全局的核心位置，在生态文明建设上展现了坚定的决心和务实的行动。生态文明建设不仅关乎人民的根本利益，也关乎中华民族的永续发展，更是新时代中国特色社会主义事业的重要内容。在理论上，明确提出"五位一体"总体布局，将生态文明建设与经济建设、政治建设、文化建设、社会建设并列，形成了全面建设社会主义现代化国家的新格局。"五位一体"总体布局强调生态文明建设在全局中的基础性和引领性作用，体现了我国对社会主义建设规律、人类社会发展规律理解与认识达到新的高度。在实践上，我国采取了一系列重大举措，推动生态文明建设取得了历史性、转折性、全局性的变化。加强生态环境保护立法，修订环境保护法、野生动物保护法等，不断完善生态环境法律法规体系。实施大气、水、土壤污染防治三大行动计划，坚决打好污染防治攻坚战，蓝天、碧水、净土保卫战取得显著成效。推进绿色低碳循环发展，加快能源生产和消费革命，大力发展可再生能源，推动产业结构、能源结构、交通运输结构优化调整。深化生态文明体制改革，建立并实施自然资源资产产权制度、生态环境损害赔偿制度、河长制、湖长制等，不断完善生态文明制度体系。在国际合作中，我国积极参与全球环境治理，为应对全球气候变化作出中国贡献。坚定支持《巴黎协定》，落实国家自主贡献目标，加大对发展中国家气候变化"南南合作"的支持力度。推动构建人类命运共同体，倡导绿色发展理念，共建"绿色一带一路"，与世界各国分享生态文明建设经验和成果。

习近平总书记在党的二十大报告中指出："中国式现代化是人与自然和谐共生的现代化。"世界上并不存在一种普遍适用的实现现代化的模式，每个国家的历史背景、文化传统、资源禀赋和社会发展水平都不尽相同，因此，每个国家的现代化道路都是独特的，都有其特定的内涵和标准。同样，也不存在一种普世的现代化标准，不同的国家有着不同的价值观念和发展目标，对于现代化的理解和追求也会有所差异。中国作为一个发展中国家，对"现代化"的追求是全方位的，不仅仅是经济上的富强，还包括政治、文化、社会和生态文明的全面发展。在中国式现代化道路中，体现出一个明显的生态向度。中国传统文化中有着深厚的生态智慧，如"天人合一"的理念，这也就是在强调人与自然的和谐共生，我们要在继承和发扬中华民族优秀传统文化的基础上，不断进行改革创新，形成具有中国特色的现代化道路。在现代化进程中，中国吸取了工业革命以来西方发达国家的教训，深刻认识到过度开发和消耗自然资源、破坏生态环境的危害性，因此，我国在追求经济发展的同时，也注重生态文明建设，将绿色发展理念贯穿到现代化建设的各个方面。

对于"人与自然和谐共生的中国式现代化"，我们要格外注意两个关键概念：一个是"人与自然和谐共生"，一个是"现代化"。在人与自然的关系上，我国倡导的"人与自然和谐共生"理念，这是对传统发展理念的超越，强调在尊重自然、顺应自然、保护自然的前提下，实现经济社会发展与生态环境保护的协同。这种理念体现了中国传统文化中的生态哲学思想，也符合当代世界范围内对于可持续发展的普遍追求。在具体实践中，我国通过推进绿色发展、循环经济、低碳技术，以及实施最严格的生态环境保护制度等来实现这一目标，旨在从源头上减少对自然环境的破坏，推动形成绿色发展方式和生活方式，实现经济社会发展与生态环境保护的双赢。在推进现代化的过程中，我国始终坚持以人民为中心的发展思想，不断满足人民日益增长的美好生活需要，这既包括物质文化生活的丰富，也包括自然生态环境的改善。通过不断深化改革、完善治理体系，提高治理能力等方式实现人与自然的和谐共生，为构建美丽中国、推动现代化的持续发展以及实现中华民族永续发展奠定坚实基础。

（二）重要性

加强人与自然和谐共生的中国式现代化研究，在理论和实践上具有重要意义。

1. 理论意义

一方面，丰富了马克思主义生态观的相关内容。马克思主义博大精深的思想体系中蕴含着丰富的生态观，马克思恩格斯基于资本和资本主义制度的反生态性，对资本主义进行了猛烈的抨击，科学阐释了人与自然关系、合理利用自然资源、发展循环经济等问题。党的十八大以来，我国在探索生态文明建设的过程中，始终坚持马克思主义生态观的指导地位，并在实践中不断创新发展，形成了习近平生态文明思想。这一思想大大推进了生态文明建设在理论、实践、制度等方面的创新，为新时代我国生态文明建设提供了理论遵循，标志着我国对社会主义生态文明建设的认识达到了一个新的高度，彰显了新时代生态文明建设的"守正创新"。其一是对马克思主义生态观中的辩证自然观进行了丰富和发展。马克思主义认为人是自然的一部分，人类应当通过劳动实践与自然建立和谐的关系，强调人类可以在遵循客观规律的基础上发挥主观能动性改造自然，但归根结底人是自然界的一部分，违背自然规律会产生整体性、负面性影响。我国生态文明建设对马克思主义人与自然关系理论进行了守正创新，与中国具体实际相结合，提出了一系列具有中国特色的生态文明理论并付诸实践。绿水青山就是金山银山、人与自然是生命共同体，良好的生态环境是最普惠的民生福祉，深入打好污染防治攻坚战，实行最严格的生态环境保护制度等一系列有利于实现人与自然和谐共生的论断，要求我们在发展经济的同时注重生态环境的保护，要尊重自然、顺应自然、保护自然。这些论断对人与自然的关系问题进行了深入系统的阐释，为马克思主义人与自然关系理论的发展提供了新的内容。其二是对马克思主义生态观中的绿色发展观进行了丰富和发展。马克思主义中蕴含着丰富的绿色发展思想，虽然马克思恩格斯在著作中没有直接提出绿色发展的理念，但是他们通过批判资本主义生产方式，揭露出在资本主义大生产条件下对自然资源的无度利用，间接凸显出集约型经济、循环经济发展的重要性。我国经济社会发展应遵循自然界客观规律，理性对待自然，"着力构建绿色低碳循环经济体系，有效降低发展的资源环境代价，持续增强发展的潜力和后劲"①。其三是对马克思主义生态观中的生态政治观进行了丰富和发展。马克思恩格斯对资本主义政治制度破坏生态环境进行了批判，资本在追逐利润的驱使下，敢于冒绞首的危险以及践踏人间一切法律，阐明了资本主义政治制度对自然生态具有毁灭性。他们对资本主义政治制度批判的内容包括资本主义生态问题的实质是自然异化，自然异化是异化劳动的产物，资本主义既是劳动异化的根源，也是自然异化的根源；资本逻辑是生态危机的根源，马克思将资本比喻为"狼人"和"吸血鬼"，在资本逻辑的驱使下，人逐渐由自然的产物变成了资本的傀偏，不断从自然界中无限制地索取；资本主义全球拓展加剧了生态殖民，资本主义国家为了保护生态环境，将污染严重的重工业大规模转移到欠发达国家，甚至把欠发达国家变为它们的生态垃圾场，这本质上就是一种赤裸裸的生态殖民行为。人与自然和谐共生的中国式现代化要

---

① 《全面推进美丽中国建设加快推进人与自然和谐共生的现代化》，《人民日报》，2023年7月19日。

坚持党的全面领导，建设社会主义生态文明。习近平总书记从战略全局的高度指出我们党在生态文明建设中的统领地位，在为中国人民谋幸福、为中华民族谋复兴的初心与使命中不断推动生态环境保护事业的发展与壮大。

另一方面，为人类对现代化理论的探索作出新贡献。将人与自然和谐共生作为中国式现代化的重要特征和本质要求之一，充分反映了我国对现代化的认识达到新高度。人与自然和谐共生的中国式现代化丰富了社会主义原则的中国式现代化理论，在党的二十大报告中，习近平总书记指出了中国式现代化的本质要求，即坚持中国共产党领导，坚持中国特色社会主义，实现高质量发展，发展全过程人民民主，丰富人民精神世界，实现全体人民共同富裕，促进人与自然和谐共生，推动构建人类命运共同体，创造人类文明新形态。在现代化进程中，西方国家基本都走过了"先污染后治理"的老路。1952年，伦敦发生了著名的"大烟雾"事件，由于工业排放废气，导致了大规模的空气污染，造成数千人死亡；20世纪40年代，洛杉矶成为光化学烟雾的代名词。汽车尾气和工业排放废气导致了严重的空气污染问题，对公众健康产生了严重影响；19世纪末，随着工业化和城市化的快速发展，塞纳河受到了严重的污染。人与自然和谐共生的中国式现代化要求打破西方对现代化理论和话语的垄断，在现代化建设过程中充分考虑基本国情、经济发展条件、历史文化传统以及永续发展问题，对现代化的内涵进行了拓展，拓展人类对什么是现代化的认识。现代化不仅仅是经济的现代化，它涉及科技、政治、文化、民生、生态等多个方面，能够实现全面持续发展的现代化才是我们推崇的现代化。我国所追求实现的环境治理体系与治理能力现代化是同社会主义初级阶段的阶段性提升与绿色转型结合在一起的。这种现代化不是经济技术层面上的修补或迭代，也不是简单模仿或引入欧美国家现存的生态环境公共政策与管理制度。

2. 实践意义

第一，有利于助力我国社会主义现代化强国的建设。人与自然和谐共生作为中国式现代化的重要特征，体现了我国在经济社会发展过程中尊重自然、顺应自然、保护自然的原则。这一理念既是中国式现代化的重要目标，也是实现中华民族伟大复兴中国梦的重要内容。在人类认识世界和改造世界的过程中，如何解决人与自然的关系问题，一直是人类面临的重大课题。从农业文明到工业文明，人类在取得巨大物质财富的同时，也面临着资源枯竭、环境污染等问题。因此，探索人与自然和谐共生的发展道路成了人类社会的共同追求。我国在实现现代化的进程中，应充分发挥人的主观能动性，尊重自然规律，注重保护自然环境，从而实现人与自然的和谐共生。在建设社会主义现代化强国的过程中，人与自然和谐共生更是一个需要我们深入研究的重大课题。我们要坚定不移地走绿色发展、循环发展、低碳发展之路，全面提高资源利用效率，加大生态环境保护力度，构建人与自然和谐共生的现代化建设新格局。

第二，有利于保障人民群众享有更好的生态环境。人与自然和谐共生的中国式现代化的实现直接关系人民福祉。自然环境是人类赖以生存和发展的基础，良好的生态环境是人民群众幸福生活的重要保障。如果人与自然的关系紧张，环境污染、资源枯竭等问题将严重威胁人民群众的身体健康和生活质量。在经济发展过程中，我们要注重资源的合理利用和环境的保护，推动绿色、低碳、循环的发展方式。通过减少污染物的排放、提高能源利用效率、发展清洁能源等措施，提高人民群众的生活质量。实现人与自然和谐共生的中国式现代化有利于保障人民群众享有更好的生态环境，增进民生福祉，提高人民生活品质。

第三，有助于实现中华民族永续发展的千年大计。促进人与自然和谐共生，不仅是人类社会在面临生态破坏这一现实情况亟须解决的问题，更是关乎民族未来的重大课题。中华民族是一个拥有悠久历史和灿烂文化的民族，但在现代化进程中，自然资源、生态环境为民族的永续发展提供最基本的物质保障，因此，实现人与自然和谐共生的中国式现代化是关乎中华民族永续发展的千年大计。

第四，为解决现代化中的世界性难题提供了中国方案。人类只有一个地球，人类也只有一个共同的未来。人与自然和谐共生的中国式现代化，不仅是对传统发展模式的深刻反思，也是对可持续发展理念的坚定践行。在这一理念指导下，现代化发展树立了警惕生态破坏的红线，并确立了应对全球生态危机的底线。这种发展模式具有鲜明的中国特色，而且为全球特别是发展中国家在实现现代化过程中处理人与自然关系提供了可供参考和借鉴的路径。人与自然和谐共生的中国式现代化强调在发展经济的同时，注重生态环境保护，实现人与自然的和谐共生。这既是对自然规律的尊重，也是对人类未来的责任担当。同时，体现了浓厚的本土化色彩，将生态文明战略与中国的国情紧密结合，推进生态文明战略在我国落细落实、生根发芽。人与自然和谐共生的中国式现代化的成功实践，更为解决全球生态环境问题作出了中国贡献。在应对气候变化、保护生物多样性、防治土地沙漠化等全球性环境问题上，中国积极参与国际合作，推动构建人类命运共同体。同时，中国也通过"南南合作"等方式，与发展中国家分享生态环境保护的经验和技术，帮助他们实现可持续发展，为全球特别是发展中国家提供了可借鉴的发展路径。

二、国内外研究现状评述

自习近平总书记提出人与自然和谐共生观开始，学术界对人与自然和谐共生展开了广泛且深入细致的研究。党的二十大报告指出，中国式现代化是人与自然和谐共生的现代化，将人与自然和谐共生作为中国式现代化的重要特征和本质要求之一。学术界对人与自然和谐共生的中国式现代化掀起了研究阐释的热潮。

（一）国内研究现状

目前学术界对于人与自然和谐共生的中国式现代化的研究主要聚焦在对人与自然和谐共生的中国式现代化的理论内涵、原则要求、现实制约、实现路径、现实意义五个方面的研究。

第一，对人与自然和谐共生的中国式现代化的理论内涵的研究。

郇庆治等在《"人与自然和谐共生的中国式现代化"阐释的三重维度》（2024）中指出，"人与自然和谐共生的中国式现代化"这一论题或概念的三个主要理论向度是中国式现代化理论的"生态观"、中国特色社会主义（现代化发展）理论的"生态维度"、习近平生态文明思想的"世界观方法论意蕴"。为了对人与自然和谐共生的中国式现代化做具体深入的学理性分析，"中国式现代化理论""中国特色社会主义理论""习近平生态文明思想"更多是在一种相对狭义的话语意义上来使用的，而就其宽泛意义而言，这三者尤其是它们的生态维度或意涵又是彼此融通甚至是合为一体的。[①]

---

① 郇庆治，苗旭琳. "人与自然和谐共生的中国式现代化"阐释的三重维度［J］. 南京工业大学学报（社会科学版），2024，23（01）：1-11+113.

　　马元喜等在《人与自然和谐共生的中国式现代化———一项基于多维度的历时性考察》（2024）中指出，作为生成性过程概念，通过对人与自然和谐共生的中国式现代化进行多维度的历时性考究，能够系统阐明通往现代化新形态的演进过程、阶段特质与内在机理。要深入理解我国通往人与自然和谐共生现代化新形态的内在逻辑，就必须将其置于历史长河中进行考察。我国的现代化建设历程可以划分为传统、统筹和创新，这三个阶段分别体现了对现代化新形态的认知导向、关系特征和实现机理。在这个过程中，我们对于自然的认知也发生了深刻的变化，从最初将其视为生产的质料到发展的保障条件转变为最终将其视为一种新型的财富，充分体现出自然的价值、地位和功能。随着我们对自然观认知的变化，人与自然的关系也发生了转变。在新中国成立初期，由于传统工业化的发展，人与自然的关系相对疏离。在统筹现代化阶段，我们开始重视人与自然的共在共存，这为创新阶段共生共荣关系的建立奠定了基础。在这一关系转变的过程中，发展理念也经历了从发展优先到统筹兼顾，再到生态优先的转变。人与自然和谐共生现代化新形态得以逐步确立。①

　　彭璞在《论人与自然和谐共生的中国式现代化环境伦理》（2023）中批判了"资本至上"的现代化逻辑和机械对立的人与自然关系，进而指出西方现代化只是现代化的低维表象，不是现代化的高维本质。如果一个国家的制度具备推动国家不断向前、向上发展的能力，那么这个国家就拥有了实现现代化的条件。人与自然和谐共生既是认识论、价值论的问题，也是发展论、实践论的问题。人与自然和谐共生的中国式伦理观的构造包含了"以人民为中心"的生态价值观、"人与自然生命共同体"的生态整体观、"绿水青山就是金山银山"的绿色发展观、"山水林田湖草沙冰是生命共同体"的系统治理观。②

　　司林波等在《人与自然和谐共生的中国式现代化：生成逻辑、时代意蕴与治理图景》（2023）中展现了从历史看中国和从中国看世界两个维度，来阐

　　① 马元喜，方盛举.人与自然和谐共生的中国式现代化———一项基于多维度的历时性考察［J/OL］.学术探索：1-10［2024-04-10］.http://kns.cnki.net/kcms/detail/53.1148.c.20240209.1251.004.html.
　　② 彭璞.论人与自然和谐共生的中国式现代化环境伦理［J］.世界经济与政治论坛，2023（02）：27-40.

释人与自然和谐共生的中国式现代化的时代意蕴。人与自然和谐共生的中国式现代化具有鲜明的中国特色，包括融合了中华优秀传统文化的精髓，彰显了马克思主义理论的独特魅力；破解了人与自然对立冲突的难题，开启了传统现代化道路的生态转型；拓展了现代化的生态向度，实现了现代化发展理念的历史超越。人与自然和谐共生的中国式现代化更具有重要的世界意义，包括打破"生态化等于西方化"的思维定式，为发展中国家走向生态现代化贡献中国智慧；阐明"零和博弈走向正和博弈"的逻辑理路，为构建人类命运共同体贡献中国力量；确定"生态文明超越工业文明"的价值判断，为创造人类文明新形态贡献中国方案。[1]

于舟等在《人与自然和谐共生的中国式现代化——基于马克思物质变换思想的分析》（2023）一文中对人与自然和谐共生的中国式现代化进行了理论溯源，并基于发展理念、发展方式、发展目标三维框架对人与自然和谐共生的中国式现代化的科学内涵进行了分析。基于发展理念，人与自然和谐共生的中国式现代化实现了从资本逻辑转向生态逻辑，贯彻绿色发展理念；从单维度财富观转向多维度财富观，确立生态财富观；发展评价标准从单一化转向多元化，强调绿色评价指标。基于发展方式，人与自然和谐共生的中国式现代化构建绿色低碳循环发展的生产体系，建立健全绿色流通体系，完善有利于生态资源转化为生态财富的分配体系，建立人与自然和谐共生的绿色消费体系。基于发展目标，人与自然和谐共生的中国式现代化要满足人民日益增长的美好生活需要以及探寻提高居民收入的经济增长新动力。[2]

曾嵘等在《中国式现代化是人与自然和谐共生的现代化》（2023）中指出，人与自然和谐共生的中国式现代化是人与自然关系的高级形态，是生产与生态相统一、发展与保护相统一的现代化，内蕴了人之"生"与自然之"生"的统一。马克思主义关于人与自然关系的论述、中国古代"天人合一"的哲学

① 司林波，裴索亚.人与自然和谐共生的中国式现代化：生成逻辑、时代意蕴与治理图景［J］.西北大学学报（哲学社会科学版），2023，53（03）：159-168.
② 于舟，万立明.人与自然和谐共生的中国式现代化——基于马克思物质变换思想的分析［J］.经济问题，2023（11）：1-7.

思想、西方生态思想中人与自然关系的观点是其理论依据。[①]

李雪娇等在《人与自然和谐共生：中国式现代化道路的生态向度研究》（2022）中指出，马克思主义政治经济学蕴含的丰富生态思想为人与自然和谐共生的现代化探索提供了理论依据，包括人类社会发展与自然的发展是内在统一的辩证关系、自然力是生产力发展的生态基础和源泉、资本主义的工业化发展导致物质变换裂缝、资本主义制度是造成生态环境问题的根本原因。中国式现代化道路的生态向度包含了以生命共同体为理念先导、以建设美丽中国为目标引领、以碳达峰和碳中和为战略设计、以绿色发展为实现路径、以环境治理体系为可靠保障的科学内涵。进而指出中国式现代化道路生态向度在马克思主义人与自然关系理论、马克思主义生产力理论、马克思主义财富理论、马克思主义制度建设理论方面的理论创新。[②]

第二，关于人与自然和谐共生的中国式现代化的基本原则与要求研究。

张永生著的《中国式现代化的生态观》（2023）是《中国式现代化"六观"》丛书之一，本书具有严密流畅的内在逻辑，导论部分点出中国式现代化的独特生态观，正文开篇从全局高度概述生态文明建设的思想指南，第二、三、四章分别从"人与自然和谐共生的现代化""发展观的深刻革命""生态文明制度建设与基本经验"阐释生态观包含的各项议题，最后两章将视角从国内扩大到全球和全人类，论述了中国式现代化生态观的世界意义和在开创人类文明新形态中所起的积极作用。书中对为什么建设生态文明、建设什么样的生态文明、怎样建设生态文明做了系统详细的阐述，这也是生态文明建设的思想指南。[③]

洪银兴著的《中国式现代化论纲》（2023）在阐明世界现代化一般特征基础上，基于中国国情系统阐述中国共产党领导的社会主义现代化的中国特色。本书从现代化角度系统总结我国全面建成小康社会的经验，重点阐述正在开启

---

① 曾嵘，王立胜.中国式现代化是人与自然和谐共生的现代化［J］.广西大学学报（哲学社会科学版），2023，45（03）：17-27.

② 李雪娇，何爱平.人与自然和谐共生：中国式现代化道路的生态向度研究［J］.社会主义研究，2022（05）：17-24.

③ 张永生.中国式现代化的生态观［M］.重庆：重庆出版社，2023：9-27.

的社会主义现代化新征程所涉及的发展道路和相应的发展战略问题，尤其关注新发展阶段贯彻新发展理念、构建新发展格局、推进高质量发展对中国式现代化道路的新拓展，全面论述中国式现代化道路所开创的人类文明新形态。书中第七章"生态现代化和人与自然的和谐共生"从生态文明时代的现代化、生态文明时代的生态现代化、绿色发展的现代化道路三个方面论证了我国已迈入由工业文明转向生态文明的新时代，要求我们要将保护和改善生态环境提高到保护和发展生产力的高度，创新财富观以及明确碳达峰、碳中和的时间表。①

王军旗在《中国式现代化十三讲》（2023）中以习近平新时代中国特色社会主义思想为指导，以党的二十大报告为依据，以辩证唯物主义和历史唯物主义为方法和工具，对现代化的一般规律和中国式现代化的特征展开系统深入的研究。在第八讲《中国式现代化是人与自然和谐共生的现代化》中指出，人与自然和谐共生是人类文明发展的基本问题。一方面，人与自然和谐共生是华夏农业文明延续的根基；另一方面，生态衰则文明衰，我国生态文明建设经历了用绿水青山换金山银山、既要绿水青山又要金山银山、绿水青山就是金山银山三个阶段，生动展现了没有绿水青山的现代化不是真正的现代化。同时，我们要通过坚持绿色发展、打好环境污染防治攻坚战、加强生态系统保护、推进碳达峰与碳中和等途径打好绿色发展"组合拳"，不断书写人与自然和谐共生的现代化新篇章。②

孙佑海、谈珊、田源著的《人与自然和谐共生的现代化》（2022）是"全面建设社会主义现代化国家研究丛书"的第1辑。本书指出，人与自然的关系经历了"和谐—失衡—新的和谐"的曲折发展历程后，被西方社会奉为铁律的生态环境"破坏—恢复—再破坏—再恢复"的传统发展模式已发生根本性动摇。世界各国迫切地想要找到一条科学处理人与自然的关系、实现人类发展与生态保护共赢的新路，人与自然和谐共生的现代化道路应运而生。书中指出，习近平生态文明思想是人与自然和谐共生现代化的指导思想，并具体论述了人与自然和谐共生思想、"绿水青山就是金山银山"思想、"良好生态环境是最普

---

① 洪银兴.中国式现代化论纲［M］.南京：江苏人民出版社，2023：161-175.
② 王军旗.中国式现代化十三讲［M］.银川：宁夏人民出版社，2023：153-162.

惠民生福祉"思想、"山水林田湖草是生命共同体"思想、"用最严格制度、最严密法治保护生态环境"思想、"共谋全球生态文明建设"思想。在建设人与自然和谐共生现代化中，我们要遵循新发展理念、双碳战略目标、高质量发展定位。①

张云飞、李娜在所著的《建设人与自然和谐共生的现代化》（2022年）中考察了建设人与自然和谐共生现代化的发展坐标、文明坐标、道路选择、主要内涵、基础工程、降碳行动、治理保障、动员机制、创新抉择、社会目标等问题。书中指出，建设人与自然和谐共生现代化要促进人力资源的长期绿色均衡发展，保障脱贫人口的长期的可持续生计，保障人民群众的生态环境健康权益，满足人民群众的优美生态环境需要。②

李湖在《促进人与自然和谐共生是中国式现代化的本质要求》（2023）中指出，走好人与自然和谐共生的中国式现代化之路要加快发展方式绿色转型，要深入推进环境污染防治，要提升生态系统多样性、稳定性、持续性，要积极稳妥推进碳达峰、碳中和。③

叶海涛等在《论人与自然和谐共生的中国式现代化》（2023）中对世界现代化进程中人与自然关系的"物质变换裂缝"、中国现代化进程中人与自然关系的历史演进做出详细介绍，最终指出坚持走人与自然和谐共生的中国式现代化道路，必须树立"绿水青山就是金山银山"的核心理念，必须坚持"统筹山水林田湖草沙"系统治理的基本思路，必须以"最严格制度和最严密法治"为实施保障。④

张云飞在《人与自然和谐共生：中国式现代化的生态维度和本质要求》（2023）中指出，资源、环境、生态、气候等自然要素是社会经济发展的自然

① 孙佑海、谈珊、田源. 人与自然和谐共生的现代化［M］. 天津：天津大学出版社，2022：47-87.

② 张云飞、李娜. 建设人与自然和谐共生的现代化［M］. 北京：中国人民大学出版社，2022：197-205.

③ 李湖. 促进人与自然和谐共生是中国式现代化的本质要求［J］. 红旗文稿，2023（03）：45-48.

④ 叶海涛，张劲松. 论人与自然和谐共生的中国式现代化［J］. 江苏行政学院学报，2023（03）：5-12.

物质条件，是影响和制约现代化的基础变量，建设人与自然和谐共生的现代化要坚持以节约集约方式实现现代化、坚持以清洁循环方式实现现代化、坚持以生态优先方式实现现代化、坚持以绿色低碳方式实现现代化。[1]

第三，关于人与自然和谐共生的中国式现代化的现实制约研究。

钱海在《生态文明与中国式现代化》（2023）中阐明了生态文明概念的由来、内涵，探讨了生态文明与中国式现代化之间的关系，阐释了至今仍有现实意义的中国古代生态智慧及启示，分析了当前推进生态文明建设的难点和重点工作，并着重探讨了国家公园建设、碳达峰与碳中和、参与全球环境治理等重点任务，从实际出发提出了若干对策措施，旨在为建设美丽中国、实现人与自然和谐共生的中国式现代化贡献绵薄之力。书中第四章着重阐述了中国生态文明建设面临的矛盾和挑战：一是生态文明的践行存在"知行合一难"的问题，二是生态文明管理体制存在"条块分治和系统治理协同难"的问题，三是生态文明建设投入转化未能发挥最大功效，四是"绿水青山就是金山银山"的转化路径需要进一步探索，五是要不断丰富和完善解决环境问题的经济手段。[2]

吕景春等在《人与自然和谐共生的中国式现代化——内在逻辑、现实制约与路径选择》（2023）中指出，现实中存在的诸多深层次矛盾和问题将会对"产业模式—制度保障—价值旨归"的融合互动方式构成制约，区域生态质量分异明显、绿色技术创新不充分不协调、"双碳"目标面临多重挑战、生态文明制度设计存在短板等都会构成制约。[3]

第四，关于实现人与自然和谐共生的中国式现代化道路的实现路径研究。

人民日报理论部主编的《中国式现代化》（2021）一书阐释了习近平总书记强调的中国式现代化的五个特征，即人口规模巨大的现代化，全体人民共同富裕的现代化，物质文明和精神文明相协调的现代化，人与自然和谐共生的现

---

[1] 张云飞. 人与自然和谐共生：中国式现代化的生态维度和本质要求［J］. 南京工业大学学报（社会科学版），2023，22（01）：1-12+111.

[2] 钱海. 生态文明与中国式现代化［M］. 北京：中国人民大学出版社，2023：86-103.

[3] 吕景春，韩俊喆. 人与自然和谐共生的中国式现代化——内在逻辑、现实制约与路径选择［J］. 南开学报（哲学社会科学版），2023（06）：1-11.

代化，走和平发展道路的现代化，这是我国现代化建设必须坚持的方向。书中在第五章论述了人与自然和谐共生的现代化，指出要推动经济社会发展全面绿色转型；建设人与自然和谐共生的现代化；处理好生产生活和生态环境保护的关系，把保护城市生态环境摆在更加突出位置；不断提升生态总价值；着眼如期实现碳达峰、碳中和目标，积极建设人与自然和谐共生的现代化；建设人与自然和谐共生的现代化六个方面。①

王雨辰等在《中国式现代化的形态建构、动力要素与实践进路——以人与自然和谐共生为分析视角》（2024）中指出了人与自然和谐共生与中国式现代化的实践进路：其一是坚持中国共产党领导，坚持中国特色社会主义；其二是坚持以人民为中心的发展思想；其三是中国式现代化经历了以注重经济发展与环境保护二者统一关系的工业文明下的环境保护，到注重人与自然和谐共生关系的生态文明理念的转变；其四是坚持新发展理念，构建新发展格局，实现绿色低碳高质量发展。②

阮睿颖等在《人与自然和谐共生：中国式现代化的理论借鉴、生态反思和实践创新》（2023）中指出，实现人与自然和谐共生的中国式现代化要坚持以中国共产党的领导为根本统领，坚持以人民为中心的价值追求，坚持全方位、全地域、全过程的生态文明建设，坚持经济发展与环境保护相协调的绿色发展，坚持以人类命运共同体理念推进全球可持续发展。③

张震等在《人与自然和谐共生的中国式现代化之法治体系与方略》（2023）中较为系统地论述了如何将人与自然和谐共生的中国式现代化工作全面纳入法治轨道。在新时代新征程上，我们要坚持以问题为导向，坚定不移地遵循和全面强化党的领导这一核心原则。我们要建立一个上下结合、双向互动的动力机制，并以系统化、整体化、协同化的法治思维和方法论作为指导，按

① 人民日报理论部.中国式现代化［M］.北京：东方出版社，2021：205-237.

② 王雨辰，张熊.中国式现代化的形态建构、动力要素与实践进路——以人与自然和谐共生为分析视角［J］.新疆师范大学学报（哲学社会科学版），2024，45（03）：7-15+1.

③ 阮睿颖，余永跃.人与自然和谐共生：中国式现代化的理论借鉴、生态反思和实践创新［J］.学习与实践，2023（05）：3-13.

照"最严格的制度、最严密的法治"这一要求，在多个方面实现重大进展：加快弥补生态环境立法的不足，显著增强生态环境执法的综合效果，稳健推动环境资源审判的专业化以及扎实提升生态环境法治宣传教育的实效。同时，还要构建一个以人与自然和谐共生为目标的中国特色法学知识体系，以更严格的标准和更高的要求，全面推动中国在法治道路上实现人与自然和谐共生的现代化进程。①

余玉湖在《人与自然和谐共生的中国式现代化道路生态图景》（2022）中指出，中国式现代化道路是实现人与自然的和解之路，是实现人与自然和谐共生的发展之路，我们要坚持人与自然的和谐发展，坚持绿色低碳发展，坚持整体系统发展，坚持以人民为中心、实现民生福祉的发展来实现美丽中国建设，同时还要以人与自然和谐共生为目标建设美丽世界。②

第五，关于人与自然和谐共生的中国式现代化的现实意义研究。

常庆欣著的《人与自然和谐共生的中国式现代化》（2024）是"中国式现代化鲜明特色研究系列丛书"之一，本书以习近平生态文明思想为根本遵循，从与传统文化的联系、国际模式的比较、中国特色的生成、战略谋划的设计、伟大成就的实现的综合视角，立体化展示中国式现代化人与自然和谐共生的特征。书中指出，人与自然和谐共生现代化具有显著优势，有利于构建人与自然和谐共生的现代化制度体系、形成生态文明和经济发展相得益彰的新路、建设全球生态保护治理体系、助推社会主义现代化强国建设以及彰显人类文明新形态之新。③

解超著的《中国式现代化的文明贡献研究》（2023）是"中国式现代化理论与实践研究丛书"之一，本书由八部分组成，其中导论部分主要从人类社会发展以及文明演进一般规律的视角来论述中国式现代化的发生、方位与意义；

① 张震，袁周斌.人与自然和谐共生的中国式现代化之法治体系与方略［J］.重庆大学学报（社会科学版），2023，29（02）：196-208.

② 余玉湖，李景源.人与自然和谐共生的中国式现代化道路生态图景［J］.当代世界与社会主义，2022（05）：42-48.

③ 常庆欣.人与自然和谐共生的中国式现代化［M］.北京：中国人民大学出版社，2024：163-184.

第一章聚焦中国式现代化的发展历程、基本特征、文明价值等内容；第二章到第六章分别从物质文明、政治文明、精神文明、社会文明、生态文明五个方面来论述中国式现代化对人类文明的伟大贡献；结语部分主要对"中国式现代化的文明贡献"这一论题的主要观点进行总结与归纳。在第六章中指出，中国式现代化完善了人类生态文明的理论建构、探索了人类生态文明建设的特色之路、形成了生态文明建设的中国方案以及共谋人类生态文明建设的全球生态治理模式。①

辛向阳著的《中国式现代化》（2022）围绕中国式现代化道路的历史渊源、基本内涵、社会主义性质与特征、党的领导的作用、科学社会主义基本原则的运用与发展、破解人类现代化难题等进行展开。书中指出，人与自然和谐共生的现代化有利于我国实现有未来的发展，生态文明建设是关乎中华民族永续发展的根本大计，保护生态环境就是保护生产力，改善生态环境就是发展生产力，决不以牺牲环境为代价换取一时的经济增长。②

韩秋红在《中国式现代化人与自然和谐共生的本质特征与世界意义》（2023）中指出，"人与自然和谐共生"作为中国式现代化的本质要求与基本特征，这既是马克思主义经典作家关于人与自然关系思想的时代发展，更是在现代化发展路径上昭示了绿色、低碳、循环、可持续的发展之路，为解决生态问题这一世界性问题提供了中国理念和中国方案，使其呈现出世界性的历史意义。③

李宏伟在《建设人与自然和谐共生的中国式现代化研究》（2023）中指出，在党的二十大报告中，习近平总书记把"人与自然和谐共生的现代化"提升到中国式现代化内在要求的高度，体现出在中国式现代化建设的过程中，人与自然和谐共生的重要性。人与自然和谐共生是对西方式现代化的历史性超越、是社会主义制度优越性的重要体现、是以人民为中心思想的必然要求、是

---

① 解超.中国式现代化的文明贡献研究［M］.上海：上海人民出版社，2023：220–249.

② 辛向阳.中国式现代化［M］.南昌：江西教育出版社，2022：10.

③ 韩秋红.中国式现代化人与自然和谐共生的本质特征与世界意义［J］.社会科学家，2023（02）：18–23.

中华民族永续发展的必由之路。①

（二）国外研究现状

目前国外学者关于"人与自然和谐共生的现代化"的直接研究较少，但是在生态环境的改善与治理方面有较多研究。

第一，关于中国环境治理的研究。

关于中国环境治理与非国家行为体关系的问题。Guttman Dan指出，在西方，政府解决环境问题的能力有限，引发了各种"非国家行为体"的兴起，以补充政府的努力或为解决环境问题提供替代机制。中国在解决环境问题方面的努力反映了制度化的治理过程，这种过程与西方的平行过程不同，对国内环境治理实践和中国"走出去"的治理产生了重大影响。中国的治理过程模糊了国家与其他行为体之间的区别。随着中国在全球环境事务中发挥主导作用，学者和从业者必须提高对西方非国家行为体所开创的角色如何转化为中国环境的理解，在这种背景下，中国的相关机构不仅在国内发挥重要作用，而且可能承担全球领导作用，中国正在开发一种非国家行为体在环境治理中的作用的替代模式。②

关于中国"一带一路"倡议的相关研究。Coenen Johanna等学者指出，中国于2013年启动的"一带一路"倡议，作为一项影响深远的基础设施发展和投资战略，正式涉及130多个国家，"一带一路"倡议的扩大引发了有关其产生的环境影响及其对环境治理产生的影响等重要问题。该研究探讨了中国如何积极地设想"绿色一带一路"制度架构，并考虑了"一带一路"环境治理中涉及的关键参与者、政策和举措。目前"绿色一带一路"倡议的制度架构依赖于自愿的企业自治以及众多国际和跨国可持续发展倡议。"一带一路"环境治理的成效不仅取决于中国的优先事项和承诺，还取决于"一带一路"伙伴国家维护、

① 李宏伟.建设人与自然和谐共生的中国式现代化研究［J］.理论视野，2023（01）：12–18.

② Guttman Dan, Young Oran, et al. Environmental governance in China: Interactions between the state and "nonstate actors"［J］. Journal of Environmental Management, 2018, 220: 126–135.

实施和执行严格的环境法律法规的政治意愿和能力。①

关于中欧环境治理合作中的法治推进。Yang Yifan等学者认为，作为高度重视的国际规范之一和欧盟的创始原则之一，法治在有效的环境治理中发挥着重要作用，欧盟的经验证明了这一点。随着中国面临严重的环境问题并寻求跨境解决方案，欧盟在这一领域的成功提供了有益的教训。在中国，环境法的制定在一定程度上反映了法治原则，执法能力建设、提高公众环境权利意识和公众参与环境诉讼也很重要。法治是通过自上而下的执法方法、自下而上的提高环境权力意识以及公众参与的伙伴关系项目来促进的，这解释了欧盟的法治是如何在双边方案中得到促进的。在考虑欧盟和中国在环境治理中应用法治的差异时，特别强调了在实施环境规划期间如何提高公众对环境权利和公众参与的认识。②

第二，关于全球治理的内涵研究。

尽管全球环境治理概念的起源较晚，但今天在这一术语下构建的大部分内容都有前身，可以追溯到1972年斯德哥尔摩联合国人类环境会议前后对国际环境合作的研究。目前，关于"全球治理"有三种较为广泛的用法，可以概括为分析性、计划性和批判性③，这些用法也与狭义的全球环境治理概念有关。在分析性方面，使用"全球治理"一词来理解当前的社会政治转型，有的学者将全球治理概念局限于外交政策问题和更传统的世界政治形式，比如将全球治理视为"国际和跨国制度的共同努力"④，或是将这一概念定义为"在没有主权权威的情况下管理超越国界的关系"⑤。还有学者通过扩大该术语以涵盖越

---

① Coenen Johanna, Bager Simon, et al. Environmental governance of China's belt and road initiative［J］. Environmental Policy and Governance, 2021, 31(1): 3–17.

② Yang Yifan. How do EU norms diffuse? Rule of law promotion in EU–China cooperation on environmental governance［J］. Journal of European Integration, 2016, 39（1）: 63–78.

③ Biermann Frank, Pattberg Philipp. Global environmental governance: taking stock, moving forward［J］. Annual Review of Environment and Resources, 2008, 33: 277–294.

④ Young Oran R. Governance in world affairs［M］. Cornell University Press, 1999.

⑤ Finkelstein Lawrence S. What is global governance?［J］. Global Governance, 1995, 1: 367–372.

来越多的社会和政治互动，比如Rosenau认为，"世界上社会各级正式和非正式规则体系的总和可以恰当地称为全球治理"①。在计划性方面，全球治理始于对全球化的政治反应的不足，全球治理首先是一项政治计划，旨在重新获得在后现代解决问题的必要指导能力。②这一领域的学者呼吁构建新的"全球治理架构"，以抵消经济和生态全球化的负面影响。德国议会的一个调查委员会将全球治理定义为"对国际制度环境进行有问题的重组"③，美国学者Gordenker和Weiss将全球治理视为"对社会和政治问题做出更有序和更可靠的反应的努力，这些问题超出了国家单独解决的能力"④。在批判性方面，一些学者采用了全球治理的纲领性定义，但没有肯定其内涵，也就是全球治理概念的批判性使用。南方中心在1996年警告说，"在一个充斥着不平等和不公正的国际社会中，将'全球治理'制度化，而不仔细关注谁掌握权力的问题，并且没有充分的保障措施，无异于批准少数强者对多数弱者的治理"⑤。

第三，全球环境治理的对策研究。

全球环境制度对环境治理以及人类健康的影响方面。Morin Jean-Frédéric等学者研究了环境条约如何促进全球卫生治理。他们指出国际制度并不像以前假设的那样孤立地发展，而是作为与其他制度相互作用的开放系统而发展。为了评估环境条约如何促进全球卫生治理，研究对2280项国际环境条约进行了内容分析，最终结论是这些条约对全球卫生制度化的建立做出了重大贡献，但是卫生制度本身所包含的以卫生为重点的条约很少。在思考全球治理如何改善人口健康时，决策者不应只考虑全球卫生机构领域内可供他们使用的工具，而是

① Rosenau James N. Globalisation and governance: sustainability between fragmentation and integration [M]. Governance and Sustainability, 2017.

② Biermann Frank, Pattberg Philipp. Global environmental governance: taking stock, moving forward [J]. Annual Review of Environment and Resources, 2008, 33: 277-294.

③ Bundestag Dtsch. Schlussbericht der enquete-kommission globalisierung der weltwirtschaft [J]. Drucksache, 2002, 14 (9200): 12-6.

④ Gordenker Leon, Weiss Thomas G. Pluralizing global governance: Analytical approaches and dimensions [J]. Third World Quarterly, 1995, 16 (3): 357-387.

⑤ South Centre. For a strong and democratic United Nations: a South perspective on UN reform [M]. South Centre, 1996.

应该拓宽视野，将全球环境制度等其他全球制度的贡献结合起来。①

关于全球宪政与环境治理方面。目前的全球环境法律和治理制度主要是为了应对和改善全球生态危机，然而在解决人们认为普遍存在的全球环境问题方面成效不大，尽管全球环境法和治理呈渐进式增长，但是与其增长相比，全球环境法和治理工作的成效似乎微不足道。Louis Kotzé J.反思了全球环境法律和治理的状况，通过质疑在全球环境法和治理背景下使用的"全球"概念，将其置于全球环境法和治理范式中。在全球化时代，全球环境治理是分散的、混合的、多行为体和多层次的，必须允许由非政府组织、社区组织、全球网络等组成的全球民间社会提供专家投入，积极参与宪政进程。②

代际治理对全球环境的影响方面。Zurba Melanie等学者基于适应性治理研究的证据和理由，说明为什么应该从全球环境治理中的代际对话、协作、学习和实质性决策的角度来理解创造有意义的青年参与。该研究讨论的重点放在国际自然保护联盟上，展示了世界自然保护联盟内部的代际关注是如何在参与方面构建的，然后将世界自然保护联盟代际可持续发展伙伴关系作为草根运动的案例研究，该研究提出了在全球保护组织内加强代际对话和建立代际治理结构的建议。③

远程耦合对全球环境治理的影响方面。Newig Jens等学者指出远程耦合是一类特殊的全球化环境问题，这些问题既不是地方累积的，也不是跨界的，也不涉及全球公域，而是由于远距离区域之间的特定联系所产生的。这种与全球商品链、废物流动或移民模式相关的远程耦合问题来受到全球土地变化科学学者的关注。该研究确定并讨论了远程耦合给全球环境治理带来的五个特殊挑战：知识赤字、利益分歧、合作交易成本高、当前治理安排的合法性基础薄弱以及

① Morin Jean-Frédéric, Blouin Chantal. How environmental treaties contribute to global health governance [J]. Globalization and Health, 2019, 15: 47.

② Kotzé Louis J. Arguing global environmental constitutionalism [J]. Transnational Environmental Law, 2012, 1（1）: 199−233.

③ Zurba Melanie, Stucker Dominic, et al. Intergenerational dialogue, collaboration, learning, and decision-making in global environmental governance: The case of the IUCN intergenerational partnership for sustainability [J]. Sustainability, 2020, 12（2）: 498.

政策不连贯和碎片化。该研究鼓励国家单方面、与他人合作、通过国际公约或与非国家行为者合作，对治理方案进行系统的、跨学科的探索，以及多利益攸关方倡议和网络化方法，更好地了解其中哪些可能解决各种治理挑战。①

（三）研究现状评述

综上所述，国内对于人与自然和谐共生的中国式现代化的研究已经有了一定的成果。一方面，现有的研究内容具有一定的广度。研究成果主要集中在关于人与自然和谐共生的中国式现代化的理论内涵研究、关于人与自然和谐共生的中国式现代化的现实制约研究、关于实现人与自然和谐共生的中国式现代化道路的路径研究、关于人与自然和谐共生的中国式现代化的现实意义研究等方面，研究成果较为丰富，这为本研究的开展奠定了基础。另一方面，现有的研究视角具有多样性。研究成果既有对人与自然和谐共生的中国式现代化的整体性研究，也有从不同视角、不同维度切入的研究成果，为本研究的进一步开展提供了多视角、多维度、多层次的借鉴。目前国外学者关于人与自然和谐共生的中国式现代化的直接研究较少，但是对我国环境治理现状以及全球环境治理等方面有相关研究，这也为本研究的开展提供了重要的学术支持和启示。

现有研究存在以下不足。第一，对人与自然和谐共生的中国式现代化的内涵意蕴的剖析不够系统深刻，现有研究大多是从理论内涵这一方面切入进行阐释，缺少对人与自然和谐共生的中国式现代化的文化考量和对于我国话语体系建构尤其是生态话语体系建构的系统阐释，缺少文化维度。第二，对人与自然和谐共生的中国式现代化的哲学意蕴剖析的较少，对一个概念的剖析首先应当从哲学高度进行反思，深入地、系统地、理性地对这一概念的逻辑、本质、价值等方面进行把握，从而为更加深入的研究奠定基础。当前对人与自然和谐共生的中国式现代化的研究在哲学维度上还有所欠缺，缺少哲学维度。第三，对人与自然和谐共生的中国式现代化的实现路径方面的考量不够全面，在习近平生态文明思想的学术研究与体系建构、我国生态话语权的建构等方面的研究较少，没有深入到学术发展之脉络中。

① Newig Jens, Challies Edward, et al. Governing global telecoupling toward environmental sustainability [J]. Ecology and Society, 2020, 25（4）: 21.

　　本研究将从以下三个方面进行完善。第一，立足人与自然和谐共生的中国式现代化的文化内蕴和话语建构内蕴，从构建生态文化体系、深挖生态美学研究、弘扬生态文明建设精神三个层次阐释人与自然和谐共生的中国式现代化的文化内蕴，从概念范畴和理论特质两个层次阐释人与自然和谐共生的中国式现代化的话语建构内蕴。第二，立足哲学维度，从历史思维、辩证思维、创新思维、底线思维、系统思维、民本思维等方面阐释人与自然和谐共生的中国式现代化的哲学内蕴，为更加深入的研究奠定基础。第三，立足习近平生态文明思想的学术研究与体系建构，深入到学术发展之脉络中，把握其发展的根本规律，在思想积累和学术积累的基础上建构学术体系，以便从学理上能正确地描述和解释中国的生态文明建设现实，并提出通过建构具有中国特色的生态话语体系、创新拓展生态话语传播方式、不断推进全球生态治理方略等路径实现我国生态话语的创新突破，改变"有理说不出，说了传不开"的境地，改变理论话语的表达与传播滞后于我国具体实践的状况。

三、研究方案

（一）研究内容

　　本研究主要立足于生态文明建设在党和国家事业发展全局中的重要地位，系统深刻地阐述习近平总书记在党的二十大报告中强调的"中国式现代化是人与自然和谐共生的现代化"这一重要论断，运用文本解读法、历史与逻辑相统一的方法、理论联系实际的方法，通过对习近平总书记关于坚持人与自然和谐共生理念的相关论述进行系统阅读和梳理，进而全面阐述中国式现代化的丰富生态内涵与外延。通过对人与自然和谐共生的中国式现代化的生成逻辑、内涵意蕴、哲学意蕴、价值意蕴、实践路径五个方面进行研究，结合新时代我国生态文明建设发生历史性、转折性、全局性变化，进而诠释"人与自然和谐共生的中国式现代化"不仅是一种哲学伦理意义上的感知状态或境界，更是一种不同于传统现代化发展理念、发展模式的绿色低碳发展战略以及通向现代化的新道路。

　　绪论部分主要概括了本研究的必要性和重要性；研究现状综述，包含国内研究现状综述、国外研究现状综述以及研究述评；研究方案，包含研究内容、研究方法与研究的创新之处。

第一章主要介绍人与自然和谐共生的中国式现代化的生成逻辑。人与自然和谐共生的中国式现代化的生成与发展有其自身的历史逻辑、理论逻辑和现实逻辑。在历史逻辑中，中国共产党历代领导人持续推动美丽中国建设，推动人与自然和谐共生孕育产生，从新民主主义革命时期、社会主义革命和建设时期到改革开放和社会主义现代化建设新时期再到中国特色社会主义进入新时代，我们党在不同时期都有对现代化建设的探索，人与自然和谐共生已经成为中国式现代化的题中应有之意。在理论逻辑中，中华优秀传统文化的丰厚生态智慧、马克思唯物主义自然观的丰富生态内容、西方生态文明理论的合理生态要素为人与自然和谐共生的中国式现代化的生成奠定了理论基石。在现实逻辑上，人民对美好生态的需求日益提高、突破经济社会发展的瓶颈、对全球现代化造成的生态危机进行反思等时代问题亟须我们解决现实问题，书写时代答卷。

第二章到第四章是人与自然和谐共生的中国式现代化的意蕴研究，从三个角度进行了系统阐释，分别是内涵意蕴、哲学意蕴与价值意蕴，这是本研究重点阐释的问题之一，也是本研究的主体内容。

第二章主要介绍人与自然和谐共生的中国式现代化的内涵意蕴。在理论内蕴上，人与自然和谐共生的中国式现代化生动展现了坚持人与自然的整体统一，实现绿水青山和金山银山的对立统一，以及达到质、量、度三者的有机统一的生态整体观；良好的生态环境是人类赖以生存发展的条件，实现人—社会—自然关系和谐发展的生态发展观；展现了人与自然关系的逻辑演进，蕴含了人类文明形态的历史演进，体现了对西方传统现代化道路的历史超越的生态历史观。在文化内蕴上，人与自然和谐共生的中国式现代化着力于构建生态文化体系，深挖生态美学研究，弘扬生态文明建设精神。在话语建构内蕴上，人与自然和谐共生的中国式现代化以"绿色发展"构建生态话语内涵，以"环境就是民生"构建生态话语价值，以"人与自然和谐共生"构建生态话语立场，以"守牢总体国家安全观"构建生态话语底线，以"建设美丽清洁世界"构建生态话语场域，体现出政治性、学理性、哲学性的鲜明特点。

第三章主要阐释人与自然和谐共生的中国式现代化的哲学意蕴。人与自然和谐共生的中国式现代化坚持了历史思维、辩证思维、创新思维、系统思维、底线思维、民本思维等哲学思维。人与自然和谐共生的中国式现代化坚持了历史思维，遵循历史规律、坚持历史分析法、吸取历史教训、总结历史经验来进行生态文明建设；坚持了辩证思维，坚持用普遍联系观把握生态文明的本质，用辩证发展观指导生态文明的发展，用辩证矛盾观化解生态文明建设中的矛盾；坚持了创新思维，人与自然和谐共生观的创新主要表现在目标原则、生产力理论、制度保障、科学技术创新等方面的创新；坚持了系统思维，用系统治理观、整体发展观和全球生态观来构建山水林田湖草生命共同体、人与自然生命共同体和地球生命共同体；坚持了底线思维，人与自然和谐共生的中国式现代化要紧抓新质生产力"绿线"、恪守生态文明建设"红线"；坚持了民本思维，人与自然和谐共生的中国式现代化要坚持生态为民、生态惠民、生态利民，以满足人民群众的优美生态环境需要为目标，把人民的评判作为检验生态文明建设成效的依据，以充分发挥人民群众在生态文明建设中的主体地位为手段，并为"人类向何处去"这一"时代之问"指明了方向。

第四章主要阐释人与自然和谐共生的中国式现代化的价值意蕴。党的十八大以来，我们党把生态文明建设摆在全局工作的突出位置，作出一系列重大战略部署，我国生态文明建设从认识层面到实践层面都发生了翻天覆地的变化，创造了举世瞩目的生态奇迹和绿色发展奇迹，探索了人类文明发展新路径，具有深邃的价值意蕴。建设人与自然和谐共生的中国式现代化是中华民族实现永续发展和伟大复兴的必然选择，是推进生态文明建设的理论遵循和行动指南，彰显了中国共产党生态文明建设的守正创新，开创了中国式现代化新道路，为全球环境治理贡献了中国方案，也为建设清洁美丽世界贡献生态智慧。

第五章主要阐释人与自然和谐共生的中国式现代化的实践路径，这也是本研究重点阐释的问题之一。建设人与自然和谐共生的现代化是一项复杂系统工程，需要坚持以习近平生态文明思想为指引，以对历史负责、对人民负责、对世界负责的态度，从生态理念、生态制度、绿色科技、学术体系与话语体系、应对气候变化、全球环境治理等多方面着力推进。在生态理念方面，要树立科学的生态环保意识，坚持人与自然和谐共生理念，树立生态优先、绿色发展理念，践行科学的生态价值观；还要践行良好的生态环境是最普惠的民生福祉理念，不断推动生态民生建设，解决人民群众最关心的突出环境问题，广泛动员人民群众参与美丽中国建设。在生态制度方面，要实行最严格的生态环境保护制度，通过实现生态治理现代化、推进生态法治建设、形成生态文明制度体系、筑牢国家生态安全屏障，不断推进人与自然和谐共生的现代化进程。在绿色科技方面，通过提高防控生态环境风险技术以及积极发展绿色自然技术体系来强化生态文明建设的科技创新引领作用。在学术体系与话语体系方面，要着力构建习近平生态文明思想学术体系，以联合国《生物多样性公约》第十五次缔约方大会为契机，不断加强对生物多样性的学术研究；同时，通过建构具有中国特色的生态话语体系、创新拓展生态话语传播方式、深度参与全球环境治理方略等方式不断提升生态文明国际话语权。在应对气候变化方面，通过推动形成绿色生产方式和生活方式、加快发展ESG政策、持续提高碳汇能力、积极推动绿色金融发展、完善碳排放权交易市场等方式积极稳妥推进碳达峰、碳中和。在全球环境治理方面，通过聚焦绿色发展行动、推进全球海洋治理、构筑环境保护伙伴关系等方式与国际社会携手同行，努力推动构建公平合理、合作共赢的全球环境治理体系，共同应对全球性环境问题，共谋人与自然和谐共生之道。

（二）研究方法

第一，文本解读法。对马克思主义经典著作、党中央的重要文献、习近平总书记关于生态文明建设的系列重要讲话尤其是关于人与自然和谐共生的相关论述进行深入研究，收集国内外学界关于世界现代化、人类文明形态、生态文明建设等方面的研究成果，提炼、概括人与自然和谐共生的中国式现代化的内涵意蕴，以保证述之有理、持之有据，充分体现研究的科学性。

第二，历史与逻辑相统一的方法。一方面运用历史分析方法，注重将人与自然和谐共生的中国式现代化的演进发展放到大历史背景下进行研究，使研究具有思想史的事实依据；另一方面要运用逻辑研究方法，归纳出人与自然和谐共生的中国式现代化的内涵意蕴、哲学意蕴、价值意蕴。

第三，理论联系实际的方法。结合当今世界百年未有之大变局和中华民族伟大复兴战略全局，研究人与自然和谐共生的中国式现代化的生成逻辑、内涵意蕴、哲学意蕴、价值意蕴和实现路径，深刻理解中国式现代化是人与自然和谐共生的现代化，将人与自然和谐共生与中国式现代化、新时代中国特色社会主义治党治国的基本方略、中国社会主义现代化建设实践、生态文明建设与生态文明体制改革、推进国家治理能力与治理体系现代化结合起来，以中国式现代化全面推进中华民族伟大复兴。

（三）特色与创新之处

第一，在学术思想方面。本研究的主体内容是人与自然和谐共生的中国式现代化的意蕴研究、实现路径研究，从三个角度对人与自然和谐共生的中国式现代化的意蕴进行了系统阐释，分别是内涵意蕴、哲学意蕴与价值意蕴，从八个方面对实现路径进行了阐释。立足从理论、文化、话语建构三个方面阐释人与自然和谐共生的中国式现代化的内涵意蕴，立足历史思维、辩证思维、创新思维、系统思维、底线思维、民本思维六种哲学思维阐释人与自然和谐共生的中国式现代化的哲学意蕴，从中华民族实现永续发展和伟大复兴的必然选择，推进生态文明建设的理论遵循和行动指南，彰显中国共产党生态文明建设的守正创新，开创中国式现代化新道路，为全球环境治理贡献中国方案，为建设清洁美丽世界贡献生态智慧，阐释了人与自然和谐共生的中国式现代化的价值意蕴，并以马克思主义立场、观点、方法把握人与自然和谐共生的中国式现代化的实现路径。本课题在系统性、整体性、前瞻性等方面有新突破，使人与自然和谐共生的中国式现代化理论和实践研究立足前沿、服务实践、走向深入。

第二，在学术观点方面。其一，生态美学作为美学研究的新形态，代表着美学的发展方向，也可以视为美学的生态转型，从生态系统的生生特性出发展开对于审美价值的生态重估，探讨审美价值与生态价值的辩证关系。自20世纪80年代末以来，我国生态美学的发展经历了1987年至2000年的萌芽期、2000年至2007年的发展期以及2007年至今的新的建设时期。生态学的经典概念是有机体及其环境之间的互动关系。生态美学可以定义为人的审美活动与地球环境的互动关系。所谓互动就是双向的，审美活动影响地球环境，地球环境也反过来影响人类审美活动。在多种多样人类活动中聚焦人类活动，生态美学主要考察审美活动与生态环境之间的互动关系。其二，党的十八大以来，生态文明建设提升到了"五位一体"总体布局的战略高度，昭示着我们党生态文明建设的信心和决心，生态话语实现了从"跟着讲"到"接着讲"再到"领着讲"的转变。新时代新征程，我国生态话语不断创新、意蕴丰富，具体表现为：以"绿色发展"构建生态话语内涵，以"环境就是民生"构建生态话语价值，以"人与自然和谐共生"构建生态话语立场，以"守牢总体国家安全观"构建生态话语底线，以"建设美丽清洁世界"构建生态话语场域。其三，纵观世界各国现代化发展历程，经济高速增长所造成的环境污染和生态破坏基本不能避免，发达国家历经两百多年的时间"先污染后治理""边污染边治理"甚至发展为后期的"生态殖民"。而在我国，生态环境问题的显现与治理的时间相对较短，人与自然关系主线在推进我国现代化进程中的重要性愈来愈凸显。从十九届五中全会专门强调"我国现代化是人与自然和谐共生的现代化"到二十大报告明确指出"中国式现代化是人与自然和谐共生的现代化"，可以看出中国式现代化是基于中国自己的国情，蕴含着独特的生态哲学意蕴的现代化模式。人与自然和谐共生的中国式现代化坚持了历史思维、辩证思维、创新思维、系统思维、底线思维、民本思维等哲学思维。

第三，在研究方法方面。基于理论与实践相统一的维度，把人与自然和谐共生与中国式现代化、新时代中国特色社会主义治党治国的基本方略、中国社会主义现代化建设实践、生态文明建设与生态文明体制改革、推进国家治理能力与治理体系现代化结合起来，探究其理论效应与实践效应。

第一章
人与自然和谐共生的中国式
现代化的生成逻辑

人与自然和谐共生是中国式现代化的基本特征之一，围绕着人与自然的关系问题和现代化问题，中国共产党领导中国人民进行了艰辛而卓有成效的探索。借助文献研究法以及理论与实际相结合的方法，在历史、理论、现实三个层面探究人与自然和谐共生的中国式现代化的生成逻辑。在历史逻辑中，中国共产党历代领导人持续推动美丽中国建设使得人与自然和谐共生孕育产生，我国从新民主主义革命时期、社会主义革命和建设时期到改革开放和社会主义现代化建设新时期再到中国特色社会主义进入新时代以来都有对现代化建设的探索，人与自然和谐共生已经成为中国式现代化的题中应有之意。在理论逻辑中，中华优秀传统文化的丰厚生态智慧、马克思唯物主义自然观的丰富生态内容、西方生态哲学思想的合理生态要素等为人与自然和谐共生的中国式现代化的生成奠定了理论基石。在现实逻辑中，人民对美好生态的需求日益提高、突破经济社会发展的瓶颈、对全球现代化造成的生态危机进行反思等时代问题亟须我们给出时代答卷。

一、历史逻辑

中国共产党自成立以来就致力于现代化建设，其中包括对人与自然关系的探索。在不同历史时期，中国共产党提出的一系列理论为处理人与自然关系提供了经验，体现了中国共产党在推动现代化进程中深化理论认识以及进行实践探索的自觉，为新时代生态文明建设提供了理论指引和遵循。

（一）中国共产党历代领导人持续推动美丽中国建设

人与自然和谐共生的现代化是中国式现代化的重要特征之一，也是习近平生态文明思想的重要内容。从其形成发展来看，人与自然和谐共生的中国式现代化不是一蹴而就的，伴随着党对人与自然关系认识的不断深化。在对人与自然关系的认识上，历经人与自然协调发展、人与自然可持续发展、人与自然和谐发展，最终提出实现人与自然和谐共生，党的二十大进一步明确了中国式现代化就是人与自然和谐共生的现代化。其发展历程经历了在萌芽中探索、在探索中形成、在形成中发展，体现出承前启后的鲜明特色与历史逻辑。

毛泽东并没有像今天这样明确地提出"生态文明建设"这一理念，但从他的讲话和实践中，可以看出他对环境保护的重视，在一定程度上实现了人与自然协调发展。其一，重视保护森林资源。毛泽东在1958年提出了"绿化祖国"的号召，强调植树造林的重要性。他指出："绿化祖国，人人有责"，还亲自倡导和组织大规模的植树活动，"号召农村中每人植树十株"[①]。其二，重视保护水资源。毛泽东曾作出"一定要根治海河""一定要保护好水资源"等重要指示，强调水资源的合理利用和保护。为了能够更好地实现水资源的合理调配与利用，党从协调人与自然关系和推动新中国的经济社会发展的高度出发，将水利建设、水患治理列为一项亟须解决的工作。正如毛泽东指出："兴修水利是保证农业增产的大事。"[②]其三，改善人民群众生活的环境卫生状况。新中国成立初期，我国疫病大肆流行，人民群众居住的环境状况十分恶劣。毛泽东对卫生工作多次作出指示批示，全国开始进行爱国卫生运动。同时，将除"四害"作为爱国卫生运动的一项重要任务，"中国要变成四无国：一无老鼠，二无麻雀，三无苍蝇，四无蚊子"[③]，掀起了爱国卫生运动的高潮。其四，不断探索生态农业的发展。毛泽东在农业集体化过程中提倡"农林牧副渔"全面发展。1959年7月4日，他在修订《中共中央关于在大中城市郊区发展副食品生产的指示》的草案中进一步阐释了"农业"一词的含义，要求实现涵

①毛泽东论林业（新编本）[M].北京：中央文献出版社，2003：15.
②毛泽东文集（第6卷）[M].北京：人民出版社，1999：451.
③毛泽东文集（第7卷）[M].北京：人民出版社，1999：308.

盖农业、林业、牧业、副业和渔业的综合平衡。同时，他强调农业生产要遵循自然规律，实行科学种田，主张实行轮作制度和休耕制度，合理安排农作物的种植结构，避免土地被过度耕作。虽然在毛泽东生活的年代，生态环境问题并不像今天这样突出，但他的这些思想和实践对后来的生态环境保护工作产生了积极的影响，为我们今天的生态文明建设提供了宝贵的经验和启示。

改革开放时期，我国开始实行社会主义市场经济体制，经济发展成为一切工作的中心。在经济快速发展并取得历史性成就的同时，资源紧缺、环境污染等一系列关系民生的生态问题开始凸显。邓小平十分强调经济发展与环境保护的协调以及在现代化建设过程中要实现可持续发展。其一，不断推动可持续发展。邓小平提出了"发展才是硬道理"的著名论断，同时他也强调了发展必须是全面、协调和可持续的。他主张在发展经济的同时，要注重保护环境，考虑资源的合理利用和环境的长期承载能力，实现经济与环境的双重效益，为子孙后代留下发展的空间。邓小平十分注重因地制宜发展经济，在视察黄山时，他就谈到黄山的自然生态是当地人民的一笔财富，一定要想方设法防止破坏山林，并要求从国家全局利益出发，既注重眼前的发展，更要实现人类的长远发展。其二，在现代化建设中贯彻落实生态环境保护。邓小平认为环境保护是现代化建设的重要内容，他提倡在现代化进程中，要正确处理工业化、城市化进程与生态环境保护之间的关系，防止走西方发达国家"先污染后治理"的老路，在现代化建设中必须把实现可持续发展作为一个重大战略。其三，不断推动生态法制建设。环境立法是生态文明建设的根本保障，生态环境保护同样要依靠法制。邓小平支持加强生态环境立法和执法，面对我国法律不完备、法制不健全的客观现实，邓小平提出要"一手抓建设，一手抓法制"[①]。他认为要用法律手段保护环境，建立健全环境保护法律体系，保障法律的地位和效力。邓小平在生态环境保护方面的举措为我国的环境保护事业提供了重要的理论指导和政策支持，对推动中国环境保护事业的发展产生了深远的影响。在新时代，邓小平的生态环境保护思想仍然具有重要的现实意义和指导作用，是推进生态文明建设、实现绿色发展理念的重要理论基础。

---

① 邓小平文选（第3卷）［M］.北京：人民出版社，1993：154.

江泽民在生态环境保护方面也提出了很多重要指示批示。在他的讲话中大量使用"生态保护""生态建设""生态良好的文明"等一系列关于"生态文明"的概念，对于推动我国环境保护事业的发展产生了深远影响。其一，明确提出了可持续发展战略。生态环境保护是全面建成小康社会、实现可持续发展的重要内容，生态环境问题不仅是一个经济问题，而且是一个社会问题、政治问题，直接关系到国家的长远发展和民族的永续生存。因此，全党全社会都要高度重视生态环境保护，把实施可持续发展战略、加强生态环境保护工作作为一项重大战略任务来抓。江泽民指出："在现代化建设中，必须把实现可持续发展作为一个重大战略"①，将可持续发展写进了十六大报告中。其二，依靠科技创新来支撑生态环境建设。江泽民指出："创新是一个民族进步的灵魂，是一个国家兴旺发达的不竭动力。"②大力开发并广泛应用低碳技术、环保技术、清洁技术，依靠科技创新推动经济建设和生态文明建设耦合发展。其三，治理水土流失，改善生态环境。江泽民经过长期调研，对水土流失问题尤其是西部地区的水土流失问题作了重要指示批示。他在《再造一个山川秀美的西北地区》《不失时机地实施西部大开发战略》《扎扎实实搞好西部大开发这项世纪工程》等讲话中对怎样进行退耕还林还草、治水改土等问题进行了剖析。他指出："要加强生态环境保护和建设，实施天然林资源保护工程，绿化荒山荒地，对坡耕地有计划有步骤地退耕还林还草，为实现山川秀美而不懈努力。"③江泽民的生态环境保护思想，对于推动我国实施可持续发展战略、建设资源节约型、环境友好型社会产生了重要影响。

胡锦涛对生态文明的探索和创新是在21世纪初中国特色社会主义事业发展进入新的历史条件下形成的，体现了中国共产党人对环境保护和可持续发展认识的不断深化。其一，明确生态文明建设的战略地位。随着经济快速发展，资源环境约束日益凸显，生态系统退化、环境污染、资源枯竭等问题已经成为制约经济社会发展的重要因素，推动生态文明建设刻不容缓。胡锦涛首次明

① 江泽民文选（第1卷）[M].北京：人民出版社，2006：463.
② 江泽民文选（第2卷）[M].北京：人民出版社，2006：392.
③ 江泽民论有中国特色社会主义（专题摘编）[M].北京：中央文献出版社，2002：296.

确提出了生态文明的概念,并将其作为社会主义社会建设的一个重要方面。其二,坚持全面协调可持续的科学发展观。胡锦涛提出科学发展观,强调要全面协调可持续,推动整个社会走上生产发展、生活富裕、生态良好的文明发展道路。协调发展就是要统筹资源和环境的承载能力、经济增长和生态保护的平衡以及东中西部的良性互动,统筹经济、社会、环境效益的协调统一,进而实现科学发展、和谐发展。其三,推动建设资源节约型、环境友好型社会。建设资源节约型社会,就是要提高资源利用效率,减少资源浪费,促进经济发展方式的根本转变。建设环境友好型社会,强调的是在保护环境中求发展,在发展中保护环境。胡锦涛指出:"要坚持节约资源和保护环境的基本国策,抓紧完善有利于能源资源节约和生态环境保护的法律和政策,加快形成可持续发展体制机制……把建设资源节约型、环境友好型社会放在工业化、现代化发展战略的突出位置,切实落实到每个单位、每个家庭。"①胡锦涛的生态环境保护思想,对于推动我国环境保护事业和可持续发展具有重要意义,为后来我国生态文明建设和环境保护事业的发展奠定了坚实的理论基础,对新时代中国特色社会主义生态文明建设具有重要的指导作用。

　　党的十八大以来,以习近平同志为核心的党中央站在国家和民族全局的战略高度,以前所未有的力度抓生态文明建设,对生态文明建设提出一系列新思想、新战略、新要求,在生态文明建设方面取得了一系列举世瞩目的成就。第一,我国生态文明思想的引领作用不断凸显,生态环境保护制度不断完善。主要表现在习近平生态文明思想引领作用不断增强,生态环境保护制度体系逐步完善,对全球环境治理的贡献日益增大。第二,污染防治攻坚战全面展开,我国生态环境质量明显改善。主要表现在蓝天保卫战、碧水保卫战、净土保卫战成效显著,空气质量不断提升、水环境质量持续向好、土壤污染加重趋势得到初步遏制。第三,生态保护力度不断加大,生态修复成效显著。主要表现在自然生态状况稳定向好,国土绿化、防沙治沙、水土流失治理等生态保护修复工程取得积极进展。第四,城乡人居环境日益改善,绿色低碳生活渐成风尚。主要表现在城乡人居环境建设持续开展,低碳出行、光盘行动、垃圾分类、无

---

① 胡锦涛文选(第2卷)[M].北京:人民出版社,2016:548.

纸化办公等绿色生活方式正在形成。当前，我国生态环境状况呈现稳中向好，人与自然和谐共生理念在全社会生根发芽。但是我们不能松懈，在实现中国式现代化进程中需要付出更为艰辛的努力巩固已有成果，为美丽中国建设继续添砖加瓦，实现人与自然和谐共生的中国式现代化。

（二）中国共产党对现代化建设的探索历程

新民主主义革命时期，我国对现代化建设的探索是在国家独立和民族解放的背景下进行的。在这一时期，我国的主要任务是推翻帝国主义、封建主义和官僚资本主义的统治，建立一个独立、自由、民主、统一的国家，从而为实现中华民族的伟大复兴创造条件。中国共产党领导人民在政治、经济、文化、社会、国防方面进行了现代化的探索。在政治方面，新民主主义革命旨在建立一个无产阶级领导的、以工农联盟为基础的、各革命阶级联合专政的新民主主义国家，其目标是推翻旧的封建统治，实现政治权力的民主化和社会的现代化，提出了把我国建设成为一个"伟大的社会主义国家"。在经济领域，新民主主义革命的目标是废除封建土地制度，使农民成为土地的拥有者，从而解放和发展农村生产力。此外，还保护和鼓励民族工商业的发展，为国家的工业化积累资本和技术。毛泽东在《共产党是要努力于中国的工业化的》一文中指出："要打倒日本帝国主义，必需有工业；要中国的民族独立有巩固的保障，就必需工业化。"①工业化虽然不能等同于现代化，但是却体现了现代化的重要内容。毛泽东还使用"现代性工业""现代化"等概念，为中国的现代化探索奠定了基础。在文化领域，新民主主义革命提倡新文化运动，反对封建主义的旧文化，推广科学、民主的新文化，为国家的现代化建设奠定了人才基础。在国防领域，党领导的人民军队在抗日战争和解放战争中不断发展壮大，为保卫国家独立和领土完整做出了巨大贡献。毛泽东在《论持久战》中强调了"革新军制离不了现代化"，周恩来使用过"现代化的军事工业""军队现代化"等表述。新民主主义革命时期的中国，虽然面临着内忧外患的复杂局面，但在多个方面进行的现代化探索和实践，为中华人民共和国的成立和后来的社会主义建设奠定了基础。

---

① 毛泽东文集（第3卷）[M].北京：人民出版社，1996：146.

在社会主义革命和建设时期，毛泽东指出，"我们一定会建设一个具有现代工业、现代农业和现代科学文化的社会主义国家"①。在工业方面，我国面临着工业基础薄弱、经济落后的局面，面临的主要任务是恢复被战争破坏的经济。为了实现现代化，我国从1950年开始实施第一个五年计划，重点发展重工业和基础设施，为工业化进程奠定基础。随后，通过一系列五年计划的实施，我国逐步建立起完整的工业体系，正如毛泽东在《为建设一个伟大的社会主义国家而奋斗》一文中指出的："准备在几个五年计划之内，将我们现在这样一个经济上文化上落后的国家，建设成为一个工业化的具有高度现代文化程度的伟大的国家。"②在农业方面，我国实行土地改革，推行农村集体化经营，提高农业生产效率。同时，通过农业机械化、农田水利建设等手段，向实现农业现代化迈进。在科学文化方面，我国高度重视科学技术对现代化的推动作用。1956年，毛泽东提出了"向科学进军"的口号，大力发展科学技术事业。此后，我国在航天、核能、计算机等领域取得了一系列重要成果，为现代化建设提供了强大的科技支撑。同时，为了培养现代化建设所需的人才，我国大力发展教育事业。通过普及义务教育、发展高等教育、加强职业教育等手段，提高全民族的科学文化素质，为现代化建设提供人才保障。1964年12月，周恩来在第三届全国人大一次会议上作的政府工作报告中加入了实现现代国防，正式提出了"四个现代化"的宏伟目标，即"把我国建设成为一个具有现代农业、现代工业、现代国防和现代科学技术的社会主义强国"③。总之，在社会主义革命和建设时期，我国对现代化的探索取得了举世瞩目的成就，为后来的改革开放和现代化建设奠定了坚实基础。

在改革开放和社会主义现代化建设新时期，我国正式提出"中国式的现代化"这一命题。1979年3月，邓小平指出："我们定的目标是在本世纪末实现四个现代化。我们的概念与西方不同，我姑且用个新说法，叫做中国式的四个现代化。"④他还从中国的实际情况出发，对现代化建设的目标和步骤进行了

① 毛泽东文集（第7卷）［M］.北京：人民出版社，1999：268.
② 毛泽东文集（第6卷）［M］.北京：人民出版社，1999：350.
③ 周恩来选集（下集）［M］.北京：人民出版社，1984：439.
④ 邓小平思想年编：1975—1997［M］.北京：中央文献出版社，2011：225.

深入的思考，提出了"三步走"的发展战略。此后，以江泽民、胡锦涛为主要代表的中国共产党人，先后提出"新三步走"发展战略、推进我国现代化总体布局的转变等重大战略思想，对中国式的现代化进一步进行探索、创新与发展。在这一时期，我国对现代化建设的发展主要集中在经济、对外开放、科技教育等方面。在经济方面，1978年我国开始了经济体制改革，首先在农村实行家庭联产承包责任制，赋予农民生产和分配的自主权，进一步激发了农村生产力的发展。20世纪80年代，经济体制改革重点转向城市，对国有企业进行改革，实行政企分开、扩大企业自主权等措施，增强了企业活力。20世纪90年代，我国进一步深化经济体制改革，建立了社会主义市场经济体制，让市场在国家宏观调控下对资源配置起基础性作用。在对外开放方面，党的十一届三中全会之后，我国决定实行改革开放的伟大决策，大力推进了我国的现代化进程。1979年我国在深圳、珠海、汕头、厦门设立经济特区，打开了对外开放的窗口。此后，逐步扩大对外开放，开放沿海城市、长江三角洲、珠江三角洲等地区，形成全方位、多层次、宽领域的对外开放格局。在科技教育方面，我国高度重视科技创新对现代化建设的推动作用。实施科教兴国战略，加大对科研机构和高等教育的投入，提高自主创新能力。在航天、核能、计算机等领域取得一系列重要成果，"神舟"系列飞船、嫦娥一号月球探测器的成功发射展现出我国科技实力的显著提升。为培养现代化建设所需的人才，我国大力发展教育事业，实施普及九年义务教育、发展职业教育、提高高等教育质量等举措，提高全民族的科学文化素质，还鼓励社会力量办学，形成多元化的教育体系。在改革开放和社会主义现代化建设时期，我国对现代化建设的探索和实践取得了举世瞩目的成就，为全面建设社会主义现代化国家奠定了坚实基础。

党的十八大以来，中国特色社会主义进入新时代，基于我国长期以来对现代化理论和实践的探索，这一阶段的探索与实践更加深入，反映了中国特色社会主义进入新时代的鲜明特征。深化了对现代化的理解，基于马克思主义基本原理与中国具体实际、中华优秀传统文化相结合，形成了更加科学、清晰的理论体系。在党的十八届三中全会上，习近平总书记明确提出了"全面深化改革的总目标是完善和发展中国特色社会主义制度，推进国家治理体系和治理能力现代化"这一重大论断。党的十九大明确了从2020年到21世纪中叶可以分为两个阶段，以2035年为界，第一阶段基本实现社会主义现代化，第二阶段建成社会主义现代化强国。党的十九届五中全会对中国式现代化的特征进行了深刻的阐释，即我国现代化是人口规模巨大的现代化，是全体人民共同富裕的现代化，是物质文明和精神文明相协调的现代化，是人与自然和谐共生的现代化，是走和平发展道路的现代化。这些特征体现了中国式现代化与西方现代化模式的不同，展现了中国特色社会主义的道路、理论、制度和文化的独特性，人与自然和谐共生的现代化作为特征之一，充分展现出我国对生态文明建设的重视程度。在庆祝中国共产党成立100周年大会上，习近平总书记指出："我们坚持和发展中国特色社会主义，推动物质文明、政治文明、精神文明、社会文明、生态文明协调发展，创造了中国式现代化新道路，创造了人类文明新形态。"[1]党的二十大报告进一步系统阐述了中国式现代化的五大特征，系统规划了全面建成社会主义现代化强国总的战略安排。总的来说，党的十八大以来，我国在现代化建设方面的实践和探索体现了中国共产党对现代化理论和实践的深化，也展现了中国在全球现代化进程中的独特地位和贡献。特别要引起注意的是，人与自然和谐共生的现代化成为我国现代化建设的新要求，进一步丰富了现代化建设的内涵，集中体现了党在生态文明建设领域的理论创新和实践创新，对促进我国经济、社会、环境发展质量的全面提升和实现第二个百年奋斗目标具有重要意义。

二、理论逻辑

人与自然和谐共生的现代化是马克思主义基本原理同中国具体实际相结合、同中华优秀传统文化相结合的理论成果，中华优秀传统文化中蕴含的生态智慧、马克思唯物主义自然观的丰富生态内容是其理论逻辑的题中应有之意，同时西方生态文明理论中的合理生态要素也有许多值得借鉴的地方。

（一）中华优秀传统文化的丰厚生态智慧

新时代要实现人与自然和谐共生的现代化，应合理汲取中华优秀传统文化蕴含的丰厚生态智慧。在远古时期，自然崇拜、图腾崇拜和神话故事是生态

---

① 习近平谈治国理政（第4卷）[M].北京：外文出版社，2022：10.

哲学的重要思想渊源，体现了古人对自然界的敬畏和人与自然和谐共生的理念。其一是自然崇拜。这是中国古代生态哲学的核心观念之一，表现为人们对大自然及其现象的敬畏和崇拜。人与自然是一个统一的整体，人类的自然崇拜表明了人类在那时已经初步认识到自然界是人类生存发展的基础。自然崇拜主要体现在对天、地、山和水的崇拜，一个最为重要的体现就是祭祀活动，因此自然崇拜也被看作是人与自然沟通的一种特殊方式。具体表现为：（1）天崇拜，古人认为天是至高无上的神灵，具有无上的权威和力量，皇帝被誉为"天子"，秉承天意治理国家。（2）地崇拜，这表现为对大地的敬畏和感恩。古人认为大地是人类生存的基础，具有生育万物、滋养人类的神奇力量，社稷祭祀、土地公崇拜等祭地活动是古代重要的祭祀活动。（3）山崇拜，山被认为是神灵居住的地方，具有崇高、神秘的地位，古人登山祭拜，以祈求山神的保佑。（4）水崇拜，水是生命之源，古人认为水具有神奇的力量，河伯祭祀、龙王崇拜等祭水活动都是在祈求水源充沛、风调雨顺。其二是图腾崇拜。图腾是氏族或部落的象征，被认为具有神秘的力量，能够保护氏族成员免受灾难。自然万物皆有灵性，原始社会中的人类认为侍奉好自然界的神灵就可以得到自然界的庇护。中国古代的图腾崇拜有龙图腾、凤图腾和其他动植物图腾。龙图腾崇拜在中国古代有着悠久的历史，龙舞、龙舟竞渡等民俗活动都是龙图腾的具体体现。凤是吉祥、美好的象征，与龙一起成为中华民族的图腾。除龙凤外，古代还有许多以动植物为图腾的氏族和部落，如熊、狼、虎、鹿、鸟、鱼等，这些图腾反映了古人对自然界的敬畏和依赖。其三是神话故事。我国古代神话故事丰富多彩，反映了古人对自然界的认识和对美好生活的向往，许多神话故事也与自然崇拜和图腾崇拜密切相关。盘古是中国古代神话传说中的创世神，他开天辟地，创造了世界，反映了古人对宇宙起源和自然界的敬畏。女娲是中国古代神话传说中的女神，她用黄土塑造人类，成为人类的始祖，女娲造人的故事体现了古人对生命起源以及人与自然关系的思考。夸父是中国古代神话传说中的巨人，他追逐太阳，但是最终渴死，夸父追日的故事反映了古人对自然界的挑战和人类与自然和谐共生的理念。大禹是中国古代神话传说中的英雄，他治理洪水，拯救了人类，大禹治水的故事体现了古人对自然灾害的应对和人类与自然斗争的精神。除自然崇拜、图腾崇拜和神话故事外，儒家、道家、佛家、墨家、理学等蕴含的生态哲学理念为新时代人与自然和谐共生奠定了坚实的哲学基础。

1. 儒家

儒家强调"天人合一"。"天人合一"是中华传统文化的一个典型特征，"天人合一"的"天"即天地、自然，它把天、地、人看作是一个互相联系、彼此影响与制约的整体，因为"天"具有意志，能够赋予人仁义礼智信，人事体现天意，天意对人事有支配作用，人事能够感动天意，由此达到天人一致和天人相通。也就是说，天地万物与人类是一个统一的整体，人类应当尊重自然、顺应自然。这种观念源于古代中国的宇宙观，认为天地、万物、人类皆由同一宇宙原理所支配。人类作为自然界的一部分，应当与自然和谐相处，而不是盲目地征服自然，只有遵守自然界的客观规律，才能达到人与自然的和谐融洽。儒家文化的生态意识中最为重要的一点就是强调万物和谐相融、和谐共生，强调"天人合一"的生态整体论。董仲舒的"天亦有喜怒之气，哀乐之心，与人相副，以类合之，天人一也"（《春秋繁露·阴阳义》）、"天人之际，合而为一"（《春秋繁露·深察名号》）是一种以"天人相类"为基础的天人感应说。在宋明理学中，"天人合一"的观点体现得更加显著，张载认为天地孕育人间万物，他的"儒者则因明致诚，因诚致明，故天人合一"（《正蒙·乾称篇》）是说"天人"与"气"，人性与天道合为一"诚"。朱熹认为人与物之理都来自天地之理，他的"盖人生天地之间，禀天地之气，其体即天地之体，其心即天地之心。以理言之，是岂有二物哉"（《中庸·或问》）是说人性与天道合为一"理"。王阳明也非常认同天人同一的观点，他认为世间万物都与人是一体的。

儒家强调对自然的敬畏。儒家认为，自然界具有神秘性和神圣性，人类应当对自然抱有敬畏之心。这不仅是对自然界的力量和神奇的敬畏，更是对自然界的生命和价值的尊重。首先，荀子的"天行有常，不为尧存，不为桀亡"（《荀子·天论》）指出自然规律是不以人的意志为转移的，体现出人类对自然的敬畏之情。其次，儒家思想不仅体现出对自然敬畏之情，也表现出对动物的恻隐之心，孟子的"见其生，不忍见其死；闻其声，不忍食其肉"（《孟子·梁惠王章句上》）体现出人类敬畏生命的生态伦理观。再次，儒家强调仁爱之心，认为人类应当关爱自然界的万物。儒家以"仁"为核心的道德情感不仅体现在"仁者爱人"，更体现在"仁民而爱物"，也就是说"仁"不仅体现在人与人之间的关系上，也体现在人与物的关系上，更体现在人与自然的关系上。人类应当珍惜自然资源，保护生态环境，实现人与自然的和谐共生。最后，儒家的"爱有等差"思想将人类放在价值主体的位置，即"爱人"在"爱物"之前，因此儒家认同人类要对自然进行开发与取用，但这种开发与取用需要在合理的范围之内。儒家强调人与自然相互依赖，人类需要从自然中索取资源来养育自身，但是这种索取是有限度的。自然需要一定的时间进行修复，人类应该顺从自然规律从事捕鱼、砍伐、打猎等活动，不能超过自然的承受力。这都是儒家"仁爱自然"的生态伦理观的体现。

儒家强调顺应自然规律，重视农作物自身的生长规律。顺应自然，实行休耕轮作，这是"取之有时"与"用之有节"的生态管理观的生动体现。儒家提倡中庸之道，主张在处理人与自然的关系时，要遵循适度原则。人类应当在满足自身需求的同时，兼顾自然界的可持续发展，避免过度开发和破坏。中庸之道要求人类在利用自然资源时，要有节制、有度，实现人与自然的平衡。孟子的"不违农时，谷不可胜食也；数罟不入洿池，鱼鳖不可胜食也；斧斤以时入山林，材木不可胜用也"（《孟子·梁惠王上》）指出：不违背农时，粮食就吃不完；密孔的渔网不入池塘，那鱼鳖水产就吃不完；砍伐林木有定时，那木材便用不尽。除此之外，曾子的"树木以时伐焉，禽兽以时杀焉""断一树，杀一兽，不以其时，非孝也"（《礼记·祭义》），孔子的"钓而不纲，弋不射宿"（《论语·述而》）等也都是"取之有时"与"用之有节"的生动体现。人类必须依据自然万物生长成熟的时节获取它们，在使用它们的时候必须有所节制，掌握一个合适的度，既要符合万物发展的客观规律，保持大自然的繁衍生息，又要做到过犹不及，合理地满足人类需要。自然首先是自在的自然，而非自为的自然，在人类看来，自然资源是取之不尽、用之不竭的，所以自在的自然成为人类占有控制和支配掠夺的对象，有意识有目的地认识、利用和改造自然成为人类直面自然时的终极目标。但是人类贪婪的欲望使自己陷入了生态危机的万丈深渊，人类开始对人与自然的紧张关系进行深刻的反思。"取之有时"与"用之有节"的生态管理观为人类开发和利用自然提供了基本原则和遵循尺度。

儒家提倡节约，反对浪费，把节俭视为基本美德。他们从治国的高度大力提倡节俭，认为俭德是治国之本。在古代社会，德治的作用远远大于法治，为了维护国家稳定，人民安居乐业，统治阶级依靠儒家的伦理纲常来规范人们的行为。荀子将俭德作为治理国家的重要依据，"知节用裕民，则必有仁义圣良之名，而且有富厚丘山之积矣"（《荀子·富国》）就指出统治者知道节约费用，不仅能够得到仁义、贤良的美名，并且财富堆积得像山丘一样，达到富国强民的状态。节俭也是养成其他德行的基础，儒家所提倡的节俭在一定程度上有约束欲望的作用，这与"天人合一"观念相一致。通过约束人的欲望，让人们懂得节制，然后慢慢上升到对个人行为规范的道德追求，最终达到修身养性的境界。孔子的"奢则不孙，俭则固"（《论语·述而》）、荀子的"强本而节用，则天不能贫，本荒而用侈，则天不能使之富"（《荀子·天论》）都倡导和践行一种节俭质朴的生活方式，维系宇宙万物延绵不断。

2. 道家

道家和儒家一样持有"天人合一"的生态整体观，但与儒家不否认人与自然的分离所不同的是，道家坚持人回归自然，人与自然的本体同一，也就是万物统一于道。道家以"道"为核心展现其生态思想，"道"指的就是"自然而然"，将整个宇宙的深层规律精辟地概括了出来，也就是说整个宇宙都要遵循"自然而然"的规律，是宇宙万物生成和变化的根本原理。老子的"人法地，地法天，天法道，道法自然"（《老子·道德经·第二十五章》）强调宇宙万物的运行有其自然规律，人并不是居于中心，天居于中心并统治着世间万物，因此人必须以顺应自然、尊重自然规律为最高准则，达到天地与我并生，万物与我合一的境界。"道常无为而无不为"（《老子·道德经·第三十七章》）强调道化生天地万物，让其自然生长看似无为实则生机有序，以此告诫人们要顺其自然，因势利导，不胡作非为。庄子的"天地与我并生，万物与我为一"（《庄子·齐物论》）强调人和自然是一个相互联系、密不可分的整体，展现了人与自然必须实现和谐共生的理念。同时，道家认为万物皆源于"道"，因此万物都是平等的。这种思想在生态哲学中体现为对生物多样性的尊重和保护，认为每一个物种都有其存在的价值和权利，人类不应因为一己私利而破坏生态平衡。

道家主张"无用之用"的生存价值，提倡"无为而治"，"无为"指的就是回归自然的状态，而不是按照人的主观意志进行活动，即不过度干预，让万物按其自然规律发展。老子认为"无为"就是最大的"为"，遵循自然、自然而然是道家的追求。老子认为使用工具和武器会造成国家的混乱，庄子也认为人类使用机械就会谋求居于自然之上，而不能达到人与自然最本原的和谐状态。"无用之用"的观点主要是庄子来进行诠释的，体现在庄子与惠王的对话之中：一次，惠王因一棵大树太大以至难以被匠人锯用而说这棵大树无用，但是庄子并不赞同。他认为，大树在大自然中可以为人遮阳，人可以在大树底下休息，还可以欣赏这棵大树。这里我们可以看出惠王认为的有用与庄子认为的有用完全不同，惠王认为的有用是指能够被人所利用，而庄子认为的有用是指人类感受自然之用。在道家的思想中，不管是老子还是庄子，都是将自然放在第一位的，"无为而治""无用之用"等思想强调要将自然生存作为追求的最高目标。

道家推崇"以鸟养鸟"的自然法则，万物有其内在的生存法则，老子和庄子都认为人应该遵循这些法则。庄子借孔子之口揭示了"以鸟养鸟"的道理。鲁侯派人按照人的习惯和法则来养鸟，给鸟听最优美的音乐，吃最美味的食物，但是鸟郁郁寡欢，三天就死了。庄子认为，如果将鸟放归山林，自由飞翔，鸟是可以存活的。但如果用不适合鸟的生存法则来养鸟，鸟是不会存活的，只有用适合鸟的生存法则来养鸟，鸟才会存活，这就是庄子"以鸟养鸟"法则的来源，揭示了做任何事情都要遵循自然规律，遵循事物本身的规律，这一观点也隐含着要肯定生物的内在价值的思想。"民湿寝则腰疾偏死，鳅然乎哉？木处则惴栗恂惧，猿猴然乎哉？三者熟知正处？"（《庄子·齐物论》）也表达了"以鸟养鸟"这一思想。人在潮湿的地方睡觉就会腰疼，但是泥鳅就不会，人在高处会产生恐惧心理，但是猿猴就不会。庄子还有"子非鱼安知鱼之乐"（《庄子·秋水》）的发问，启发我们不能用自己的眼光去看待他人，同样也不能用自己的眼光去看待自然的万物，用人的想法去决定"鱼"的主观感受是对自然的一种僭越。

道家推崇"节俭寡欲""返璞归真"。道家哲学中反对过度的物质追求和奢侈的生活方式，主张"知足常乐"。老子一生都倡导节俭的消费方式，在生活中不奢侈浪费，这都是节俭的外在表现。节俭的根源还应体现在思想观念上，要在思想观念上真正达到"少私寡欲"的境界。老子的"五色令人目盲，五音令人耳聋，五味令人口爽；驰骋畋猎，令人心发狂；难得之货，令人行妨"（《老子·道德经·第十二章》）鲜明地体现了这一思想。缤纷的色彩使人眼花缭乱；嘈杂的声音使人听觉失灵；浓厚的杂味使人味觉受伤；纵情猎掠使人心思放荡发狂；稀有的物品使人行于不轨。即使在物质贫瘠的古代社会，老子已经意识到不能沉迷于享受而丢掉人的本性；在物欲横流的今天，人类对自然界无限度的开发掠夺，导致生态破坏、环境污染、生物多样性锐减，在这种只追求短期利益而不注重长远发展的行为之下，人类的生存也将变得岌岌可危。

　　3. 佛家

　　佛家即佛教，是起源于古印度的宗教和哲学体系，由历史上的释迦牟尼（佛陀）所创立。佛教的生态哲学思想主要体现在对生命、自然和宇宙相互关系的理解上。佛教主张"众生平等"，佛教的"不但众生有佛性，草木亦有佛性"（《大乘玄论》）指出草木等没有知觉情感的自然事物也是有佛性的，因此都是平等的。佛教的众生平等观念符合生态中心主义的立场，佛教认为宇宙间的一切现象都受到因果律的支配。世间万事万物与人类有着同样的因缘，同处于因果轮回之中，同样有佛性，与人类处于同等地位，因此人类对环境的破坏最终会以某种形式影响到人类自身，这种思想鼓励人们采取负责任的行动，以避免造成负面影响。佛教虽然是外来文化，但是与我国本土文化很好地融合起来，对中国文化产生了巨大的影响和作用，我国也有着十分灿烂辉煌的佛教文化遗产，这些优秀遗产成为中华优秀传统文化的重要组成部分，对后世产生了重要影响。

　　佛教主张"慈悲为怀"，对众生慈悲，对万物慈悲，慈悲精神渗透在所有的佛教教义中，是佛教的基本信条，即对所有生命的无私关爱和同情。慈与悲是分不开的，慈指的是带给人快乐，悲指的是解除人的痛苦，"我佛慈悲""出家人以慈悲为怀"等都是广为流传的说法，慈悲是佛法的根本。佛教中的慈悲不仅包括人还包括一切动植物，佛教主张不食动物，认为食肉是杀生的主要原因之一，因此不杀生是佛教慈悲为怀的一个体现。除此之外，佛教还提倡放生，含有保护众生平等生存的意蕴。在佛门中还形成了很多慈善活动，比如布施、造桥修路、治病救人、普度众生等等。

佛教主张"无常"和"无我"，这深刻地影响了佛教徒对世界和生命本质的理解，以及他们的修行和生活实践。"无常"指的是一切因缘所生法则即一切现象都是不断变化的，没有永恒不变的实体。无常是普遍存在的，无论是物理现象还是心理现象，都受到无常法则的支配。佛教认为，人们常常因为对事物的执着而忽略了它们的无常性，从而产生了痛苦和烦恼。"无我"是佛教另一个核心概念，它否认了永恒不变的自我或灵魂的存在。佛教认为，个体是由包含身体、感受、认知、行为和意识等五蕴和合而成的，没有一个独立、不变、永恒的"我"。无我并不是否认个体的存在，而是说个体是由无数因缘条件相互作用的结果，没有一个固定的本质。"无常"提醒人们世间万物的暂时性和不断变化的本质，从而减少对物质财富和享受的过度追求，有助于抑制消费主义文化，促进更加节约和简朴的生活方式，这对环境保护和可持续发展至关重要。同时，"无常"也体现了未来是不确定的，因此需要为可能的变化做好准备。这种思维方式体现出进行长期的生态规划和可持续的资源管理的重要性，这样才能确保未来世代的福祉。我们要认识到未来是不确定的，因此需要为可能的变化做好准备。"无我"强调个体与环境的相互依存关系，鼓励人们超越自我中心的观点，考虑自己行为对环境的影响。这种整体性的视角有助于培养环境伦理，促使人们采取更加负责任的行动，以保护自然和生物多样性。同时，"无我"促使人们认识到所有生命都是相互联系的，从而能够培养对他人的同情和责任感。在环境保护方面，这意味着人们更有可能采取行动保护其他物种和自然生态系统，而不仅仅是为了人类自身的利益。

4. 墨家

墨家以墨翟为创始人，主张"兼相爱，交相利"，政治上主张尚贤、尚同和非攻。兼爱是墨子思想的核心内容，墨家的兼爱与儒家的泛爱论不同，墨子主张不分高低贵贱，无等级差别的爱。墨子的"兼爱天下之博大也，譬之日月，兼照天下之无有私也"（《墨子·兼爱（下）》）指出，爱就如同太阳月亮一样，光亮照遍天下，没有偏私，这体现出墨家兼爱天下的主张。"今若国之与国之相攻，家之与家之相篡，人之与人之相贼，君臣不惠忠，父子不慈孝，兄弟不和调，此则天下之害也"（《墨子·兼爱（中）》）指出，如果国家相互攻伐，家族相互篡改，人们相互偷盗，君臣之间不忠惠，父子兄弟之间不调和，那么天下就将大乱，也就无法创造和谐美好的环境。

墨家主张"节用""节葬"。在"节用"思想上，墨子的"俭节则昌，淫佚则亡"（《墨子·辞过》）强调统治者勤俭节约，国家就能繁荣昌盛，如果每天过着淫乱奢侈的生活，国家就会灭亡。墨子通过饮食、舟车、衣服等五方面的比较，批判统治者骄奢淫逸的生活，同时要求统治者要着力在这五个方面进行反省、改掉过失，不能因为奢靡的生活导致国家衰亡。在"节葬"思想上，可以说"节葬"思想是"节用"思想的一个具体表现。一方面，墨家反对厚葬。墨子认为厚葬造成的结果是平民百姓生活困苦，即使是诸侯厚葬，钱财也都是暴敛于民。同时，墨子反对杀人殉葬，在他看来这是一种毫无人性的做法，是对被杀殉者的冷漠无情，有违人的道德底线。另一方面，墨家反对久丧。墨子的"夫婴儿子之知，独慕父母而已，父母不可得也，然号而不止，此其故何也？即愚之至也。然则儒者之知，岂有以贤于婴儿子哉"《墨子·公孟》就指出了久丧是一种十分愚蠢的做法。墨子认为久丧导致执政者荒于政务，民众无法从事生产，造成社会秩序紊乱。这些都体现了"崇尚节俭"与"永续利用"的生态消费观，这也是中国古代人们对待自然资源的基本态度。勤俭节约历来是中华民族的优秀传统美德，生生不息的自然万物并非永无极限，自然资源的再生与人们的消耗之间保持着一个相对平衡的限度，突破了这个限度就会导致自然资源的枯竭和生态环境的破坏。坚持"崇尚节俭"与"永续利用"的生态消费观，珍惜有限的自然资源，节制过度的物质享受，才能保持自然资源的永续利用，造福人类。

墨家主张尚贤，即尊重和推崇有才德的人。墨家认为，古代圣王非常尊重有德、才、智的人，用种种办法来鼓励、提拔他们，这被叫做"尚贤"，然后根据其能力加以提拔重用，也就是"使能"。"尚贤者，政之本。"（《墨子·尚贤（上）》）墨子强调尚贤是为政之本，是治国之要。"是故国有贤良之士众，则国家之治厚；贤良之士寡，则国家之治薄。"（《墨子·尚贤（上）》）墨子强调在一个国家中如果贤良之士多，那么国家的政绩就大；如果贤良之士少，那么国家的政绩就小。"尚贤"思想对我国人与自然和谐共生的现代化建设具有重要的指导作用，鼓励社会重视环保人才，从而推动环境教育，促进绿色技术创新，实现科学决策和经济社会可持续发展，这对于实现人与自然的和谐共生具有重要的意义。

（二）马克思唯物主义自然观的丰富生态内容

伴随着19世纪资本主义的快速发展，工业文明在促进生产力的大幅提升、创造巨大的物质财富、彰显社会历史进步性的同时，也给生态环境造成了十分恶劣的影响，导致了严重的生态危机。如何正确看待人与自然的关系，推进经济社会的可持续发展已成为人类社会面临的亟须解决的重大时代课题。党的十八大以来，生态文明建设受到前所未有的重视，习近平总书记高度关注我国的生态文明建设问题，党的二十大报告更是指出了生态文明建设在中国式现代化中的地位，明确了中国式现代化是人与自然和谐共生的现代化。马克思唯物主义自然观的丰富生态内容为推进人与自然和谐共生的现代化、解决全球面临的生态环境问题、推动人类文明不断向前发展提供了思想基础，具有十分重要的价值。就与当前我国生态文明建设现状和习近平生态文明思想的契合性与关联性上来看，更需要从马克思主义哲学、马克思主义政治经济学和科学社会主义三个维度来进行阐释。①

1.人与自然的关系问题是马克思唯物主义自然观的重要内容

马克思主义生态观的核心内容就是人与自然的关系问题，生动阐释了人类认识自然、改造自然等一系列问题。马克思恩格斯在《德意志意识形态》中指出，历史科学是我们唯一知道的科学，自然史与人类史是其中的两个方面，并且这两个方面相辅相成，"只要有人存在，自然史和人类史就彼此相互制约"②。也就是说，人是自然属性和社会属性的统一，人的本质的实现离不开人与自然的关系。从马克思主义哲学视域出发，马克思恩格斯关于人与自然辩证关系思想的论述散落于《论犹太人问题》《1844年经济学哲学手稿》《关于

① 郇庆治.论习近平生态文明思想的马克思主义生态学基础［J］.武汉大学学报（哲学社会科学版），2022，75（04）：18-26.
② 马克思恩格斯文集（第1卷）［M］.北京：人民出版社，2009：516（注②）.

费尔巴哈的提纲》《德意志意识形态》《自然辩证法》《反杜林论》《资本论》
等文本中，他们详细论述了人不可能脱离自然独立存在、人在改造自然时具有
主观能动性、人通过实践实现了自然与社会历史的统一。

第一，人作为自然存在物，不可能脱离自然而独立存在。自然先于人类
存在，"人靠自然界生活"①，人类在同自然的互动中生产、生活与发展。马克
思恩格斯强调了自然资源在人类社会生存和发展中的重要作用。马克思在《资
本论》中指出，自然资源大致可以分为两类，一类是社会资料的自然资源，另
一类是劳动资料的自然资源，在人类社会发展的初级阶段，社会资料的自然资
源比如土壤、淡水等起着决定性作用，但是在人类发展的高级阶段，劳动资料
的自然资源比如可以作为生产资料的树木、金属等起着决定性作用。恩格斯也
在《劳动在从猿到人转变过程中的作用》中指出，人类通过劳动将自然资源转
变为财富。同时，生产力理论作为马克思主义的重要组成部分，是人类在实践
过程中所积累的经验总和。传统生产力理论认为，人与自然是主客二分的，人
作为主体，大自然作为客体存在，自然的存在价值就是为人类提供发展所需要
的资源能源。在马克思恩格斯时代，生产力大多指的是适应社会发展需要的劳
动生产力即社会生产力。然而生产力是一个系统概念，不仅包括了科学技术的
发展、工人的熟练程度，还包括自然生态条件。马克思恩格斯指出，资源环境
是发展生产力的必备条件和基础要素，一旦离开自然生态提供的物质基础和必
需的劳动产品，生产力也将无法发展。"没有自然界，没有感性的外部世界，
工人什么也不能创造"②，这表明离开自然生态环境的支持就不可能产生先进
的生产力。

第二，人既是自然存在物也是社会存在物，但是在人与自然的关系中，
人因具有主观能动性而被显现出来。在《1844年经济学哲学手稿》中，马克思
用劳动这一基本概念联系了人与自然，"动物只生产自身，而人再生产整个自
然界"③，动物为自己营造巢穴或住所，只生产自己或幼崽需要的东西，这样
的生产属于动物本身，而人可以自由自觉地面对自己生产的产品。劳动具有主

① 马克思恩格斯文集（第1卷）[M].北京：人民出版社，2009：161.
② 马克思恩格斯文集（第1卷）[M].北京：人民出版社，2009：158.
③ 马克思恩格斯文集（第1卷）[M].北京：人民出版社，2009：162.

动性与创造性，这也是人在自然中可以发挥主观能动性的来源。马克思指出：
"人不仅像在意识中那样在精神上使自己二重化，而且能动地、现实地使自己
二重化。"①马克思恩格斯强调人类可以在遵循客观规律的基础上发挥主观能
动性改造自然，但归根结底人是自然界的一部分，违背自然规律会产生整体
性、负面性影响，不保护生态环境会为人类酿成灾难。马克思认为，不以伟大
的自然规律为依据的人类计划，只会带来灾难。恩格斯在《自然辩证法》中
指出："我们不要过分陶醉于我们人类对自然界的胜利。对于每一次这样的胜
利，自然界都对我们进行报复。"②他进一步列举了历史上的一些沉痛教训，
细数了美索不达米亚、希腊、小亚细亚的居民以及世界上其他地域的居民，他
们为了解决一时的耕地问题而长久地毁灭了森林，这些地方也因此成了不毛
之地。

　　第三，人通过实践改变自然、社会和人自身，从而使自然与社会历史实
现了统一，也就是人与自然在实践的基础上得到了统一。人类所在的自然是
经过改造后的"人化自然"，而费尔巴哈没有认识到实践对自然的改造作用，
他的自然观是机械的、直观的。马克思在《关于费尔巴哈的提纲》中以科学的
实践观为基础，不仅与旧哲学划清界限，对它们进行了纲领性的批判，同时
也为自然成为人类历史奠定基础。马克思指出："全部社会生活在本质上是实
践的"③，"哲学家们只是用不同的方式解释世界，问题在于改变世界"④。因
此，在人与自然关系问题上，我们要将着重点放在通过实践解决人与自然之间
的矛盾，而不能仅仅满足于解释它们两者之间的关系。马克思不仅明确了自然
在人类实践中的重要作用，还阐述了实践在人类思维意识活动和社会历史发展
中的重要地位。在自然生态的基础上，人类通过实践使得自然成为"人化自
然"，同时在实践中检验了人类思维的真理性。在《德意志意识形态》中，马
克思恩格斯指出："人对自然以及个人之间历史地形成的关系，都遇到前一代

① 马克思恩格斯文集（第1卷）[M].北京：人民出版社，2009：163.
② 马克思恩格斯选集（第3卷）[M].北京：人民出版社，2012：998.
③ 马克思恩格斯文集（第1卷）[M].北京：人民出版社，2009：501.
④ 马克思恩格斯文集（第1卷）[M].北京：人民出版社，2009：502.

传给后一代的大量生产力、资金和环境。"①也就是说，历史的每一阶段不是
对前一阶段的更替，而是建立在前一代传下来的生产力、资金、环境的基础之
上，是一代又一代人改变人与自然关系的结果。

　　2. 资本主义批判是马克思唯物主义自然观的根本要求

　　近年来，随着气候危机的不断加重以及人类世作为对人类与地球关系变
化的科学分类的引入，马克思恩格斯的生态批判分析重新变得重要起来。科学
界通常将人类世定义为继过去的全新世之后的一个新的地质时代。从生态角度
来看，人类世不仅代表着气候危机，还标志着需要与地球建立更具创造性、建
设性和共同进化的关系。地球面临着气候变化、海洋酸化、物种灭绝、淡水流
失、森林砍伐、土地退化、有毒污染等威胁，需要立即扭转资本和资本主义的
积累机制，反对资本的逻辑。从马克思主义政治经济学视域出发，马克思恩格
斯的生态批判理论散落于《英国状况·十八世纪》《英国工人阶级状况》《资
本论》《1844年经济学哲学手稿》《1857—1858年经济学手稿》《工资、价格和
利润》等文本中，他们详细论述了资本逻辑是资本主义生态危机产生的社会根
源、资本主义政治制度造成了人与自然以及人与人的异化、资本主义全球拓展
加剧了生态殖民。

　　第一，资本逻辑是资本主义生态危机产生的社会根源。资本主义生产逻
辑引发生态危机，并决定了资本主义生产方式的反生态性。生态危机在形式上
表现为人与自然关系的恶化，其实质是资本与自然关系的恶化。马克思将资
本比喻为"狼人"和"吸血鬼"，资本的本性是获取利润，"扩张或死亡"是资
本的最终宿命。在资本逻辑的驱使下，资本家不断从自然界中无限制地索取，
将自然当成自己的私有财产进行处置。通过劳动使自然变成财富的源泉，并且
通过对自然进行垄断来形成超额利润。"自然力不是超额利润的源泉，而只是
超额利润的一种自然基础"②，但是资本家却不承担给生态环境造成的破坏，
最终的结果就是人类生产导致的生态退化已超出大自然的缓冲能力，自然无法
完成自身的修复，进而引发生态危机。恩格斯在《英国状况·十八世纪》中指

---

　　① 马克思恩格斯文集（第1卷）［M］.北京：人民出版社，2009：544-545.
　　② 马克思恩格斯文集（第7卷）［M］.北京：人民出版社，2009：728.

出，当时的英国"处在还没有社会、还没有生活、没有意识、没有活动的社会幼年时期"①，矿山、铁、铜、锡还平静地埋在地下。但是随着工业革命的不断发展，英国的情况发生了巨大的变化，英格兰和苏格兰的所有煤层都在开采，"锡矿、铜矿和铅矿也在同样地加紧开采"②，这都是在资本逻辑下所导致的生态环境破坏。

第二，资本主义政治制度造成了人与自然、人与人的异化。马克思恩格斯对资本主义政治制度破坏生态环境进行了批判，资本在追逐利润的驱使下，敢于冒绞首的风险并践踏人间一切法律，阐明了资本主义政治制度对自然生态具有毁灭性。他们对资本主义政治制度批判的内容包括资本主义生态问题的实质是自然异化，自然异化是异化劳动的产物，资本主义既是劳动异化的根源，也是自然异化的根源。马克思恩格斯是极少数将生态环境问题与社会阶级问题联系在一起的思想家，马克思在《1844年经济学哲学手稿》中指出："对于工人来说，甚至对新鲜空气的需要也不再成其为需要了。"③恩格斯在《英国工人阶级状况》一书中不仅概括了英国工业的发展史，更重要的是讲述了英国工人恶劣的生活条件和工作状况，他围绕英国工人阶级的生存状况，对工业化造成严重的生态环境破坏和对工人身心健康产生的不良影响进行了批判。他在曼彻斯顿生活期间，见证了工人阶级受到生态污染的事实。恩格斯在书中指出：由于居民没有新鲜的空气和充足的氧气，"结果肢体疲劳，精神萎靡，生命力减退"④，并进一步指出"一切可以保持清洁的手段都被剥夺了，水也被剥夺了"⑤，工人想获得干净的空气、水以及充足的阳光已成为奢侈。《泰晤士报》报道了英国一天发生的案件：偷盗案、袭警案、遗弃孩子、妻子毒杀丈夫等，这样的案件到处都是。这种完全违背自然规律的劳动方式，造成了人与自然、人与人的异化。

第三，资本主义全球拓展加剧了生态殖民。随着生产力的不断发展和生

① 马克思恩格斯文集（第1卷）[M].北京：人民出版社，2009：97.
② 马克思恩格斯文集（第1卷）[M].北京：人民出版社，2009：399.
③ 马克思恩格斯文集（第1卷）[M].北京：人民出版社，2009：225.
④ 马克思恩格斯文集（第1卷）[M].北京：人民出版社，2009：410.
⑤ 马克思恩格斯文集（第1卷）[M].北京：人民出版社，2009：410.

产规模的扩张，生态环境问题逐渐从地域性升级到了全球性。在世界联系还未建立之时，生态环境主要面临人口繁衍对土地造成了一定压力、人类为了生存下去而对土地进行开垦造成的水土流失等问题。科学技术的发展不仅促进了生产力的提升，同时还促进了人类活动范围和交往范围的扩大，也因此推动了历史成为世界历史。在《德意志意识形态》一书中，马克思恩格斯指出，"随着美洲和通往东印度的航线的发现，交往扩大了，工场手工业和整个生产运动有了巨大的发展"①，当时的市场逐渐扩大并且日益扩大为世界市场。资本主义国家为了保护生态环境，将污染严重的重工业大规模转移到欠发达国家，甚至把欠发达国家变为它们的生态垃圾场，这本质上就是一种赤裸裸的生态殖民行为。资本和资本主义的不断拓展加快了世界历史的进程，世界各国已经成为一个不可分割的整体，生态环境问题也成为世界各国关注的重点问题，也为考察生态环境问题提供了全球视野。

　　3. 科学社会主义是马克思唯物主义自然观的生态愿景

　　对未来理想社会的展望一直是马克思恩格斯在著作中着力描述和表达的，里面也包含着生态维度，在《共产党宣言》一书中，马克思恩格斯郑重其事地宣布了实现共产主义的理想与抱负，建立"生产者自由平等的联合体"。在共产主义社会中，人类不再是资本的奴隶，而是按照自身需求来使用自然资源以满足自身生存发展的需要。马克思在《资本论》一书中指出："联合起来的生产者，将合理地调节他们和自然之间的物质变换。"②在共产主义社会中，自然规律会被人类充分认识和尊重，进而靠消耗最小的力量进行人与自然之间的物质变换。从科学社会主义视域出发，马克思恩格斯对理想社会的生态展望的论述散落于《1844年经济学哲学手稿》《德意志意识形态》《共产党宣言》《论住宅问题》《哲学的贫困》《社会主义从空想到科学的发展》等文本中，他们详细论述了实现城乡融合发展、实现对资本主义的超越、在共产主义社会中消除人与自然的对立。

　　第一，打破城乡对立，实现城乡融合发展。英国早期在资本主义扩张过

---

① 马克思恩格斯文集（第1卷）[M].北京：人民出版社，2009：562.
② 马克思恩格斯文集（第7卷）[M].北京：人民出版社，2009：928.

程中发生过圈地运动，逐利的贵族和资产阶级将农民的耕地强行转变为牧场，农民失去土地被迫成为新生资产阶级的雇佣劳动力。虽然这在客观上助长了资本主义的发展，但是资本主义由于扩长贪婪的本性，完全不顾农民的生活以及生产对生态环境的破坏，造成贫富差距不可遏制的增长以及城乡对立的状况。城乡对立使得农民在不断发展的城市中不断遭到资本家的剥削，城市中的工人大部分时间都是在生产中度过的，某种程度上生产条件也是工人的生活条件。资本家为了获得尽可能多的利润，对工人的生产生活条件置若罔闻，"这些生活条件中的节约，是提高利润率的一种方法"[①]。人口大量涌入城市，对自然资源的需求越来越迫切甚至使自然资源面临枯竭的危险，环境污染变得更加严重，还产生了住房短缺问题。恩格斯在《论住宅问题》一书中指出：住房短缺问题是一切时代一切被压迫阶级都要遭受的痛苦，"而今天所说的住房短缺，是指工人的恶劣住房条件因人口突然涌进大城市而特别恶化"。[②]恩格斯进一步指出，只有实现生产资料的工人阶级占有，推翻资本主义，消灭城乡对立，保持人与自然的生态平衡才能解决住宅问题。马克思恩格斯在《共产党宣言》一书中对怎样消灭城乡对立作了进一步的阐释，"把农业和工业结合起来，促使城乡对立逐步消灭"[③]，只有推翻资本主义生产方式，实现工业和农业相结合，才能实现城乡融合。

第二，不断发展生产力，对资本主义进行超越。马克思恩格斯系统阐述了生产力理论，他们纠正了魁奈、亚当·斯密、大卫·李嘉图等人的研究不足，不再孤立地考察生产力，而是将生产力与生产关系联系起来、将经济基础与上层建筑联系起来进行考察。在《德意志意识形态》一书中，生产力成为马克思恩格斯理论体系的一个基本范畴，在《哲学的贫困》一书中，马克思进一步阐述了生产力在历史中的决定性作用。1877年，恩格斯发表了《反杜林论》一文，他指出生产力是"一切社会变迁和政治变革的终极原因"[④]。马克思恩格斯在《共产党宣言》一书中客观评价了资本主义推动了生产力的进步和

---

① 马克思恩格斯文集（第7卷）[M].北京：人民出版社，2009：101.
② 马克思恩格斯文集（第3卷）[M].北京：人民出版社，2009：250.
③ 马克思恩格斯文集（第2卷）[M].北京：人民出版社，2009：53.
④ 马克思恩格斯选集（第3卷）[M].北京：人民出版社，2012：797.

人类历史的发展，"过去哪一个世纪料想到在社会劳动里蕴藏有这样的生产力呢"。①随着经济社会的不断发展，生产力的发展已经远远超过了那个时代，人类征服自然的能力也不断变大。也就是说，生产力的发展早期在改造自然方面起到了一定的促进作用。资本主义制度是造成生态危机的主导因素，资本主义像压榨工人一样压榨自然，将地球上的资源视为商品直接转换为财富，在资本的扩张逻辑之下，后来生产力的发展对自然生态起到了消极的破坏作用。虽然资本主义迫于压力也进行了改革，但是资本主义改革在本质上并没有改变资本和资本主义的性质。制度变革是调节人与自然关系的根本途径，马克思恩格斯描绘了生产力经过不断发展，对资本主义进行超越，使人类对人与自然关系的认识达到更高水平的美好愿景。

第三，实现共产主义，消除人与自然的对立。随着生产力的不断发展，人与自然的关系由人类对自然的敬畏而臣服于自然逐渐转变为人类通过对自然的控制不断满足自己的私欲。当生产力发展达到很高的水平，经历了否定之否定，人类进入共产主义社会后，才能真正改变这种控制的、矛盾的人与自然关系，实现人与自然的统一。在《1844年经济学哲学手稿》中，马克思对共产主义的理解就是通过私有财产即人的自我异化的积极扬弃进而走向共产主义社会，从而使人与自然、人与社会、人与自身的关系超越异化。马克思进一步指出："这种共产主义，作为完成了的自然主义，等于人道主义，而作为完成了的人道主义，等于自然主义，它是人和自然界之间、人和人之间的矛盾的真正解决。"②只有实现共产主义，进入替代旧社会的联合体，才能实现"每个人的自由发展是一切人的自由发展的条件"③，只有"联合起来的生产者"，才能解决资本主义的根本矛盾即生产资料的私有制和社会化生产之间的矛盾，劳动成为人的自由自觉的活动，最终实现人与自然的和解，消除人与自然的对立，实现人与自然的真正统一。

---

① 马克思恩格斯文集（第2卷）[M].北京：人民出版社，2009：36.
② 马克思恩格斯文集（第1卷）[M].北京：人民出版社，2009：185.
③ 马克思恩格斯文集（第2卷）[M].北京：人民出版社，2009：53.

（三）西方生态文明理论的合理生态要素

西方生态文明理论主要包含"深绿"思潮、"浅绿"思潮以及"红绿"思潮，他们基于不同的理论基础、理论性质和价值立场，围绕生态本体论、生态价值观、生态发展观等问题展开争论，理清这些理论并从中汲取合理的生态要素，对推动我国生态文明理论的发展和建设美丽中国具有启示作用。

1. 以生态中心论为基础的"深绿"生态思潮

"深绿"思潮属于非人类中心主义阵营，非人类中心主义的发展依次经历了"动物解放论"（"动物权利论"）、"生物中心论"、"生态中心论"的发展。"动物解放论"主张动物和人一样具有内在价值，两者地位平等；"生物中心论"主张生命没有等级之分，所有生物都是道德主体，所有非生物都是自然的道德客体；"生态中心论"主张人和自然是相互作用的，人可以捕杀野生动物，但是不能破坏生物群落的动态平衡关系。"深绿"思潮对人类中心主义持批判态度，强调树立自然价值论和自然权利论，并对生态文明理论进行了建构。

西方绿色思潮中的"深绿"思潮的生态文明理论以生态中心主义价值观为基础，排斥经济增长和技术进步，把生态文明理解为人类实践未涉足的"荒野"。[①]"人类中心主义"在生物学意义、认识论意义和价值论意义上具有不同的含义。"深绿"思潮主要批判对象是价值论意义上的人类中心主义，即人类中心主义价值观。[②]"人类中心主义"认为人类是地球上最重要的存在，其他生物和自然资源都是为了人类的利益而存在的。在人类中心主义的思想中，自然环境的价值主要体现在其对人类有用的程度上，例如提供食物、住所、原料等。随着科学技术的发展，使这种工具价值愈发凸显了出来，这是导致生态危机的首要原因，因此"深绿"思潮对于人类中心主义持批判态度，主要体现在两方面：其一，人类中心主义只关注人类的利益，完全不考虑其他物种的利益；其二，将人类看作是高于其他物种的存在，进而把其他物种排除在道德关怀之外。

---

① 王雨辰. 论西方绿色思潮的生态文明观［J］. 北京大学学报（哲学社会科学版），2016，（04）：17-26.

② 王雨辰. 生态学马克思主义与后发国家生态文明理论研究［M］. 北京：人民出版社，2017：120.

　　"深绿"思潮通过对人类中心主义的批判，进而转向了强调要树立自然价值论和自然权利论的观点。自然价值论是非人类中心主义的理论基石，是生态中心论最有影响的代表性观点之一，其代表人物是霍尔姆斯·罗尔斯顿，其环境伦理学对我国生态哲学具有十分重要的影响。自然价值论认为大自然是经济价值、审美价值、历史价值、生命价值等价值统一体。同时，自然生态不仅具有内在价值、工具价值，更重要的是具有系统价值。人类本身具有很高的价值，但是不可能高于生态系统的整体价值。也就是说，自然价值论主张每一个生物体和生态系统都有其生存和发展的权利，这种权利是独立于人类利益的，挑战了传统的"人类中心主义"价值观，强调的是生物多样性和生态平衡的固有价值，以及保护这些价值的道德责任。自然权利论是指人类之外的物种拥有按照生态规律生存下去的权利，不仅人类拥有权利，自然界也应该被赋予法律上的权利，河流、森林、动植物等自然实体应当享有不受人类侵犯的权利。不管是"动物解放论"、"动物权利论"还是"生物中心论"都主张关注个体权利。但是权利之所以为权利，是因为要有权利主体和权利意识，人之外的存在物不可能成为权利主体、拥有权利意识，因此自然权利论在理论与实践上面临着矛盾。

　　"深绿"思潮对生态文明理论的建构包括生态危机论、生态价值观和生态治理论这三方面的内容，他们认为生态危机的产生是因为人类中心主义价值观和科学技术的运用，把生态问题单纯归结为价值观问题，没有意识到资本主义才是生态危机产生的根源，主张把构建生态自治主义作为解决生态危机的办法。"深绿"思潮将人放置在和其他物种平等的地位，来确立自然价值论和自然权利论，这实际上是一种具有反人道主义倾向的不严谨的生态理论，具有乌托邦色彩。生态危机的产生具有其社会制度根源，但是"深绿"思潮无法把握生态危机的产生与资本主义制度、资本主义生产方式和资本主义全球化之间的关系，无法理解生态危机是利益驱使下的一场人类灾难这一实质。总的来看，"深绿"思潮将生态文明看作是对人类已有文明的否定和回归自然的生存状态。

　　2. 以人类中心论为基础的"浅绿"生态思潮

　　"浅绿"思潮相对于"深绿"思潮而言，更侧重于人类中心主义的立场，强调通过科技进步和经济增长来解决环境问题，主要包括环境主义、生态现代化理论和可持续发展理论。"浅绿"思潮的本质是一种绿色资本主义理论或生态资本主义理论，追求的是保护资本主义生产的自然条件，维系资本主义经济的可持续发展，①形成了生态危机观、生态自然观、生态价值观和生态治理观。

在生态危机观方面，"浅绿"思潮认为生态危机的产生根源在于人口的过快增长、现代技术的大规模使用和滥用自然资源。反对"深绿"思潮将生态危机看作价值观问题。在人口增长方面，人口的过快增长导致资源的快速消耗、贫困问题、生物多样性减少等问题。在现代技术运用方面，虽然现代技术的大规模运用能够实现经济的增长，但是也破坏了人类的生存环境。在滥用自然资源方面，人类无限制地开发利用自然，使得人与自然关系恶化。基于"浅绿"思潮的生态危机观，产生了其生态自然观。"浅绿"思潮的生态自然观建立在近代机械价值观之上，其认为在资本主义框架内部能够解决生态危机问题，是将近代机械价值观与资本主义价值观相结合的产物。基于"浅绿"思潮的生态自然观，其生态价值观否定了"深绿"思潮的生态中心主义价值观，并借助美国学者莫迪、澳大利亚学者帕斯摩尔和美国学者诺顿的理论对人类中心主义进行补充和改造。在生态治理观方面，"浅绿"思潮针对解决生态危机主要确立了四个方面的内容。第一，生态危机观指出，人口增长过快是造成生态危机的原因之一，因此想要解决生态危机就要控制人口增长速度。第二，生态危机观指出，大规模的现代技术应用是造成生态危机的又一大原因，因此开发更先进的技术则是解决生态危机的途径。技术革新问题也是"深绿"思潮和"浅绿"思潮的重大区别。第三，生态危机观认为，滥用自然资源也是造成生态危机的原因之一，因此实行资源市场化是解决这个问题的一大途径。第四，"浅绿"思潮认为，不应将生态文明与工业文明相对立，相信资本主义制度和生产方式具有解决生态危机的潜力，也认为生态运动不可以脱离代表人类利益的人类中心主义价值观。

---

① 王雨辰. 生态学马克思主义与后发国家生态文明理论研究 [M]. 北京：人民出版社，2017：129.

"浅绿"思潮在某种程度上纠正了"深绿"思潮所表现出的理想性，并且"浅绿"思潮在实践中往往与政府、企业和市场的现实需求相结合，更容易被主流社会接受和实施。然而，它未能从根本上挑战"人类中心主义"的价值观和对自然的剥削态度，可能无法有效解决深层次的环境问题。尽管如此，"浅绿"思潮在推动环境保护和可持续发展的初期阶段起到了积极作用，并且在现实政治和经济框架内仍然是重要的环保策略之一。联合国在2015年提出的可持续发展目标，实施碳税或碳排放交易系统来鼓励企业和个人减少温室气体排放，风能、太阳能等可再生能源技术的发展和推广等都是"浅绿"思潮在实践中的具体体现。

3. 以马克思主义为基础的"红绿"思潮

"红绿"思潮包括生态学马克思主义和有机马克思主义两大流派，在众多西方生态哲学思潮中，"红绿"思潮对人与自然关系的解读独树一帜，他们都批判了资本主义制度和生产方式，并强调了生态问题的重要性，试图将马克思主义理论与生态学相结合，以解决生态环境问题。

生态学马克思主义的代表性观点主要有：对生态危机成因的分析，包括本·阿格尔、约翰·贝拉米·福斯特、詹姆斯·奥康纳、戴维·佩珀、乔尔·科威尔、威廉·莱斯、帕森斯等生态学马克思主义代表人物，他们或从资本主义生产方式，又或是资本本身出发对生态危机是怎么产生的作出了具体分析，认为生态危机产生的根源在于资本和资本主义；历史唯物主义的绿色批判与"重建"，包括泰德·本顿对历史唯物主义的生态学批判、戴维·佩珀对历史唯物主义分析方法的生态学价值的阐释、瑞尼尔·格伦德曼使用历史唯物主义进行的生态分析、乔纳森·休斯关于人依赖于自然的生态原则以及福斯特关于历史唯物主义与生态学具有一致性的论述；资本主义制度的生态批判，包括威廉·莱易斯和本·阿格尔的资本主义生态危机理论、奥康纳的资本主义的双重危机理论以及乔尔·科威尔的资本和资本主义是自然的敌人思想，戴维·佩珀、大卫·哈维、威廉姆斯、乌尔里希·布兰德则进一步批判了资本主义造成了生态帝国主义；在生态社会主义的构想方面，包括泰德·本顿的温和的生态自治主义、安德烈·高兹的建立先进的社会主义、奥康纳的改良的生态社会主义以及乔尔·科威尔的革命的生态社会主义。以马克思主义为基础的生态学马克思主义为人与自然和谐共生观的形成提供了丰富的思想资源和理论维度。

在对生态危机的成因分析方面，生态学马克思主义相关学者或从资本主义制度，或从资本主义生产方式，又或从资本本身出发对生态危机是怎么产生的作出了具体分析。总体来看，生态学马克思主义认为生态危机产生的根源在于资本和资本主义。本·阿格尔认为资本主义社会由经济危机转变为生态危机，资本主义制度引发生态危机是必然的，资本有机构成的持续提高是资本主义生产的必然趋势，而这也会导致工人工资在总资本中的构成比例不断减少，资本家要想恢复原来的利润，必须以更大规模的生产和资本投入确保利润总额的增长，而随着生产规模的不断扩大，人类对自然的剥削程度也在不断加深。约翰·贝拉米·福斯特指出资本增值和环境保护本身就是相悖的。资本主义制度"破坏着人和土地之间的物质变换……资本主义农业的任何进步，都不仅是掠夺劳动者的技巧的进步，也是掠夺土地技巧的进步……资本主义生产发展了社会生产过程的技术和结合，只是由于它同时破坏了一切财富的源泉——土地和工人"。[①]詹姆斯·奥康纳认为资本自我扩张的力量是导致生态危机的罪魁祸首，资本主义生产方式的本质是疯狂追求资本积累并且单方面强调利润最大化，为了满足这一本性，资本就必须不断进行必要的扩大和积累，因而生态系统会超出以往的承受范围，最终演变成为生态危机。戴维·佩珀认为资本扩张不仅对人身外自然造成了破坏，同时也对人自身自然造成了破坏，资本主义的阶级无情的剥削使一部分人始终在生存线上挣扎徘徊，而这一部分人为了生存，只能被迫向更恶劣的生存环境迁徙，并且以最原始的手段去开发自然资源以保证自身的生存，这就会引发人与自然之间的恶性竞争，造成更加严重的生态问题。乔尔·科威尔旗帜鲜明地指出资本是自然的敌人。资本具有逐利性和反生态性，资本为了追求最大的利益而不断地增加自然资源的价值，必然会带来环境问题，资本主义的经济利益驱动的全球化运动是导致全球生态危机的根源。威廉·莱斯在《自然的控制》一书中指出，"控制自然"的观念是生态危机的最深层根源。"控制自然"的概念在出现时就意味着要打破旧观念，但在

---

① ［美］约翰·贝拉米·福斯特著，耿建新，宋兴无，译.生态危机与资本主义[M].上海：上海译文出版社，2006：156.

20世纪演变成了一种统治阶级的意识形态。莱斯将生态环境问题的批判与资本主义制度批判结合起来，科学技术是"控制自然"的工具，"控制自然"的实质是"控制人"。资本主义为了加强对人的控制，造成了科技的滥用，最终形成生态危机。帕森斯指出资本主义寄生生态，帕森斯用"食物链"来描述资本家与劳动者之间的关系，劳动者为了自己和家人的生存坚持不懈地争取食物，这种行为就像动物捕食，而资本家不断压榨劳动者的剥削行为就像掠食者，掠食者只会用一小部分的猎物来引诱捕食者。马克思将资本家定义为"吸血鬼"，帕森斯认为应将资本定义为寄生虫，贪婪的寄生虫会榨干劳动者和自然的最后一点价值。

　　在历史唯物主义的绿色批判与"重建"方面，泰德·本顿对历史唯物主义进行了生态学批判。历史唯物主义与生态学的关系问题是生态学马克思主义者所关注的焦点问题，也是他们构建生态学马克思主义理论的逻辑出发点。[①]泰德·本顿认为应该从生态学的角度出发，重新构建历史唯物主义，重新焕发马克思主义的生机与活力。虽然资本主义国家存在着严重的生态危机，但是反观社会主义国家也存在着各种各样的社会问题。本顿分析指出，社会主义国家之所以遭遇生态问题，是因为历史唯物主义在生态领域的应用存在缺陷。以本顿为代表的生态中心主义的马克思主义者纷纷致力于对历史唯物主义的生态学批判。倪瑞华在《英国生态学马克思主义研究》一书中指出，本顿等生态学马克思主义者的历史唯物主义生态学批判，即历史唯物主义在生态学上有何失误，主要体现在三个方面。第一，历史唯物主义将人的解放和自然极限相对立；第二，历史唯物主义对物质进步的坚信和技术乐观主义的态度影响了19世纪工业主义自发意识形态的形成，使其成为受害者；第三，历史唯物主义的生产理论缺乏生产理性而无环境理性，这是由于历史唯物主义生产理论没有将自然过程整合进生产过程中。本顿独具特色地将自然二分为表层自然也就是我们周围可以观察到的外部世界和深层自然也就是我们无法直接观察到的、存在于我们周围非人世界和身体内部的不同过程，强调了只有平等地对待生态系统中的非人自然物，才能够处理好人与自然之间的关系。

---

① 倪瑞华.英国生态学马克思主义研究 [M].北京：人民出版社，2011：42.

戴维·佩珀解析了历史唯物主义分析方法的生态学价值。面对生态危机，坚持人类中心主义立场的生态学马克思主义者和坚持生态中心主义立场的生态学马克思主义者的观点完全相反。以本顿为代表的生态中心主义的生态学马克思主义者进行了历史唯物主义生态学批判，但是戴维·佩珀、瑞尼尔·格伦德曼、乔纳森·休斯等坚持人类中心主义的生态学马克思主义者则从不同的角度切入，对历史唯物主义的生态学立场进行了细致分析。戴维·佩珀认为，虽然生态危机在马克思恩格斯所生活的时代还没有出现，他们的论著中也没有出现诸如生态问题、生态危机的字眼，甚至生态学也是在他们在世的晚年才出现的，但是这并不代表马克思恩格斯的历史唯物主义中没有关于生态问题的论述。也就是说，在面临生态危机时，历史唯物主义依然有其价值和作用，并非"不在场"或需要"重建"。佩珀的代表作《生态社会主义：从深层生态学到社会正义》一书中重点阐述了分析生态问题的马克思主义视角，阐明了历史唯物主义的分析方法和生态学的分析方法具有内在一致性，二者是相互贯通的。佩珀认为历史唯物主义的方法包括唯物主义的方法、辩证分析的方法、历史分析的方法、经济分析的方法、阶级分析的方法等，这些方法都可以用来分析现代生态问题。[1]可以说，佩珀用历史唯物主义的方法对生态学问题进行分析，展示了马克思主义的现实价值，进而说明历史唯物主义对解决生态问题的有效性和历史唯物主义分析方法的生态学价值。

瑞尼尔·格伦德曼用历史唯物主义进行生态分析。格伦德曼不仅认为现代生态问题的分析方法可以借助历史唯物主义的分析方法，并且指出马克思恩格斯的思想包含着对他们所生活时代的生态问题的阐述，因此历史唯物主义依然有助于解决当代生态问题。格伦德曼在1991年出版的《马克思主义与生态》一书中强调，马克思的生态思想能够为生态问题的解决提供深刻的理论洞见，完全可以在马克思历史唯物主义的理论框架之内来分析和解决生态问题。他进一步从生存论、对待自然的理性态度、价值论和人类解放四个维度重新解读马克思的"支配自然"，赋予"支配自然"积极的意义，并深入考察了马克思自

---

① 倪瑞华.英国生态学马克思主义研究［M］.北京：人民出版社，2011：57-58.

然观发展与运用的条件，重新恢复了马克思自然观的人类中心主义视角。^①格伦德曼认为，历史唯物主义具有广义上和狭义上的区分，如果仅仅把历史唯物主义放在狭义经济学意义上理解，显然是对历史唯物主义的曲解。在广义上，应将历史唯物主义放在哲学层面上来理解，在哲学层面上，历史唯物主义所追求的生产力发展与自然的和谐发展是一致的。同时，格伦德曼指出，生态中心主义立场会导致人类无法生存，而马克思主义认为人类来源于自然，是自然的一部分，人要依靠自然生活，人类要回到直接占有自然、不依靠技术等手段来改造自然的阶段是不可能的，因此生态标准是历史进步的一大标准。格伦德曼坚持用历史唯物主义进行生态分析，而不是像本顿那样对历史唯物主义进行"重建"。

　　乔纳森·休斯坚持人依赖于自然的生态原则。休斯在其著作《生态学和历史唯物主义》一书中充分彰显了历史唯物主义的生态学立场。休斯认为，自然存在的极限限制了人类的活动方式和活动范围，同时人类的主观能动性反过来又会改变着这些自然的限制，所以人与自然具有双向互动性，它体现为生态依赖原则和生态影响原则两种基本原则。休斯指出，人与自然的关系是双向性的，人依赖自然与人影响自然是分不开的。休斯强调，只有看到自然限制的相对性，坚持人与自然的相互作用，才能真正地理解和把握自然限制。同时，休斯还指出，马克思恩格斯在《1844年经济学哲学手稿》《德意志意识形态》《政治经济学批判》《哥达纲领批判》《资本论》等论著中的论述均有生态学意义。正是通过对马克思恩格斯著作的分析，休斯也旗帜鲜明地反对青年马克思与老年马克思之间的生态断裂论。休斯认为，从《1844年经济学哲学手稿》到《德意志意识形态》再到《资本论》，有足够的证据证明马克思主义中贯穿的人与自然辩证关系的论述具有前后一贯性。虽然马克思在后期论著中较为关注生产力发展等问题，但不能片面地说马克思主义是经济决定论或技术决定论。休斯通过对人依赖于自然的生态原则分析，表明了历史唯物主义鲜明的生态立场。

---

① 王青. 泰德·本顿的生态学马克思主义思想研究［M］. 北京：人民出版社，2018：159.

　　福斯特认为历史唯物主义与生态学具有一致性。伊壁鸠鲁是对马克思影响较大的哲学家，其思想也是马克思博士论文研究的主要对象。伊壁鸠鲁认为，自然界没有等级秩序，人类与动物之间的鸿沟是可以弥补的。伊壁鸠鲁对自然的理解深深影响到马克思。福斯特从马克思关于自然与人以及自然与社会的关系角度出发，阐述了马克思的唯物主义和生态学的一致性。[①]在自然与人方面，福斯特指出，人与自然的关系是马克思唯物主义所关注的内容，马克思的唯物主义可以很好地解释人类中心主义和生态中心主义之争。马克思在《1844年经济学哲学手稿》一书中创立的共产主义其实就是自然主义也就是人道主义。共产主义中没有因为资本积累等因素而产生剥削与压迫，消除了异化对人的影响，人与自然实现了统一。福斯特深刻阐释马克思对人与自然关系的理论主张，为当今生态运动指明了方向。在自然与社会方面，福斯特以马克思的《资本论》为研究对象，在著作《马克思的生态学》中对马克思关于社会与自然之间关系的恶化专门进行生态学的分析。马克思认为，由于私有制的存在，割裂了自然与社会内部的新陈代谢，破坏了原本平衡的生态系统。通过将自然科学中的新陈代谢概念引入生态系统，反驳了那些认为马克思主义不关注自然的偏见。福斯特指出，马克思在分析新陈代谢这一概念时，就已经为解决现代生态问题给出了对策，即实现可持续发展。

　　在资本主义制度的生态批判方面，本·阿格尔和威廉·莱易斯共同创立了资本主义生态危机理论。莱易斯在其代表作《满足的极限》一书中，首次将生态危机与马克思主义相联系，从生态学走向了马克思主义。阿格尔继承了莱易斯的思想，在此基础上创立了资本主义的生态危机理论。资本主义生态危机是全球性的综合危机，资本主义生产的无政府状态是出现生态危机的总根源，资本主义的基本矛盾决定了资本主义的生产具有无政府状态，在资本主义生产方式下各个利益集团只关注自己的利益，完全不顾环境污染与破坏，因此资本主义不可能为解除生态危机找到根本出路。虽然莱易斯和阿格尔都不承认马克思主义的生态学思想，他们否定马克思主义的经济危机理论，认为要以生态危机理论取代经济危机理论，用生态学理论"补充"和修正马克思主义。他们认

————————
①　刘仁胜.生态马克思主义概论［M］.北京：中央编译出版社，2007：142.

为现在面临的最大的问题不是经济危机，而是生态危机。面对资本主义的生态危机，他们认为资本积累固然是资本主义高生产和高消费引起生态危机的最终原因，因为当今无产阶级的消费不是马克思所讲的维持生命和生活的需要，而是一种消费异化。人们对奢侈品的追求是以环境破坏、资源掠夺、气候变暖为代价的，威胁到整个人类的生存，这也体现出资本主义危机已经转移到消费领域。当人们沉浸在这种异化消费的情形下，人们可能认为自己找到了人生的意义和幸福生活的根源，殊不知早已沦为了资本的牵线木偶。正是无产阶级对奢侈品的病态消费维持了资本主义的扩大再生产，使资本主义的经济危机被生态危机所代替。[①]

奥康纳创立了资本主义的双重危机理论。从20世纪40年代开始，以美国为首的西方资本主义集团和以苏联为首的东欧集团两大阵营虽没有直接交战，但在政治、经济、文化、科技、外交等各层面展开了全方位的对抗。直到20世纪90年代，随着苏联的解体，宣告资本主义获得了冷战的胜利，资本主义在全球的疯狂发展成为不可阻挡的趋势。生态危机也随着资本的全球化在全球蔓延开来，各种绿色理论思潮并没有阻止生态危机的蔓延，反而导致其愈演愈烈，已经威胁到整个生态系统。在此情形下，奥康纳开始重新审视马克思主义。奥康纳认为资本主义在批判苏联和社会主义的同时，也将马克思主义抛弃了。因此，在其著作《自然的理由》中，奥康纳用马克思主义的理论分析了生态危机出现的原因。在莱易斯和阿格尔的基础之上，奥康纳提出了资本主义现在面临的是双重危机，即经济危机和生态危机并存。奥康纳还指出，双重危机来源于资本积累的无限扩张和全球性资本主义发展的不平衡，在前人的基础上进一步补充和完善了马克思主义，并进一步构想了生态社会主义理论。

乔尔·科威尔断言资本和资本主义是自然的敌人。面对当今日益严重的全球性生态环境问题，他立足于生态危机如何产生这一问题进行了鞭辟入里的分析，在《自然的敌人：资本主义的终结还是世界的毁灭》一书中展现得淋漓尽致。通过对资本主义生态危机的追本溯源，科威尔着重分析了资本和资本主义缘何成为"自然的敌人"。他指出，资本是导致生态危机的"高效原因"，

① 刘仁胜.生态马克思主义概论［M］.北京：中央编译出版社，2007：42.

而资本主义是生态危机产生的"元凶"，这一论断一针见血地指明了资本和资本主义是造成生态危机的主要原因。一方面，科威尔在探求生态危机的成因时对资本具有逐利性和本身固有的"反生态"性这两个本性展开了激烈的批判。虽然人类已经意识到了生态危机的危害，但却被"资本力场"所吞噬和牵制。全球化的生产使得资本积累在全球范围内展开，更导致了生态危机的全球性，"这个时代是资本霸权的产物"①。另一方面，科威尔对资本主义制度进行了进一步剖析。资本主义是不择手段追逐暴利的制度，资本主义社会中的资本家从生态恶化中获利。这都决定了资本主义不能改变基本的生态进程，也为科威尔革命性的生态社会主义构想奠定了思想基础。接着，科威尔从"自然的统治"这一观点入手，进一步对资本的重重罪恶进行全面控诉：资本的崛起加剧了"自然的统治"，生态改良主义的资本主义改革无法从根本上改变"自然的统治"。最终，科威尔抛出了终极之问：选择"资本主义的终结还是世界的毁灭"？我们如今面临着在"资本主义的终结"和"世界的毁灭"之间二择其一的处境。②在科威尔看来，生态危机的产生是由于资本和资本主义制度，资本和资本主义只能让工业文明欣欣向荣，却无法从根本上解决工业文明所酿成的恶果，因此生态文明只能在社会主义国家孕育产生。只有建立生态社会主义的政治蓝图才是实现从"自然的敌人"向"自然的朋友"转化的唯一现实路径。

在对资本主义的批判中，戴维·佩珀、大卫·哈维、威廉姆斯、乌尔里希·布兰德进一步批判了资本主义造成了生态帝国主义。戴维·佩珀指出，资本主义制度造成生态殖民化，在资本主义的发展进程中，资本家的需求不断增长，当国内资源和市场无法满足其发展需求时，他们开始转向其他国家进行剥削和掠夺，通过剥削这些国家的廉价劳动力和掠夺自然资源来实现资本的增值。西方的生态帝国主义对发展中国家和地区造成了严重影响，世界发展的不平衡是由资本的扩张引起的，正如在资本主义国家中的无产阶级和资产阶级之间也存在着巨大的差距。大卫·哈维从全球空间生产展开对资本主义的生态批

---

① 乔尔·科维尔.武烜，刘东锋，刘仁胜.马克思与生态学［J］.马克思主义与现实，2011，（05）：199-203.

② ［美］乔尔·科威尔.杨燕飞，冯春涌译.自然的敌人：资本主义的终结还是世界的毁灭［M］.北京：中国人民大学出版社，2015：3.

判，他认为全球空间生产也呈现出非正义性。在资本主义主导的全球化过程中，空间正义不断地被践踏和摧毁：一是全球化对"地方"的破坏，资本主义国家将资本带入欠发达国家，虽然在一定程度上促进了欠发达国家的经济发展，但是也造成这些国家的民族产业和民族特色逐渐消失，造成全球空间发展的同质性；二是发达资本主义国家主导全球化进程，以非对称性的关系进行资本积累，欠发达国家只能获得小部分利润，这也造成了世界各国贫富差距的进一步拉大。威廉姆斯指出，帝国主义为维护本国生态环境进行污染转移，并且资本主义国家为了保护本国资源而对发展中国家的资源进行掠夺开发。发达的资本主义国家虽然注重本国的生态环境保护，但是在生态环境问题上转嫁危机、以邻为壑，发达国家在发展中国家所开展的高损耗生产造成这些国家生态环境问题严重。乌尔里希·布兰德指出，帝国式生活方式是全球生态危机治理难题的关键。布兰德指出了生态危机和环境危机并不能等同，生态危机相较于环境危机而言，具有更加宏观和综合的特征，是一种更为综合的社会危机，反映了人与自然之间的不平衡，更加反映出在全球各种权力相互作用下所产生的社会不平等分配，内嵌于人们日常生活实践并不断进行自我复制和巩固的帝国式生活方式，是造成社会—自然关系危机的关键所在。

在生态社会主义的构想方面，泰德·本顿认为应倒向温和的生态自治主义。本顿所构建的生态社会主义是将社会主义与生态中心主义相结合。在本顿看来，生态社会主义革命不是暴力革命，不是颠覆国家政权的革命，而是将自然生命的繁衍与延续的道德放在中心位置。由此可见，本顿与将社会主义和生态中心主义相结合的初衷渐行渐远，最终倒向的是生态自治主义。郇庆治曾指出："生态自治主义是西方生态政治学经历了20世纪60年代以来的不断发展，特别是与其它环境政治流派的研讨对话，在本世纪80年代后逐渐形成的理论思潮。"[①]生态自治主义认为，依靠生态社区样板和个人生活的改变就可以超越资本主义制度，提倡通过温和的形象预示法，由局部带动整体，从而实现生态社会。从斗争方式来看，生态自治主义拒绝阶级斗争和集体运动，主张走改良道路；从对待国家的态度上来看，生态自治主义认为生态社区中不存在民族国

---

① 郇庆治.绿色乌托邦：生态自治主义述评［J］.政治学研究，1997（04）：80-88.

家，共同体取代了国家；从绿色实践来看，生态自治主义认为未来社会的绿色道路由个人所决定，改变世界依靠的是个人行动和个人价值的改变。总的来说，生态自治主义具有浓厚的乌托邦色彩，是一条远离社会现实和理论基础的道路。

安德烈·高兹认为应建立先进的社会主义。苏联解体后，高兹出版了其著作《资本主义、社会主义和生态学》一书，书中指出建立先进的社会主义是保护生态环境的最佳选择，只有建立先进的社会主义才能消除生态危机。我们面临两种理性：经济理性和生态理性。在经济理性的支配下，人类肆意开采资源，不顾环境破坏，这是与环境保护相悖的，而生态理性才是与保护环境相一致的。社会主义制度之所以能够成为生态环境保护的一片沃土，是因为社会主义不以获取利润为动机。实施生态保护的要旨是控制消费，而控制消费的一个前提则是公平、合理地进行产品分配，[①]但是在资本主义追求资本增值的生产方式下，这是不可能做到的。高兹通过分析两种理性之间的对立，分析两种理性与资本主义、社会主义生产方式之间的联系，进而说明了建立先进的社会主义的必要性。社会主义生产方式将按照"少而好"范式改变高生产、高消费的生产方式。高兹提出"更少地生产，更好地生活"的理念，这是对传统经济增长模式的一种挑战，主张从追求无限经济增长转向追求生活质量。"更少地生产"并不意味着简单地减少生产，不是根据市场需要来生产，而是根据真实的需要来生产，选择生产一些使用价值高的、耐用且不易损坏的产品。"更少地生产"是"更好地生活"的前提，"更好地生活"强调生活的质量而非物质的丰富，每个人根据需要来选择劳动时间，合理安排自己的生活，在劳动和闲暇的统一中实现人的生存价值和尊严。

奥康纳认为应建立改良的生态社会主义。在奥康纳看来，为了解决资本主义危机，先后出现了社会主义和生态学这两种形态。尽管两者在思想内容上不存在联合的基础，但是资本主义存在着经济和生态双重危机，社会主义能够解决经济危机，生态学理论能够解决生态危机，两者在解决资本主义双重危

---

① 俞吾金，陈学明. 国外马克思主义哲学流派新编：西方马克思主义卷（下卷）[M].上海：复旦大学出版社，2002：606.

机的理论方面有重合部分，因此使得社会主义和生态学的联合成为一种可能。奥康纳主张，要将生态马克思主义的改良措施与生态社会主义联系在一起，构建改良的生态社会主义。生态学马克思主义以资本主义私有制为基础，认为改良之后的资本主义就是社会主义，因此在面临生态危机时，也主张对现实资本主义的改良。奥康纳也是在这一框架下进行生态社会主义的构想，这并没有超出资本主义的范畴。虽然奥康纳没有对改良的生态社会主义作出系统详细的论述，但是仍然可以归纳为以下几点主要内容：以使用价值代替交换价值；强调资本主义的生态殖民和对人与自然的双重剥削；以生态危机取代经济危机；在不触及所有制的情况下，实现生产资料的社会化；消除精英阶层统治，通过官僚机构的民主化或大众化来加以统治；社会主义建设要维护好自然条件等。奥康纳对生态社会主义的构想可以说是生态学马克思主义的倒退，无法阻止资本主义造成的生态危机，更甚是在为资本主义辩护。面对改良的生态社会主义，科威尔给资本和资本主义当头一棒，并在以往生态学马克思主义理论的基础之上，提出了革命的生态社会主义理论，指出了解决生态问题必须坚持走革命的道路。

乔尔·科威尔认为必须走革命道路，建立革命的生态社会主义。科威尔指出，必须推翻资本主义制度，建立生态社会主义，才能实现从"自然的敌人"到"自然的朋友"这一转变。科威尔对生态社会主义的美好愿景包括两个方面，一是必须坚持社会主义原则，二是必须进行以生态为中心的生态化生产，这两个方面也是科威尔为生态社会主义设定的基本原则。一方面，科威尔肯定生态社会主义属于社会主义，但是其在生态学意义上更进了一步。马克思在《共产党宣言》一书中指出："每个人的自由发展是一切人的自由发展的条件。"[①]科威尔认为以往的社会主义没有实现马克思所论述的社会主义，他所要建立的生态社会主义不同于以奥康纳为代表的改良型生态社会主义，而是革命型生态社会主义。在这个社会主义中，强调的是使用价值而不是交换价值，用使用价值代替交换价值就必须使劳动从资本中解放出来。另一方面，自然界是一个生态系统，本身不生产任何东西，人类产生之后，才将生产引入自然，

---

① 马克思恩格斯选集（第1卷）[M].北京：人民出版社，2012：422.

逐渐产生资本主义，造成了严重的生态危机。科威尔提出生态社会主义的生态化生产包括五个方面：一是坚持快乐生产原则和生产过程民主化，消除对劳动的剥削和等级压迫；二是生产过程符合热力学定律，使自然系统保持较低熵值；三是实现人的意识与自然意识一体化，确立"需求的极限"，注重由质量而非数量来满足需求；四是充分发挥技术在生态化生产中的作用，使技术参与生态系统并创造生态系统；五是改变生产过程中人的思维方式，在人类文明中建立生态意识的同时，必须清除人类与自然之间的制度障碍。科威尔在对生态社会主义进行了初步构想后，又进一步提出了要通过生态社会主义革命、建立生态社会主义政党、走向"完全共同体"和坚持"从全局出发"来实现生态社会主义。

有机马克思主义最早由美国学者菲利普·克莱顿和贾斯廷·赫泽凯尔在其著作《有机马克思主义：资本主义和生态灾难的一种替代选择》中提出，并成了学术界关注的热点。有机马克思主义对资本主义进行了深刻的批判，主要观点可以概括为三个方面：正义观念、自由市场的理念和对全球扩张产生的影响。第一，资本主义所主张的正义其实并不正义。有机马克思主义认为，资本主义制度下的正义观念往往是建立在私有财产和市场竞争的基础上，这种正义观念往往偏向于资本所有者的利益，而忽视了工人和弱势群体的权益，真正的正义应该是全面的，包括经济、社会和环境的正义，而不仅仅基于资本所有者的利益。第二，资本主义倡导的"自由市场"也并不自由。有机马克思主义指出，资本主义所倡导的自由市场受到资本积累和利润追求的驱动，导致市场力量往往偏向于资本所有者的利益。在自由市场的名义下，大公司和财团可以通过经济和政治手段操纵市场，剥削劳动力和资源，而普通民众和小企业往往缺乏真正的市场竞争能力。第三，资本主义在全球的发展与扩张，将使得穷人为全球生态遭到破坏付出沉重的代价。有机马克思主义认为，资本主义的发展模式以经济增长为核心，追求无限的增长和利润，导致了全球生态的破坏和资源的枯竭。这种发展模式总是将环境成本转嫁给穷人和弱势群体，他们往往生活在环境恶劣的地区，缺乏相应的资源和能力来应对环境污染和破坏。有机马克思主义提出了一种思考，我国应该如何不重蹈资本主义工业文明的覆辙，如何利用社会主义的制度优势和中华优秀传统文化蕴含的资源，走出一条维护人类社会与自然界和谐发展的生态文明之路？尽管如此，我们仍然要谨慎对待、批判性分析，不能因为有机马克思主义以马克思主义为理论基础，在其理论中包含中国传统文化元素、强调我国进行生态文明建设的重要性等，就进行盲目追捧。

三、现实逻辑

从现实维度看，人与自然和谐共生的中国式现代化为提高人民对美好生态的需求、突破经济社会发展的瓶颈交出了时代答卷，并反思了全球现代化造成的生态危机。可以说，人与自然和谐共生的现代化是超越传统的西方现代化模式的现实选择。

（一）人民对美好生态的需求日益提高

随着社会的进步和科技的发展，人民群众对生活品质的要求逐渐提高，对美好生态的需求也日益增强，不仅对物质文化生活提出了更高要求，而且在民主、法治、安全、环境等方面的要求日益增长。人民对美好生态的需求日益提高具体表现在对环境质量、生态景观、生态文化、生态安全等方面的需求不断提高。

一是对环境质量有了更高的要求。随着社会的发展和进步，人民群众对环境质量的要求逐渐提高。一方面，人们教育水平的提高和信息的广泛传播，使得人民群众对环境保护的认识不断加深。学校教育、社会培训和专业宣传等方式都增强了人民群众对环境问题的认识，理解了环境质量对个人健康和生活质量的重要性；互联网和社交媒体的普及使得环境信息传播更加迅速和广泛，人们可以轻松获取到全球范围内的环境新闻、研究报告和有关绿色生活方式的资讯。这些都提高了公众的环境意识，使人们更加关注环境质量，对绿色生态环境的需求日益增长。随着工业化和城市化进程的加快，环境污染问题日益严重，人们对于清洁空气、干净水源和优美环境的渴望愈发强烈。良好的生态环境有利于人们的身心健康，降低疾病发生率，提高生活质量，人民群众期望政府能够采取相关行动改善环境。另一方面，随着人口的不断增长和城市化进程的加快，一定程度上挤压了城市中的生态空间，人民群众渴望在日常生活中拥有一定的生态空间。城市生态空间为城市提供生态系统服务，是保障城市生态安全、提升居民生活质量不可或缺的城市空间。《国家新型城镇化规划（2014-2020年）》明确指出要合理划定生态保护红线，扩大城市生态空间……在城镇化地区建设绿色生态廊道。

二是对更加优美的生态景观的需求。现代社会倡导全面发展和个性满足，人们对于生活品质的追求不再局限于物质层面，更加注重精神文化生活的丰富和提升，具有从"低级需要"向"高级需要"不断发展的内在逻辑。马克思把人的需要划分为递进的三层级序列：人的自然需要、人的社会需要以及人自由而全面发展的需要。随着我国经济社会的不断发展，人民群众对美好生活与美好生态的向往越来越强烈，优美、舒适的居住环境和生态景观能够提供愉悦的视觉享受，满足人们对美好生活的向往。人们对生态景观的需求不仅体现在城市公园、社区公园、郊野公园、街头绿地、小区游园等公共空间，还体现在生态旅游、自然体验等休闲活动中。现代社会的竞争、忙碌的生活节奏和科技快速发展给人们带来了巨大的压力，优美的生态景观有助于缓解人们的生活压力，在一个鸟语花香、绿树成荫的环境中生活能够提高幸福感。

三是对生态文化需求更加旺盛。随着生态文明建设的推进，人们越来越重视生态文化的传承和发展。生态文化强调人与自然的和谐共生，倡导绿色生活方式，提高人们的生态意识和环保行为。在学校和教育机构中，越来越多地将生态学和环境科学纳入课程，培养学生的生态意识和环保责任感；电视和网络平台播放关于自然生态保护的节目，如《地球脉动》《我们的星球》等，通过视觉震撼和情感共鸣提升了公众的环保意识；艺术家创作以自然和环境保护为主题的作品，通过艺术的形式表达对生态问题的关注和思考；设计师将可持续性和环保理念融入产品设计中，如使用可回收材料、减少废物产生等，推广绿色生活方式等。这些在不同程度上满足了人们对生态文化的需求，促进了社会的可持续发展，并帮助人们建立起与自然和谐共处的文化价值观。

四是对生态安全需求不断提高。生态环境恶化导致的自然灾害、生态灾害等问题，使人们对生态安全的需求不断提高。生态安全包括生物多样性保护、生态系统稳定性维护、应对气候变化等方面。保障生态安全具有重要意义。一是保障生态安全是国家和民族发展的重要基石，为我国的可持续发展提供基础，确保了自然资源的持续利用和生态系统的稳定。二是为公共健康提供了保障，生态系统是否能够良性循环直接影响到人类的健康。污染的水源、空气和土壤会带来各种疾病，威胁公共健康，保障生态安全就是保障人民的健康。三是促进经济稳定增长，生态系统提供了许多关键性的生态服务，如水源保护、土壤肥力保持、气候调节等，这些对于农业、渔业、旅游业等经济部门至关重要。为了满足人民群众对美好生态的需求，我国政府采取了一系列措施，包括加大生态环境保护力度、推进绿色发展、实施生态文明建设等。我们应继续坚持绿色发展理念，全面提高生态环境质量，为实现人民群众对美好生活的向往提供坚实保障。

（二）突破经济社会发展的瓶颈

党的十八大以来，我国生态环境质量持续好转，出现了稳中向好趋势，但是生态文明建设依然面临着严峻的挑战。在国土空间开发和保护方面存在无序开发、过度开发、分散开发的情况；在资源总量管理和节约方面存在能源资源、水资源、土地资源等的紧张状况，过度开发和不当利用自然资源，导致了生态系统退化。森林减少、草原退化、湿地干涸、生物多样性下降等问题，破坏了生态平衡、削弱了生态系统的服务功能；在资源有偿使用和生态补偿方面存在监管职能交叉、权责不一致、违法成本低等问题；在生态环境治理领导和管理方面存在环境治理体系尚不完善、治理能力与日益严重的环境问题还不匹配、环境法律法规的执行力度和监管能力有待提高等问题。这些问题的存在都是制约我国经济社会发展的生态因素。为了突破发展瓶颈，在经济层面，我国提出了要贯彻落实新发展理念；在政治层面，我国提出要统筹推进"五位一体"的总体布局。

在经济层面，新发展理念是我国经济社会发展的重要指导原则，但在地方实践中，一些地区在理解和实施新发展理念方面存在不足，这是亟须纠正和解决的问题。首先，对于新发展理念的理论引导性的理解不够深刻。新发展阶段下国内外发展条件和发展环境发生深刻复杂变化，如国际形势错综复杂、国内改革发展稳定任务艰巨繁重等；在生态文明建设领域，尽管"十三五"期间我国生态环境质量有了明显改善，但其成效仍需进一步巩固。为此，我们要自觉将创新、协调、绿色、开放、共享的新发展理念融到生态文明建设之中，通过科技创新和制度创新推动绿色发展；通过生态补偿机制、绿色GDP核算等实现区域协调发展；通过绿色建筑、绿色交通、绿色消费等实践推动绿色生产方式和生活方式的普及；通过发展国际环保合作、引进国外先进环保技术的开放理念推动生态文明建设，最终和人民群众共享生态文明发展成果。其次，对于理解和实施新发展理念的系统性认识不够。有些人将新发展理念视为阻碍经济发展的"紧箍咒"和"绊脚石"，认为在经济增长下行压力加大的情况下，环境保护、节能减排等任务可以暂时放缓，让位于经济发展。这种认识误区的根源在于没有正确理解新发展理念的系统性和辩证性。新发展理念并不相互替代，不能偏重一方、忽视其他。在具体实践中，我们应该做到齐头并进、统一贯彻，不能单打独斗、顾此失彼。最后，要完整、准确、全面地理解和贯彻新发展理念，针对新发展理念理解贯彻不到位的问题，各地区需要在实践过程中加以纠正和解决。要深刻理解新发展理念的理论引导性，正确看待国内外发展条件和发展环境的变化，以及在新发展阶段对生态文明建设提出的新要求。同时，要加强对新发展理念系统性的认识，只有在全面理解和贯彻新发展理念的基础上，才能推动我国经济社会实现高质量发展，实现人与自然的和谐共生。

在政治层面，自党的十八大起，生态文明建设被正式纳入"五位一体"的中国特色社会主义总体布局中。"五位一体"总体布局的形成不是一蹴而就的，经历了从"一个统帅"到"两个文明"到"三大纲领"再到"四大建设"，最后到"五位一体"的发展过程。新中国成立后，政治工作是经济工作的生命线，尤其在我国社会主义革命未完成之前，政治工作是极其重要的，我们要用革命工作、政治工作来带动和推动其他工作，这个时期可以叫做"一个统帅"。但是在社会主义革命完成之后，就要转变思想，将工作中心由政治工作转移到经济工作上来，但在当时思想还停留在革命时期，最终演变成文化大革命的失误。十一届三中全会后，邓小平强调我们要将工作重点转移到经济建设上来，同时也提出要兼顾精神文明建设；要一手抓物质文明建设，一手抓精神文明建设，两手抓两手都要硬。"两个文明"的布局顺应了我国工作重点转移的需要，同时也符合社会存在决定社会意识，社会意识对社会存在具有反作用的辩证关系原理。但是如果忽视思想政治教育也是行不通的。江泽民多次指出，物质文明、精神文明、政治文明一起抓，并相应地提出中国特色社会主义经济、文化、政治"三大纲领"的布局，也就是建设中国特色社会主义市场经济、中国特色社会主义先进文化、中国特色社会主义民主政治。从理论上来讲，"三大布局"既符合社会存在和社会意识的辩证关系原理，也符合经济基础和上层建筑辩证关系原理。胡锦涛对"三大布局"进行了进一步的发展，他指出："随着我国经济社会的不断发展，中国特色社会主义事业的总体布局，更加明确地由社会主义经济建设、政治建设、文化建设三位一体发展为社会主义经济建设、政治建设、文化建设、社会建设四位一体。"①党的十七大的一大亮点就是确立了"四位一体"，社会建设主要关注的是人民群众十分重视的民生问题，社会主义建设不仅要搞好经济、政治、文化的建设，还要解决好现实中的各种社会问题。党的十八大又将生态文明建设上升到同其他四个文明并列的地位。党的十八大以来，生态文明同经济、政治、文化、社会共同组成了"五位一体"总体布局，把生态文明建设纳入执政党的总体布局战略，这是生态文明建设的重大历史性进步，并且把生态文明建设放在了突出地位，融入经济建设、政治建设、文化建设、社会建设的各方面和全过程。相较于之前的"四位一体"，生态文明建设作为一个关键要素的增加，不仅凸显了其作为"五位一体"重要组成部分的地位，还强调了与其他四个建设领域的深度融合与同步发展，共同推动中国特色社会主义现代化进程和中华民族的伟大复兴。我们要坚持"五位一体"的总体布局，在推动经济发展的基础上，建设社会主义市场经济、民主政治、先进文化、和谐社会、生态文明，协同推进人民富裕、国家强盛、生态美丽。

（三）对全球现代化造成的生态危机进行反思

工业革命以来，科学技术的迅速发展赋予了人类改造自然的强大力量，人类沉迷于征服自然的满足之中，无限制地使用这种力量，在全球范围内造成了极其严重的生态危机、环境危机、资源能源危机，主要表现在生态系统失衡、全球气候变暖和全球资源能源短缺三个方面。生态系统是一个整体，任何危机都不是独立存在的，而是相互影响、相互制约、相互联系的。人与自然和谐共生观正是在对全球生态危机的深刻反思的基础之上提出的解决全球生态问题的中国方案。

---

① 十六大以来重要文献选编（中）[M].北京：中央文献出版社，2006：696.

生态系统严重失衡。生态系统失衡主要是由于生物多样性锐减导致的。目前生物多样性问题已经成为全球面临的重大挑战，野生生物的数量和种类正在快速减少。短时间内物种的快速减少是人为造成的，主要原因有：第一，有的人因经济利益链而走险，大肆捕猎野生动物，其捕猎速度远远超出野生动物的繁殖速度，商业捕杀造成物种灭绝的例子比比皆是。第二，人类社会的快速发展侵占了野生动物的栖息地。人口的增长需要建立居住点，社会的发展需要完善交通网络，这些都可能造成野生动物栖息地的严重破坏，改变野生动物的生存环境，降低栖息地的物种承载量。第三，人类的跨区域活动使得物种入侵极为便利。新物种入侵后，因为没有天敌而大量繁衍，破坏了原来的生物链，造成生态失衡。生态系统有自身的运行规律，人类的生存发展更离不开生态系统的稳定繁荣，人类赖以生存的氧气、温度、淡水、粮食等诸多条件都源于生物多样性的维持。一旦生物多样性锐减，势必会打破生态系统原有的平衡，人类也将会遭到自然的惩罚。习近平总书记在昆明《生物多样性公约》第十五次缔约方大会中的讲话指出："生物多样性使地球充满生机，也是人类生存和发展的基础。保护生物多样性有助于维护地球家园，促进人类可持续发展。"①

全球气候持续变暖。环境危机也深深地影响了人类的生存质量和持续发展，其中最为严重的是全球气候持续变暖。全球气候变暖造成了台风、海啸、干旱等极端天气的频频出现，南极北极的冰雪融化，海平面上升，气候变化远超生物的适应能力，加剧了生物多样性的减少，也导致农业减产以及其他问题。这些恶劣的影响都直接威胁着人类的生存发展，甚至引发人类社会的生存危机。世界各国在经济全球化这个不可逆转的趋势下相互依存，紧密联系在一起，气候变暖更是一个全球性问题。习近平总书记指出："保护生态环境、应对气候变化需要世界各国同舟共济、共同努力。"②美国是全球环境治理规则的制定者，但从2017年开始，美国频繁"退群"，退出了包括与全球应对气候变化有关的《巴黎气候协定》等多个全球协定。与之相反，2020年中国向世界

① 习近平出席《生物多样性公约》第十五次缔约方大会领导人峰会并发表主旨讲话［N］.北京：人民日报，2021-10-13.
② 习近平.习近平谈治国理政（第3卷）［M］.北京：外文出版社，2020：364.

郑重承诺力争在2030年前实现碳达峰，在2060年前实现碳中和，并将碳达峰、碳中和纳入生态文明建设整体布局，以抓铁有痕的精神引领实现世界范围内人与自然和谐共生。

全球资源和能源短缺。人类社会不断进步变化，人类文明不断发展，其代价是对自然的野蛮，且每一种文明的建立都是以资源能源为基础的，但是人类只有与自然处于一种和谐的关系下，才能实现人类的可持续发展。人类无限的欲望与有限的资源能源是相互矛盾的，人类发展得越快，对资源能源的需求越大，资源能源所带来的约束和瓶颈效应也会随之而来。资源能源短缺、环境污染严重、自然修复能力降低等问题都是由于经济社会发展过程中对资源能源消耗巨大造成的，同时环境污染严重和自然修复能力降低也加剧了这一危机。当人类文明由农业文明转向工业文明之时，对能源的需求也由原始的柴草树木转变为以石油煤炭为代表的化石能源。石油煤炭的大量使用虽然催生了工业文明的繁荣，但随之而来的是环境污染和破坏，虽然新能源在不断出现，但是化石能源目前仍是人类使用的主要能源。人类对化石能源的依赖不仅使得发展受限于能源危机，更为严要的是化石能源的开发和利用造成了水污染、大气变化等全球性问题。因此，实现人与自然的和谐共生，就要实现自然资源的可持续利用，不断寻找新能源并合理利用，解决人类面临的能源危机问题。人与自然和谐共生是反思全球工业文明、应对全球生态危机的时代产物，人与自然和谐共生的中国式现代化是对西方现代化造成的人与自然矛盾关系的反思与超越。

第二章
人与自然和谐共生的中国式
现代化的内涵意蕴

习近平总书记指出:"中国现代化建设之所以伟大,就在于艰难,不能走老路,又要达到发达国家的水平,就必须把生态文明建设放在突出位置,走人与自然和谐共生的现代化道路。"①人与自然和谐共生的中国式现代化在生态意义上赋予了现代化新的理论、文化和话语建构内涵。在理论内涵上,人与自然和谐共生的中国式现代化蕴含生态整体观、生态发展观、生态历史观。在文化内涵上,人与自然和谐共生的中国式现代化不断构建生态文化体系、深挖生态美学研究、弘扬生态文明建设精神。在话语建构内涵上,人与自然和谐共生的中国式现代化以"绿色发展"构建生态话语内涵、以"环境就是民生"构建生态话语价值、以"人与自然和谐共生"构建生态话语立场、以"守牢总体国家安全观"构建生态话语底线、以"建设美丽清洁世界"构建生态话语场域,展现出鲜明的社会主义特征与中国特色。

一、人与自然和谐共生的中国式现代化的理论内蕴

习近平总书记指出:"在生态环境保护上,一定要树立大局观、长远观、整体观。"②生态整体观对于正确认识生态系统的价值、化解人与自然之间的矛盾具有重要意义。人与自然和谐共生观坚持人与自然的整体统一,实现绿水

---

① 习近平生态文明思想学习纲要[M].北京:学习出版社、人民出版社,2022:19.

② 习近平.在省部级主要领导干部学习贯彻党的十八届五中全会精神专题研讨班上的讲话[N].北京:人民日报,2016-5-10.

青山和金山银山的对立统一，力争在生态文明建设的质、量、度三方面实现有机统一。人与自然和谐共生的中国式现代化是坚持人与自然的整体统一、实现绿水青山和金山银山的对立统一、达到质、量、度三者的有机统一的现代化，是创造良好的生态环境保证人类社会长远发展、实现人—社会—自然关系的和谐发展的现代化，是展现人与自然关系的逻辑演进、蕴含人类文明形态的历史演进、体现对西方传统现代化道路的历史超越的现代化。对人与自然和谐共生的中国式现代化的理论内涵阐释，能够使我们在更高站位上建立人与自然新的存在关系，"协同推进人民富裕、国家强盛、中国美丽"[①]。

（一）生态整体观

生态系统是由生物、非生物和人类活动等多个要素相互作用、相互依存而形成的一个有机整体。在这个整体中，各个要素之间存在着复杂的关联和相互作用，任何一个要素的变化都会对其他要素产生影响，进而影响整个生态系统的稳定性。生态整体观强调生态系统的整体性、关联性和动态平衡。马克思指出，实践既是人与自然相统一的中介，也是人与自然相连接的纽带。在实践过程中，人类要贯彻自身利益与自然利益的统一，实现盼温饱求生存与盼环保求生态的统一，促进美好生活需要与优美生态环境需要的统一，最终达到人与自然的整体统一。

1. 坚持人与自然的整体统一

贯彻人类利益和自然利益的统一。在处理人与自然关系这一问题上，有两种泾渭分明的典型观点，即"人类中心主义"和自然中心主义。前者坚持"人是万物的尺度"，将人的主体性扭曲夸大；后者坚持"自然是万物的尺度"，是一种机械的自然主义。习近平总书记立足于马克思主义生态哲学，将马克思主义与中国实际相结合，与中华优秀传统文化相结合，提出"推动物质文明、政治文明、精神文明、社会文明、生态文明协调发展，创造了中国式现代化新道路，创造了人类文明新形态"[②]，强调我们要对自然怀有敬畏之心，

---

① 习近平.在省部级主要领导干部学习贯彻党的十八届五中全会精神专题研讨班上的讲话[N].北京：人民日报，2016-5-10.
② 习近平.在庆祝中国共产党成立100周年大会上的讲话[N].北京：人民日报，2021-7-2.

尊重自然、顺应自然、保护自然，进而达到人与自然的和谐共生。人与自然和谐共生在马克思主义人学理论的指导下，坚持在实现人与自然和谐共生中确立人的主体地位，实现人的自由全面发展。人与自然和谐共生从片面地强调人或自然的优先性转向全面地实现人与自然和谐共生，人类的利益与自然的利益是一致的，维护好自然的利益才能更好地实现好、维护好、发展好人类的利益，进而实现人类利益与自然利益的统一。我国在贯彻人类利益与自然利益的统一上体现出古今一贯、由小及大的鲜明特点。在古代，都江堰水利工程很好地实现了人类利益与自然利益相统一。都江堰水利工程始建于公元前256年，至今仍在使用，这个工程在造福人类的同时，没有对生态与环境产生负面效应，通过无坝引水的方式，既治理了岷江的水患，也保障了成都平原的灌溉需求，实现了科学、自然与人类利益的统一。在现代，我国提出了人与自然和谐共生的现代化这一新型现代化模式，体现了对马克思主义关于人与自然关系理论的深刻理解，它强调人类社会的发展不能脱离自然，而应不断进行生态文明建设，实现人与自然的和谐共生。更为重要的是，我国对人类利益与自然利益的统一不仅局限于国内，更将视域拓展到了全人类。面对当前全球气候变化的严峻挑战，我国从人类命运共同体的高度出发，积极参与全球气候治理。我国提出降碳减污扩绿增长的实际行动，还与其他国家合作共同应对气候变化的挑战，致力于实现全体人类利益与自然利益的统一。无论是古代的水利工程，还是中国式的现代化模式，又或是从全人类的高度出发进行全球气候治理，都淋漓尽致地体现了人类利益与自然利益统一的理念，这不仅有效推动了经济社会的发展，同时也保护了自然环境，实现了人与自然的和谐共生。

实现盼温饱求生存与盼环保求生态的统一。温饱与生存是人类的基本需求，而环境保护和生态平衡则是地球生命共同体的基础。新中国成立以来，人民群众生活水平得到翻天覆地的变化，然而工业文明带来丰裕的物质生活的同时也使得生态系统不断退化，这对人民群众的生产生活造成了难以估量的负面影响。人民群众从求生存到求生态，从盼温饱到盼环保，对生态环境的重要性有了十分充足的认识。在工业化、城镇化的快速发展中，人们对资源能源的需求不断加大，因此环境压力也逐渐加大。淡水资源污染、雾霾天气频繁、耕地面积减少、海洋污染严重、水土流失加剧等生态恶化现象有目共睹。在以往，人们常常陷入只有经济发展到一定程度才能具备治理环境污染的能力，重蹈西方发达资本主义国家"先污染后治理"的覆辙。显然，这是将盼温饱求生存与盼环保求生态对立起来的做法。现在，我们要充分认识到生态环境保护不应该落后于经济社会发展，温饱与环保并不是对立的，而是可以相互促进、互为前提的。良好的生态环境为人类提供了丰富的自然资源和生态服务，如清洁的水源、肥沃的土壤、稳定的气候条件等，这些都是人类生存和发展的重要基础。传统的发展模式往往以牺牲环境为代价，追求短期的经济增长。相比之下，习近平总书记以"共生"为准则的生态整体观，督促我们制定出相应的节能减排政策，不断加大资金投入来开发节约资源的先进技术。新型的绿色发展模式强调的是经济发展与环境保护的协调统一，追求经济、社会和环境的可持续发展，实现经济增长与环境保护的双赢。此外，实现盼温饱与盼环保的统一，还需要提高公众的环保意识和参与度。人民群众是进行生态环境保护的最为重要的力量，他们的行为和选择对环境保护产生直接影响。我国要通过进一步的教育和宣传，提高公众的环保意识，培养人民群众健康文明的生活方式和消费方式，培育节约资源和保护环境的良好价值观，鼓励人民群众参与到环保行动中来，共同推动实现盼温饱与盼环保的统一。

促进美好生活需要与优美生态环境需要的统一。在探讨美好生活需要与优美生态环境需要的统一时，我们首先必须认识到，这两者并非孤立存在，而是紧密相连的。生态保护就是为了绿色发展和改善民生，而绿色发展有利于生态保护和改善民生，改善民生又有助于生态保护和绿色发展，三者相辅相成，形成一个良性的循环闭环。人们对美好生活的追求，不仅包括物质财富的增加，更在于生活质量的提升，这包括清新的空气、干净的水源、宜人的气候等生态环境因素。人民美好生活的需要离不开创造物质财富和精神财富，人民优美生态环境需要离不开优质生态产品。人与自然和谐共生观能够很好地将人民群众对美好生活的需要与优美生态环境的需要统一起来。需要特别指出的是，人民群众对美好生活的需要与人民对优美生态环境的需要并不矛盾，优美生态环境需要是美好生活需要的内在应有之义。当前，我国已经实现全面建成小康社会的目标，人民群众已经不再为吃饭穿衣而担忧，接下来要实现的是全面建设社会主义现代化强家。"全面"既体现了社会主义现代化国家建设的各个组成要素要全面发展，更重要的是要打破区域间的巨大鸿沟，解决不平衡不充分发展的问题。杭州市的城市绿化充分展现了美好生活需要与优美生态环境需要的统一。杭州市被誉为"人间天堂"，在城市发展过程中，杭州市高度重视生态环境建设，大力推动城市绿化工程。为了助力"绿荫杭城"，促进"绿色出行"，杭州市发布《杭州市林荫道设计导则》，杭州市的绿化覆盖率显著提高，城市空气质量得到改善，居民的生活环境变得更加优美。这不仅提升了杭州市的城市形象，也增强了市民的幸福感和生活质量。内蒙古自治区的退耕还林工程也是一个美好生活需要与优美生态环境需要相统一的案例。内蒙古地区曾经因为过度放牧和开垦，导致草原退化、沙化严重。为了改善生态环境，国家启动了退耕还林工程，鼓励农民种树种草、恢复植被。这些措施有效地遏制了土地沙化，恢复了生态平衡，同时也促进了旅游业的发展，提高了当地居民的生活质量。为了实现美好生活需要与优美生态环境需要的统一，政府应当加大对环保产业的扶持力度，鼓励绿色技术的研发和应用，推动产业结构优化升级，从而实现经济发展与生态环境保护的双赢。同时，公众是生态环境保护的直接受益者和参与者，通过教育和宣传提高公众的环保意识，鼓励绿色出行、垃圾分类等环保行为，是实现美好生活与优美生态环境统一的社会基础。美好生活与优美生态环境的统一，不仅是我国社会主义现代化建设的内在要求，也是实现中华民族伟大复兴的必然选择。我们必须坚持以人民为中心的发展思想，持续推进生态文明建设，确保人民群众在享有丰富物质文化生活的同时，也能享受到优美的生态环境。人与自然和谐共生的现代化致力于让人民群众实现高品质生活。高品质生活也就是将美好生活与优美环境结合起来，将经济、政治、文化需要与生态需要结合起来，让人民群众享受蓝天白云、鸟语花香、鱼翔浅底、莺飞燕舞的良好生态，坚持经济发展与生态优先相结合，坚持高质量发展与高品质生活相结合。

2. 实现绿水青山和金山银山的对立统一

2013年9月7日，习近平在哈萨克斯坦纳扎尔巴耶夫大学的演讲中指出："我们既要绿水青山，也要金山银山。宁要绿水青山，不要金山银山，而且绿水青山就是金山银山。"经济社会发展与生态环境本身并不矛盾，针对将两者对立起来的观点，习近平总书记提出"两山论"的重要发展理念，为经济社会发展提供明确的导向。"两山论"不仅内在包含着既要绿水青山，又要金山银山；宁要绿水青山，不要金山银山；更重要的是绿水青山就是金山银山。这充分体现了人与自然是一个整体的生态整体观。

"既要绿水青山，又要金山银山"体现的是马克思主义唯物辩证法的"两点论"思想，体现了两者之间的互融互补关系，是经济发展与生态环境保护这一矛盾的"正题"。绿水青山代表良好的生态环境和丰富的自然资源，是地球赐予人类的宝贵财富；而金山银山则比喻为经济发展和物质财富。"既要绿水青山，又要金山银山"体现的是在经济社会发展过程中不能忽视生态环境的保护。绿水青山与金山银山作为矛盾的两个方面，一种是以牺牲经济发展为代价，强调环境保护的重要性，另一种是舍弃对生态环境的保护，换取经济的快速发展。绿树青山与金山银山都是人类社会发展的需要，两者不是非此即彼、二择其一的对立关系，而是并驾齐驱、并行不悖的统一体。一方面，绿水青山是金山银山的前提。绿水青山代表着清洁的空气、干净的水源、丰富的生物多样性和稳定的气候，这些都是人类社会发展不可或缺的资源。良好的生态环境是经济发展的基础，没有绿水青山，金山银山也将不复存在。因此，在追求经济发展的同时，必须注重生态环境保护，实现绿色发展、循环发展和低碳发展。这样的发展模式有助于保持生态系统的健康和稳定，为人类的长期福祉提供保障。另一方面，金山银山是绿水青山的保障。经济发展提供的物质基础和技术支持，是保护和改善生态环境的重要条件。只有经济繁荣，才能有足够的资金投入到环保设施建设、污染治理和生态修复中。同时，经济发展可以提供更多的就业机会，减少对自然资源的直接依赖，从而减轻对生态环境的压力。

"宁要绿水青山，不要金山银山"体现的是马克思主义唯物辩证法的"重点论"思想，是经济发展与生态环境保护这一矛盾的"反题"。尽管如此，我们既不能离开"两点论"片面地谈"重点论"，也不能只谈"重点论"而忽视"两点论"。在发展社会主义现代化的过程中，虽然我们要处理好经济社会发展与生态环境保护之间的关系，但并不意味着经济社会发展与生态环境保护的地位是等同的。"宁要绿水青山，不要金山银山"体现的就是绿水青山具有优先地位，是矛盾的主要方面。绿水青山的地位高于金山银山，主要有以下几方面因素影响。一是绿水青山是人民群众生活质量的重要保障。良好的生态环境是人类生存和发展的基础，优质的空气、清洁的水源和优美的自然景观，直接关系到人民群众的生活品质和身心健康。毁林开荒、围湖造田等行为破坏了自然生态系统，导致了水土流失、生物多样性减少、气候异常等问题，这些问题又会反过来影响人类的生存和发展。过度开发和污染水源会导致水资源短缺，影响人类生活和工农业用水；森林破坏会减少碳汇，加剧全球气候变化；土壤侵蚀会影响粮食安全和人类健康。这些都是自然界对人类不当行为的"惩罚"。只有保护好绿水青山，才能让人民群众享受到更好的生态环境，提高生活质量。二是绿水青山是可持续发展的基础。良好的生态环境不仅是人类赖以生存发展的重要场所，也是人类经济社会发展的基础和前提。如果没有良好的生态环境，人类面临的将是极端恶劣天气、疾病、自然灾害等，当人类连最基本的生存空间都无法保障时，何谈经济社会的发展。我国的发展正处于转型升级的关键时期，传统的高投入、高消耗、高污染的发展模式已经难以为继。坚持绿水青山，实际上就是推动绿色、循环、低碳的发展方式，实现可持续发展。同时，这也有利于培育新的经济增长点，推动经济高质量发展。此外，需要特别指出，"宁要绿水青山，不要金山银山"与我们党提出的"以经济建设为中心"并不矛盾。我们所说的要坚持生态环境保护优先并不是说只保护绿水青山而不进行经济社会的发展，而是旗帜鲜明地指出绿水青山处于更基础、更重要的地位，在发展过程中坚决不能将绿水青山抛于脑后，要在生态环境允许的范围内进行经济社会的发展。"两河文明"指的是美索不达米亚平原曾出现过的人类古文明，但是由于美索不达米亚地区的居民为了得到耕地，大量砍伐森林，产生了一系列如同"多米诺骨牌"一般的连锁反应，造成水土流失、土地荒漠化，最终导致原本赖以生存的家园成为不毛之地。提及中华文明，我们首先想到的是"黄河文明"，长江的作用也不可忽视，它们都在中华文明的诞生和发展中发挥了巨大的不可替代的作用。长江哺育了无数的中华儿女，但是由于常年的无序开发利用，长江流域的可持续发展面临着巨大的危机与挑战。在推动长江经济带发展的战略导向中，习近平总书记特别提出，要"共抓大保护，不搞大开发"。"不搞大发展"不是说不进行大的发展，而是在大保护的前提下进行发展，为发展提出了严格的边界。三是绿水青山是国家软实力的重要体现。一个国家的生态环境质量，往往代表着这个国家的文明程度和发展水平。我国积极参与全球气候治理，大力推进生态文明建设，展现了一个负责任大国的形象，提升了我国的国际地位。在新时代新征程，我们要坚定不移地推进生态文明建设，努力实现人与自然和谐共生，为人民群众创造更加美好的生活环境，为中华民族永续发展奠定坚实基础。

绿水青山就是金山银山体现了马克思主义唯物辩证法的对立统一规律，体现了两者之间的内在统一关系，是经济发展与生态环境保护走向统一的"合题"。生态财富可以源源不断地转变为经济财富，其本身就蕴含着巨大的经济价值，因此我国应坚持生态优先、绿色发展理念来指导经济社会的发展，树立绿水青山就是金山银山的发展理念。在过去的观念中，人们往往将经济发展与环境保护对立起来，认为要发展经济就必须牺牲环境。然而，随着我国社会经济的快速发展，人们逐渐认识到，良好的生态环境本身就是一种宝贵的资源，具有巨大的经济价值。其一，良好的生态环境是旅游资源的基石。我国拥有丰富的自然风光和文化遗产，吸引了大量国内外游客。绿水青山中所蕴含的优美景观和清新空气，是旅游业发展的基础，因此保护好绿水青山，有利于提高旅游资源的品质，促进旅游业的发展，从而实现经济效益。其二，良好的生态环境对生态农业具有重要意义。生态农业强调在保护生态环境的前提下实现农业的可持续发展。绿水青山为生态农业提供了优质的土壤、水源和气候条件，有利于提高农产品的品质和产量。保护好绿水青山，有利于发展生态农业，促进农村经济发展，提高农民收入。其三，良好的生态环境是清洁能源的重要来源。清洁能源，如风能、水能、太阳能等，具有环保、可再生等特点。绿水青山为清洁能源的开发提供了丰富的资源。保护好绿水青山，有利于发展清洁能源，减少对传统能源的依赖，促进能源结构的优化和经济的可持续发展。绿水青山可以比喻为地球之肺，能够吸收二氧化碳、释放氧气、维持地球生态平衡。保护好绿水青山，有利于应对全球气候变化，保护生物多样性，实现人类与自然的和谐共生。马克思主义认为，人来源于自然，不可能脱离自然而独立存在。人类虽然可以在遵循客观规律的基础上发挥主观能动性改造自然，但归根结底人是自然界的一部分，因此保护生态环境本质上就是保护人类自身。中国共产党对人与自然辩证关系的认识逐步深化，从历史唯物主义的高度对人与自然的辩证关系作出了提升。习近平总书记指出："人类对大自然的伤害最终会伤及人类自身，这是无法抗拒的规律。"①党的十八大之后，党中央为破解人与自然之间的关系、自然与生产力之间的关系、自然与财富之间的关系等难题，树立起绿水青山就是金山银山的强烈环境保护意识。通过倡导绿色消费理念，合理利用资源，促进节能减排，优化生产力结构和生产力要素，提高企业生产研发能力，高度重视绿色科技的作用等方式，正确处理环境保护与经济发展之间的关系，贯彻落实绿水青山与金山银山的发展理念。

3. 达到质、量、度三者的有机统一

事物包括质、量、度三个方面的规定性，马克思主义哲学的唯物辩证法认为，质、量、度三者是辩证统一的，它们相互作用、相互转化，共同推动事物的运动、变化和发展，为我们认识事物、分析问题、解决问题提供了科学的方法论指导。在生态环境保护与恢复的过程中，我们需要通过持续的努力，解决一个又一个的小问题，积少成多、集腋成裘，通过量的积累逐步改善环境质量，最终使得生态环境发生质变，即实现生态环境的根本性改善。同时，我们也需要注意度的把握，确保在改善环境的过程中，各种措施和行动都在合理的范围内进行，避免过度或不足。度的把握是为了确保量变能够顺利地向质变过渡，而不是因为过度的干预导致不可预见的环境问题，或者因为措施不足而无法实现环境质量的根本改善。

在量的积累上，持续改善生态环境质量。"量"是事物的规模、程度、速度等可以用数量关系表示的规定性。冰冻三尺非一日之寒，生态环境破坏不是短时间内造成的，在日积月累的超负荷作用下才达到了不可逆的状态，经过了一个从量变到质变的过程。因此，生态环境改善也不可能是立竿见影的，同样需要经过一个从量变到质变的过程。这就要求我们必须坚持不懈、久久为功，树立持续改善生态环境质量的信心与决心。首先，持续改善生态质量具有十分重要的意义。一方面，持续改善生态环境质量是建设美丽中国的重要任务。我国计划在2035年时实现碳达峰，进一步实现碳排放量稳中有降，最终在2060年时实现碳中和，生态环境质量得到根本好转。我们要着力解决区域性、结构性的环境污染问题，抓重点、补短板、强弱项，解决生态环境领域的突出问题，

①习近平.论坚持人与自然和谐共生［M］.北京：中央文献出版社，2022：187.

最终建设青山常在、绿水长流的美丽中国。另一方面，持续改善生态环境质量与经济社会发展和人民生活福祉息息相关。在经济社会的高质量发展中，生态环境保护是重要方面，要想改变生态环境质量就要推动传统生产方式的改变。因此，在持续改善生态环境质量的过程中，要充分发挥生态文明建设的引导和倒逼作用，让绿色成为经济社会发展的底色。良好的生态环境是最普惠的民生福祉，持续改善生态环境质量要以人民为中心，不断提高人民群众对环境的满意度。其次，我们要把握好持续改善生态环境质量的主要任务。其一是生态环境质量的"量"体现在环境质量的各个指标上，如空气质量指数、水质指标、土壤污染程度等。通过量化这些指标，我们可以清晰地了解环境质量的现状，找出环境问题所在，从而有针对性地制定改善措施。其二是从"量"的角度出发，持续改善生态环境质量需要我们在各个方面加大投入。这包括增加环保资金的投入，提高环保科技的研发力度，加大生态环境治理的人力物力投入等。其三是生态环境质量的"量"还体现在环境治理的成效上。通过实施各种环保政策和措施，我们可以逐步改善生态环境质量，提高环境治理的效果。这种"量"的积累，最终会使得生态环境发生质的飞跃。最后，要坚决贯彻落实有利于环境质量秩序改善的措施，推动生态环境治理体系和治理能力的现代化，将确立约束性管理指标落到实处。政府监测和量化空气中的污染物浓度，如$PM_{2.5}$、PM_{10}、二氧化硫（SO_2）、氮氧化物（NO_x）等，发布每日空气质量指数，告知公众空气污染程度并采取相应的减排措施；监测河流、湖泊和地下水的化学需氧量（COD）、生化需氧量（BOD）、总氮（TN）、总磷（TP）等指标，可以对水质进行量化评估并制定水污染治理方案；设立专项基金，用于支持污染治理、生态修复和环保技术研究等项目；定期监测森林覆盖率的变化，量化森林保护和植树造林项目的成效，有助于改善气候、保护水源和生物多样性；量化风能、太阳能、潮汐能、地热能等可再生能源在能源消费中的占比，评估能源结构转型的进展，减少化石燃料的使用，降低环境污染。

　　在度的把握上，实现生态环境量变与质变的统一。任何事物都是质和量的统一，质和量的统一在"度"中得到体现。"度"是一个能够保持事物质的稳定性的数量界限，"度"的两端是事物的临界点，一旦超出这个"度"，那么事物的性质就发生了变化。马克思曾指出，人类要懂得按照一个什么样的尺度去生产，并要将这个尺度运用到对象中去。人类对自然的索取应该在自然可承受的"度"内，否则就会造成人与自然关系的恶化和对立，导致生态危机。在中华优秀传统文化中，"度"也是非常重要的一个概念，"取之有度"与"用之有节"的生态管理观值得我们借鉴。"取之有度，用之有节"原本出自唐代陆贽的《均节赋税恤百姓六条》，意即对于自然和社会产出的各种资源，要有限度地索取、有节制地使用，不能只顾眼前利益而不作长远的规划和打算。在中国传统文化中，这种蕴含着"量入为出"的理念早已有之。孔子的"钓而不纲，弋不射宿"（《论语·述而》）、孟子的"不违农时，谷不可胜食也；数罟不入洿池，鱼鳖不可胜食也；斧斤以时入山林，材木不可胜用也"（《孟子·梁惠王上》）、曾子的"树木以时伐焉，禽兽以时杀焉"（《礼记·祭义》）等都是强调要有节制地开发和利用自然资源。"取之有度，用之有时"反映了中国古代先贤们对于人与自然关系的深入思考。尽管当时对于"取之有度，用之有时"可能更多的是因为获取自然资源的能力不足，是一种无奈的被动选择，但是这种理念在今天依旧没有过时，成为我们进行生态文明建设的重要指导思想。因此，"度"是人与自然关系中一个非常重要的界限。其一，自然资源的利用需要遵循适度原则。自然资源是有限的，人类的开发和利用必须控制在自然资源再生和自然界自我修复的能力范围之内。如果超过了这个度，就会导致资源枯竭、生态退化，进而影响人类的生存和发展：过度捕捞会导致海洋生物资源的枯竭，过度放牧会导致草原退化，过度开采地下水会导致水位下降甚至地面塌陷等问题。其二，环境保护和生态修复也需要把握适度原则。环境承载力和生态系统的自我修复能力是有限的，人类的经济活动和生活方式必须考虑到环境的承载能力，不能超过这个"度"。在这个"度"内，自然生态系统的调节修复机制可以正常工作，但是一旦超出这个"度"，自然生态系统的调节修复机制就会失灵，人类将会面临生态危机。对这个"度"的把握本质上是对作为"类存在"的人的考验，如果不能很好地把握这个"度"，会造成人性的迷失、道德的沦丧。看似人类在利用科学技术等工具创造更多的财富，是利益的获得者，但实际上人类已经沦为了技术理性的奴隶，已经不是人在操控工具，而是工具操控了人类，最终影响人类自身的生存发展。其三，人类的发展规划和政策制定也需要遵循适度原则。经济社会发展不能一味追求速度和规模，而应该追求质量和效益，实现经济、社会和环境的协调发展。这就要求在制定发展规划和政策时，要充分考虑生态环境的因素，确保人类的活动在自然界的承受范围之内。"度"是马克思主义关于人与自然关系的重要观点，也是实现可持续发展的基本要求。

在质的飞跃上，创造人与自然和谐共生的中国式现代化。"质"是一事物区别于其他事物的内在规定性。生态环境问题在持续治理中不断向好，当生态治理达到一定的程度也就是积累到一定的量时，生态环境质量将大幅提升，完成质变。生态环境问题的产生，往往是因为人类活动超过了环境的承载能力，导致生态系统失衡、资源枯竭、环境污染等问题。为了解决这些问题，人类采取了各种生态治理措施，如污染治理、生态修复、资源节约等。这些措施的实施，可以逐步改善生态环境状况，恢复生态平衡。随着生态治理的不断深入，生态环境质量会逐步提高。当生态治理达到一定的程度，即积累到一定的量时，生态环境质量将大幅提升，完成质变。这个质变的过程，可能是生态系统的自我修复能力得到显著提升，也可能是环境质量指标达到一个新的水平或者是生态系统服务功能得到显著改善。"'十四五'时期，我国生态文明建设进入了以降碳为重点战略方向、推动减污降碳协同增效、促进经济社会发展全面绿色转型、实现生态环境质量改善由量变到质变的关键时期。"[①]其一，以降碳为重点战略方向。在"十四五"期间，我国将降低碳排放作为生态文明建设的核心战略，体现了我国对全球气候变化问题的积极响应和责任担当。通过优化能源结构、提高能源利用效率、发展新能源和可再生能源等措施，旨在减少温室气体排放，推动实现碳达峰和碳中和目标。其二，推动减污降碳协同增效。我国在减少污染物排放的同时，注重与降碳措施的协同，实现环境效益和气候效益的双赢。通过提高工业污染治理标准、推广清洁生产技术、优化交通结构等方式，既减少了大气污染物排放又降低了碳排放。其三，促进经济社会发展全面绿色转型。在"十四五"期间，我国将加快推动经济社会发展方式的绿色转型，这包括产业结构的优化升级、消费模式的绿色变革、城市发展的低

---

① 习近平.保持生态文明建设战略定力 努力建设人与自然和谐共生的现代化[N].北京：人民日报，2021-5-2.

碳化等方面。通过这些措施，旨在构建绿色、循环、低碳的经济体系，实现经济社会发展与生态环境保护的双赢。其四，实现生态环境质量改善由量变到质变。在"十四五"期间，我国生态环境质量的改善不仅仅追求数量的变化，更注重质的提升。在继续推进污染治理和生态修复的基础上，更加注重生态环境质量的全面提升，包括水、土、空气等环境要素质量的持续改善，以及生物多样性的保护和生态系统的稳定。"十四五"期间我国生态文明建设的战略方向和重点任务，体现了我国在新时代背景下对生态环境保护的新认识和新要求，也展示了我国在推动绿色发展、构建美丽中国方面的决心和行动，我国将朝着生态环境根本好转、人与自然和谐共生的目标迈进。

（二）生态发展观

习近平总书记2021年在广西考察时指出，我们要坚持正确的生态观、发展观。发展观是一个国家乃至整个世界在一段时期内，对发展方向和发展方式的总体看法和基本价值判断。从党的十八大到党的十九大再到党的二十大，人与自然和谐共生的中国式现代化逐渐发展成熟，这体现的就是一种发展观，这种发展观不仅体现的是生态发展观，更涉及政治、经济、文化、社会等各个方面的协同发展。

1.良好的生态环境是人类赖以生存发展的条件

良好的生态环境是人类健康生存和发展的基础，也是人类走向未来的依托。人类只有一个赖以生存发展的地球，坚持人与自然和谐共生，才能保障人类的繁衍生息。我们应充分认识自然的恢复对于地球和人类的生存发展的重要地位，实现从改善环境、保护环境到治理环境的转变，遵循生态环境发展的客观规律进行生产生活，最终达到人与自然的和谐共生。

生态自然的恢复对于地球和人类的生存发展至关重要。马克思在《德意志意识形态》一书中批判了将历史与自然分割开来的错误观点。马克思指出，只要有人存在，那么自然史和社会史就无法分离，两者相互制约、交互影响，不存在剔除人类的自然史，也不存在脱离自然的社会发展史。马克思进一步指出，我们要实现"两个和解"，即人与自然的和解、人与人的和解，为解决人与自然、人与人的关系制定了基本遵循。对生态危机的考察也不能将自然"悬置"于社会历史之外，自然生态与整个人类社会的发展息息相关，在生态环境问题已经严重凸显出来的今天，自然生态的恢复对人类社会未来的生存发展就显得格外重要。自然不是抽象的、非现实的，自然史与人类史不是对立的关系。如果将两者对立起来，人类会陷入肆无忌惮地对自然进行掠夺的境地，造成人与自然的异化，在唯利益论的指导下，进一步造成人与人之间的异化，最终造成更加严重的生态危机和社会危机。因此，人类不能坚持经济发展至上的原则，而要追求生态自然恢复和经济社会的发展同步，甚至自然环境保护与恢复要高于经济社会的发展。只有在充分把握自然的社会历史意蕴的基础之上，才能实现生态优先、绿色发展，充分尊重自然、保护自然。

实现从改善环境、保护环境到治理环境的转变。改善环境是针对环境问题的初步响应，通常包括减少污染、改善公共健康、提升生活品质等，重点是解决最直接的环境问题，提高环境质量。保护环境以改善环境为基础，强调以预防为主，通过制定环境保护法规、实施环境影响评估、推广环保意识等手段，防止环境问题的产生和恶化。治理环境则是一个更为全面和系统的过程，它不仅包括改善和保护环境的措施，还涉及环境管理体制的改革、环境治理结构的优化，以及环境治理能力的提升。治理环境强调的是多元主体的参与，包括政府、企业、公民社会和国际组织等，共同参与环境的决策和管理，意味着企业、社会、国家要专门投入资金、技术、管理等对生态环境进行治理。生态环境的治理问题上升到了生态文明建设中的思维方式、行为方式、最终目标、社会组织方式等的转型这一高度，在此意义上，治理环境不是简单的保护环境和改善环境，而是通过一定的方式、措施、制度实现生态的修复。治理环境只有政府的努力远远不够，需要建立多元治理主体，构建主体良性互动的治理机制，进而通过合作、协商的方式共同建设良好的生态环境。就我国的多元治理格局而言，公众的生态文明意识和参与度仍然有待提高，对于如何让公众参与生态环境治理、公众怎样参与生态环境治理等没有做出明确的规定。政府要加强对公众的宣传教育，提高对公众参与生态环境治理的重视程度，同时要建立健全生态治理的保障机制和生态治理的评估体系。在马克思主义生态哲学的系统性和整体性原则的指导下，制定出合理的、有针对性的生态治理保障机制和生态治理评估机制，实现人与自然的和谐共生。在生态环境各个领域的治理中要做到精准精确，比如在大气污染治理领域，强化区域协同治理；在水污染治理领域，加大海湾污染整治力度；在新污染物治理中，推动相关新业态新产业发展，实现"牵一发而动全身"的乘数效应。

生态文明建设必须遵循生态环境发展的客观规律。人在本质上是自然的人，是自然界的一部分，自然是人赖以生存和发展的基础。人类并不独立于自然之外，也不存在于自然之上，而是在自然之中。与其他动物有所区别的是，人类可以发挥主观能动性创造自己期望的"人化自然"，而动物只能被动地去适应自然。在此种意义上，人与动物区别开来，在自然中具有主体地位。马克思主义明确指出人类可以在尊重自然规律的基础之上对自然进行改造，发挥人的主观能动性和创造性。因此，人类可以改造自然但是必须服从自然，按照客观规律办事。也就是说，人类在改造自然为自身的生存发展服务时，必须尊重自然规律，这是人确立自身主体地位的先决条件。自然中心主义消弭了人的主体地位，主张人要从属于自然，放弃对自然的改造和利用，但是人类不可能重新"回到洞穴"或者"回到丛林"中去，也不可能放弃文明和技术的进步，回到那种原始蒙昧的状态。今天我们面临的环境污染等严重的生态环境问题，确实存在人类在利用自然、改造自然的过程中凌驾于自然之上，没有遵循自然规律而造成的后果。人类只有在把握自然的客观规律后，通过协调、改变人与自然之间的关系，最终实现人与自然、人与人关系的动态和谐。因此，遵循生态环境发展规律，以正确的姿态面对自然、改造自然，建设生态文明是人类发展的必然选择。

2. 实现人—社会—自然关系的和谐发展

人、自然、社会三者的和谐统一是人与自然和谐共生观的本质逻辑，既是对马克思主义生态文明建设思想的继承与发展，也是对中华优秀传统文化的传承与弘扬，更是对西方生态哲学思想中合理生态要素的汲取与融合。要想实现人、社会、自然关系的和谐发展，就必须坚持人与自然和谐共生观，注重人类对自然的价值把握，完成对工业文明的科学扬弃，进而迈向生产发展、生活富裕、生态良好的文明发展道路。

坚持人与自然和谐共生，注重人类对自然的价值把握。自然的价值是无限的，是人类必须尊重和敬畏的，人类只能在与自然和谐共生中逐步理解和掌握自然的价值。自然的价值体现在内在价值和外在价值上，内在价值主要可以从自然的持续性价值和系统性价值来进行考察。在持续性价值方面，自然系统内部可以进行物质、能量的交换，自身存在着从简单向复杂的升级。自然界中的万事万物无时无刻不在变化、运动、发展，而正是这些变化发展，促使自然的不断进化，同时又协调着各种自然资源的平衡状态。正是由自然构建起来的这个不断变化发展的复杂网络，维持自身平衡与系统的不断优化，才能够抵御外部干扰，也就是自然本身具有的自我修复能力。在系统性价值方面，自然作为一个自组织系统，其形成具有的四个条件：开放体系、远离平衡态、非线性作用和涨落作用。开放体系是指自然生态中各个子系统通过与外界进行物质、能量、信息的交换，使自然生态内部达到一种有序的状态。远离平衡态是为了让整个体系具有足够的反应推动力，只有在非平衡状态下才能产生有序性。地球上的生命体都是远离平衡状态的不平衡开放系统，通过与外界的互动达到自身的有序。在环境问题中，全球气候变暖已经严重影响太阳对地球的能量输送，地球与外界的互动被干扰，这种对于不平衡性的干扰可能会造成极端气候现象的出现，使得地球生态系统变得不那么温和。非线性作用是指生态内部各要素具有超出整体或者局部线性叠加效果的非线性作用，并以异乎寻常的方式重新组织自己。在复杂的生态系统面前，人类对于生态进行干预可能会造成不可预测的后果，就像外来物种入侵就会导致整个生态系统的崩溃，产生生态灾难。在基因编辑时代，人类对生物基因的干预在非线性作用的影响下会产生怎样的后果不可而知。从自组织的非线性作用中也就体现出了涨落作用，涨落是由生态系统中的一些难以控制的复杂因素干扰所导致的。在自然生态系统这个复杂的自组织结构中，人类必须采取谨慎的态度，遵循自然生态系统的规律，使自组织实现优化协调。

坚持人与自然和谐共生，完成对工业文明的科学扬弃。马克思指出，人类社会不断从低级向高级发展，这是一个自然历史过程，体现了从自由王国向必然王国发展的特点。人类社会文明形态的发展是唯物史观发展规律的客观结果，文明的更替也是生产力快速发展与变革所推动的结果，在马克思主义所揭示的生产力和生产关系相互作用的社会发展规律支配下，文明形态不断更迭。在原始文明和农业文明时期，自然的力量对于人类来说是十分强大的，人类对于大自然充满敬畏，在自然的控制和自然的征服方面能力欠缺。然而，随着工业文明的到来，科技水平不断上升，生产力大大提高，人类改造自然的能力大大加强。在资本逻辑的支配下，人类对财富的渴望达到了无以复加的地步，人类对自然的索取更是达到了无所顾忌的地步。与此同时，人口数量的激增越发加大了对自然的开发，人与自然的关系愈发紧张。人与自然和谐共生的现代化能够调整这种单向度的状态，现代化不应该是以牺牲自然为代价的单向度发展，而应该是人与自然相互尊重、相互促进的双向度过程。人类从自然中获取了生活所必需的阳光、淡水、空气以及生产所必需的原材料，但是人类回馈给自然的却是废水、废气等生产、生活垃圾。人与自然之间没有形成正向反馈，这样势必会使得自然无法支撑人类的生产生活。人与自然和谐共生观是生态文明建设的重要价值理念，回应了人民对美好生态环境的期盼，提倡人类要充分认识自然的内在价值和外在价值的统一，让自然系统处在一个平衡和谐的状态。这种价值并重的两点论不仅是对地球生态系统的关注，更是对工业文明的科学扬弃，为人类文明发展提供了一种崭新形态。在这个过程中，人类的发展不应仅仅追求物质财富的增长，而应该追求全面可持续发展。

　　坚持人与自然和谐共生，迈向生产发展、生活富裕、生态良好的文明发展道路。人与自然和谐共生的现代化强调人、自然、社会三者的有机统一，关注三者的系统性与协调性。在人与自然和谐共生观的视域下，我们不仅要关注经济，还要关注政治、文化、社会、生态等各项指标，关注人民群众的获得感、幸福感，这体现了一种大发展观。坚持人与自然和谐共生，最终迈向生产发展、生活富裕、生态良好的文明发展道路，创建人、自然、社会的多重和谐，实现中华民族的永续发展。党的十九大将坚持人与自然和谐共生作为新时代中国特色社会主义思想的基本方略之一。党的十九届四中全会提出，要坚持和完善生态文明制度体系，促进人与自然和谐共生。党的十九届五中全会强调，推动绿色发展，促进人与自然和谐共生，这是对迈向生产发展、生活富裕、生态良好的文明发展道路的最好体现。党的二十大强调人与自然和谐共生是中国式现代化的中国特色之一，对推动绿色发展、促进人与自然和谐共生作出重大战略部署。当我们审视新中国成立七十多年的历程时，一个带领中国人民迈向生产发展、生活富裕、生态良好为旨归的发展道路已跃然纸上，清晰地呈现在世人面前。坚持人与自然和谐共生，让人类从一个对自然发号施令的主人角色转变为一个和自然共生共存的伙伴角色。资本和资本主义是"自然的敌人",而在坚持社会主义的中国也面临着一些生态环境问题,要想成为"自然的朋友",就要构建以和谐共生为核心价值观念的生态文明建设体系,坚持人与自然和谐共生的中国式现代化,实现人类发展观的新的飞跃。

(三)生态历史观

人与自然和谐共生的中国式现代化是生态文明建设的重要指导思想,蕴含了深厚的生态历史观,展现了人与自然关系的逻辑演进,蕴含了人类文明形态的历史演进,体现了对西方传统现代化道路的历史超越。

1. 人与自然和谐共生的中国式现代化展现了人与自然关系的逻辑演进

人与自然和谐共生的中国式现代化展现了人与自然关系的逻辑演进,从附魅、祛魅再到返魅,人与自然的关系经历了从建构到解构,最终进行重构。从对自然的附魅到对自然的祛魅再到对自然的返魅,这一过程反映了人类对自然认知的不断深化和态度的转变,自然并非是无生命的物质存在,而是有着自身价值和生命力的有机整体。人类要放下在自然面前的傲慢态度,对自然怀有敬畏之心,尊重自然、顺应自然、保护自然,实现人与自然的和谐共生。同时,从对自然的附魅、祛魅再到返魅反映了人类对自然的认知以及态度的不断升华提高,体现了人类对自然的认知和态度的历史变迁,是人类文明发展的一个缩影,也是人类文明不断进步的体现。

人与自然关系的建构——自然的附魅。在古代,由于科学技术的局限,人们缺乏对自然现象的科学理解,因此常常赋予自然以超自然的力量和意义。山川、河流、动植物等都被认为是神灵的化身或居住地,人们对自然充满了敬畏和神秘感。这种对自然的崇拜和神秘化,可以称为自然的"附魅"。在这个阶段,人们尊重自然、顺应自然,认为自身也属于自然的一部分,人类受制于认识自然和改造自然的有限能力,对自然怀有敬畏之心,人类借助神话、传说等手段对一些自然现象加以解释,自然在人类心目中是神圣不可侵犯的。对自然的附魅首先表现在对自然的敬畏,原始人类能够从自然中获得生存所需要的一切,自然界是人类依赖的对象,并且不可控的自然因素对人类的生存构成极大的威胁,人类对自然具有恐惧。除此之外,还表现在原始人类信仰图腾,对自然怀有朴素的和谐情怀。自阿那克西曼尼最早提出自然的概念之后,许多哲学家都对自然进行了研究。德谟克利特指出，自然是一切事物现象的总和；亚里士多德总结了自然的七种含义，即起源和诞生、事物由以生长的种子、物体运动或变化的源泉、构成事物的基质、事物的本质或形式、一般形式或本质、具有运动源泉事物的本质，他指出自然是事物存在的本质或原则，即自然是指本质而非存在，这种自然本性化倾向影响了整个西方自然观。古希腊的先贤们希望用神话的方式对自然加以解释，他们认为这是最能接近自然的方式，这也是对自然之魅的产生。

　　人与自然关系的解构——自然的祛魅。从普罗泰格拉"人是万物的尺度"到康德的"人是自然界的最高立法者"，表现出对人的理性进行弘扬达到了无以复加的地步，西方启蒙理性所宣扬的现代性价值体系让人从敬畏自然转向了控制自然和支配自然。随着自然科学的突飞猛进，更让人类置身于世界上没有什么是人类所不能驾驭的幻想之中，特别是启蒙运动和工业革命以后，人们开始用科学的方法来解释自然现象，逐渐揭开了自然的神秘面纱。自然被看作是可以被人类认知、控制和利用的对象。这一过程也就是对自然的"祛魅"，使得人类对自然的敬畏感逐渐减弱，取而代之的是对自然的征服和利用。在这个阶段，人类与自然的关系变得紧张，人们开始过度开发和破坏自然。启蒙理性将人与自然的关系归结为利用和被利用的工具理性关系，自然对人类发展"有用"，科学技术是人类控制自然的工具。自工业革命以来，科技的发展极大地推动了人类社会的工业化和现代化进程，但同时也带来了对自然资源的过度开发和环境污染问题。工业生产的高耗能和高污染特征导致了生态系统的破坏、气候变化、生物多样性减少以及许多其他环境问题。科技在现代性逻辑的推动下，虽然提高了人类生活的便利性和舒适度，但科学技术强势介入自然界，人与自然之间的平衡关系随之被打破。以人类为中心的理念不断弘扬人的主体性，人类对自然充满着漠视，为了满足自己的私欲不断剥削自然。对自然的祛魅导致了人性不断张扬，人们不断追逐个人主义、享乐主义，在工具理性的支配下不仅走向了人与自然的异化，还走向了人与人的异化，造成了现代社会人类的生存困境。

　　人与自然关系的重构——自然的返魅。随着人类对自然的过度开发和破坏，环境问题日益严重，人们开始反思自己的行为，重新审视人与自然的关系。人们意识到自然并非是可以无限索取的资源库，而是需要人类尊重和保护的生命共同体。这种对自然的重新认识和尊重，可以称为自然的"返魅"。在现代性价值体系的指引下，人类面临着巨大的生存危机，人类开始反思人与自然、人与人之间的关系。人类现在所面临的日益严重的生态危机是由于对自然祛魅的思维模式造成的，因此人类要摆脱"人类中心主义"，达到人与自然的和谐状态。马克思主义生态哲学实现了从自然的祛魅到返魅，人类必须要在尊重自然规律的基础之上对自然进行改造，如果违背自然规律，人类最终只会自食恶果。习近平总书记在此基础之上提出人与自然和谐共生，就是要求人们摒弃粗放的发展道路，建立一种新型的人与自然的关系，倡导人们要追求一种低碳文明、勤俭节约的生活方式。要让科学技术为改善生态环境问题做出贡献，服务于人与自然的和谐发展，而不只是为了满足人类无节制的欲望。

2.人与自然和谐共生的中国式现代化蕴含了人类文明形态的历史演进

"生态文明是人类社会进步的重大成果。人类经历了原始文明、农业文明、工业文明，生态文明是工业文明发展到一定阶段的产物，是实现人与自然和谐发展的新要求。"①生态文明作为一种社会主义性质的文明形态，第一次实现了人类文明发展史的伟大变革。如果说农业文明是"黄色文明"，工业文明是"黑色文明"，那生态文明就是"绿色文明"，充分体现出人与自然的和谐共生关系。

人类敬畏自然的原始文明。在人类文明的早期阶段，由于科技和认知水平的限制，人类对自然现象缺乏科学的理解，因此对自然力量怀有敬畏之心，并在此基础上形成了一系列的信仰、习俗和生活方式。其一，人类认为自然力量具有神秘性。在农业社会之前的原始社会，人类几乎没有能力对自然进行改造，那个时期的自然在人类眼中是神秘的，也就形成了神秘自然观，人类对自然充满着敬畏之情，可以说自然崇拜是人类最原始的文化信仰。当时人类面对地震、洪水、风暴、疾病等自然现象时，由于缺乏科学知识，无法解释这些现象产生的原因，因此往往将其归因于超自然的力量，被想象为神灵或怪物的作为，人类充满了恐惧和敬畏。其二，人类具有自然崇拜与多神信仰。在没有

① 习近平.论坚持人与自然和谐共生［M］.北京：中央文献出版社，2022：29.

文字产生之前，人类对世间万物尤其是日、月、山、河、海等事物充满着崇拜之情。人类对自然的力量怀有巨大的敬畏，人类将自己的生存看作是自然的恩赐，对自然的崇拜与敬畏更增添了一份神学色彩。人们常常将自然现象与神灵相联系，形成了自然崇拜和多神信仰。太阳神、月亮神、河神、山神等自然神灵在许多古代文明中都有所体现，人们通过祭祀和仪式来祈祷能够得到自然的恩赐和庇护。其三，人类遵循顺应自然的生存方式。由于生产力水平低下，人们依赖于自然环境提供的资源，如狩猎、采集、渔猎和简单的农业生产，这样的生存方式要求人们必须了解和遵循自然规律，否则将面临生存的威胁。在旧石器时代，远古人类才开始学会用火。他们以草本植物和树木的叶子、枝梗为燃料，把自然火种长期保存下来，用于烘烤食物、取暖、照明、防寒和抵御野兽侵袭。在农业社会之前，人类只能借助锤打等办法对石头进行改造，制作一些较为简单的石器，这些工具在肉食猛兽面前不值一提，最多只能猎取一些攻击性不强的草食动物。其四，人类开始形成环境保护的原始意识。尽管原始文明的生产力较低，但人们在实践中逐渐认识到自然资源的有限性和生态平衡的重要性。其五，自然与人类社会的紧密联系。自然不仅是人们生存的物质基础，也是社会文化的重要组成部分。自然现象和生态环境往往影响着社会的组织形式、文化习俗和艺术创作，季节变化、动植物迁徙等自然现象常常成为节日和仪式的时间标志。在原始文明下的人与自然，人类基本没有创造事物的能力，只能依赖自然生存，这时的人类愿意与自然同在，呈现出原始朴素的人与自然共生共存、和谐发展图景。

人类利用自然的农业文明。世界著名未来学家阿尔文·托夫勒将农业文明称作是"第一次浪潮"，人类文明从野蛮的原始社会开始进入以农业为基础的农业社会，原始文明就此结束，农业文明登上历史舞台。在人类历史发展到一定阶段，人类开始从游牧生活转向定居生活，通过农业活动有意识地改造和利用自然，以生产食物和其他生活资料。这一转变标志着人类对自然界的深入理解和利用，也奠定了后续文明发展的基础。其一是农业生产开始兴起。人类开始在新石器时代从狩猎采集转向农业生产，对某些植物和动物的驯化，标志着人类对自然资源的主动改造和利用。随着人类的不断发展，由旧石器时代进入新石器时代后，工具的存在形式发生了极大的变化，主要表现为农具制作水平不断提升，这也是农业文明时期的主要生产工具。农业成为社会生产的主要部门后，大型农业生产工具达到了石器制作技术的顶峰，我国江南地区还出现了犁、破土器和耘田器，农业产量得到显著提高。其二是人类有意识地对土地进行耕作与改造。农业文明的发展要求人类对土地进行耕作和改造，以适应农作物的生长需求，包括清除土地上的树木和杂草、开垦耕地、灌溉和排水等。人类靠山吃山、靠水吃水，不同地区的居民选择不同的生存手段，人类利用自然的气候、土壤、水源等条件发展农耕、种植水稻等来满足温饱，还先后发展出采集、渔猎等生产技能。这些活动改变了土地的自然状态，使之成为人类生产活动的场所。其三是农作物种植与农业技术不断发展。随着农业的发展，人类逐渐掌握了农作物的生长规律，并发展出一系列种植技术和农业知识，轮作、休耕、施肥等农业技术可以提高土地的产出，减少土地的疲劳，体现了人类对自然规律的认知和利用。其四是农业生产对社会结构的改变产生了一定的影响。农业文明的出现促进了社会结构和组织形式的变化，农耕模式使得人类不得不定居下来，人类开始和土地"捆绑"在一起，定居生活使人口增长成为可能，进而形成了村落、城镇和国家。农业生产的剩余产品促进了社会分工和阶级的出现，也促进了文化和科技的发展。尽管如此，人类在农业文明时期对自然的改造能力有限，更多的是对自然的依赖和利用。

人类征服自然的工业文明。18世纪末，英国率先爆发了工业革命，随后逐渐扩散到欧洲大陆和北美，蒸汽机、纺织机械、钢铁生产等领域的创新推动了生产力的大幅提升。19世纪末至20世纪初，电力、石油、化学等新兴产业的崛起进一步加速了工业化进程。科技进步使得人类对自然资源的开发和利用达到了前所未有的高度。阿尔文·托夫勒将工业文明称作是"第二次浪潮"，工业文明渗透到了社会生活的方方面面，化石燃料成为能源基础，科学技术突飞猛进，传统的小农经济被打破，家庭或氏族不再是共同劳动的经济单位，可以说，工业文明给人类带来了惊天动地的改变。其一，人类对自然的改造能力越来越强，三百年的工业文明以人类征服自然为主要特征，人类对自然资源的开发与利用呈现出前所未有的规模。森林被大规模砍伐，以供应木材和燃料；煤炭、石油等化石能源的开采为工业生产提供了强大的动力；金属矿产、非金属矿产的开发满足了各种生产和生活需求。此外，农业领域也发生了巨大变革，机械化种植和化肥的广泛应用提高了农作物产量，但同时也导致了土地的退化和生态环境的破坏。最早的工业国英国，其首都伦敦在二氧化硫等污染物的笼罩下一度成为"死亡之都"；最大的工业国美国，其国土曾被"黑风暴"肆虐十年，浩瀚的五大湖至今仍"鱼生凋敝"；莱茵河在德国工业化时期号称"欧洲公共厕所"，鱼类完全消失；日本环境公害事件，受污染人数超20万，被称为是"仅次于广岛、长崎原子弹的人为灾害，是世界历史上最恐怖的公害病"。其二，工业文明的兴起还带动了城市化进程。大量农民涌入城市以寻求更好的生活条件和工作机会，城市人口迅速增长，城市规模不断扩大。然而，城市化进程也带来了诸多问题，如住房拥挤、环境污染、交通拥堵等。此外，人口增长对自然资源的消耗和生态环境的负荷也不断增大。世界工业化的发展使征服自然的文化达到极致，但在20世纪中后期，随着环境问题的日益严重，人类开始反思工业文明对自然界的影响。1972年，联合国环境与发展大会首次提出了可持续发展的理念，强调既满足当代人的需要，又不对后代人满足其需要的能力构成危害的发展。此后，各国纷纷采取了一系列环保政策和措施，力求在经济发展与环境保护之间找到平衡。

人类爱护自然的生态文明。在阿尔文·托夫勒的构想中，信息社会是人类历史的"第三次浪潮"，有人称之为信息时代、电子纪元、数字文明等。然而，信息社会是科学技术进一步发展的产物，仍没有跳出工业文明的范围，是工业文明发展历程中量变到一定阶段所发生的局部质变，从根本上来讲虽然改变了生产力方式，但是并没有改变生产关系。信息时代虽然带来了崭新的生活方式，甚至具有反工业化的倾向，它能极大地便利人类的生活生产，甚至可以缓解资本主义的经济危机，这是因为信息能够很好地弥补和修复生产者和消费者之间存在的巨大鸿沟和长久存在的裂痕，马克思在《资本论》中所比喻的"商品的惊险的跳跃"能够顺利完成。尽管如此，仍然不能忽视数字、信息也成为资本剥削的新的手段，其最终的目的还是为了实现资本的增值，甚至使资本剥削劳动更加隐蔽。因此，信息社会仍然属于工业文明的范畴，没有跳出资本主义的桎梏。习近平总书记在庆祝中国共产党成立一百周年大会的讲话中提出了"人类文明新形态"这一新概念，它是中国共产党领导中国人民在马克思主义基本原理同中国具体实际和中华民族优秀传统文化相结合中实现的伟大创造，不仅体现了人类文明从低级到高级的历史演进过程，而且代表了人类文明未来发展的趋势——社会主义生态文明。习近平总书记指出："中华民族是世界上古老而伟大的民族，有着5000多年源远流长的文明历史，为人类文明进步作出了不可磨灭的贡献。"①德国学者卡尔·雅斯贝斯在其著作《历史的起源与目标》中，提出了一个著名的观点——"轴心时代"理论。雅斯贝斯指出，这一时期是人类文明精神的重大突破时期。在这一时期，古代希腊、古代中国、古代印度等文明都产生了伟大的思想家，他们提出的思想原则塑造了不同文化传统，并一直影响着人类生活。雅斯贝斯的这一理论突破了长期以来的西方中心论，强调了不同文明在相似时间段内独立发展的平行性，以及这些文明对后世影响的深远性。他的观点对于理解世界历史和文化发展具有重要意义，特别是在理解和尊重不同文化传统的当代社会，提供了宝贵的视角和思考。在传统社会，中华文明一直遥遥领先，但是近代以来，面对西方文明的巨大挑战，尤其是从鸦片战争之后，清政府闭关锁国，与世界潮流格格不入，曾经辉煌的文明在列强的蹂躏下遭遇了文明危机。习近平总书记在《在纪念辛亥革命110周年大会上的讲话》总结为"西方列强在中华大地上恣意妄为，封建统治者孱弱无能，中国逐步成为半殖民地半封建社会，国家蒙辱、人民蒙难、文明蒙尘，中国人民和中华民族遭受了前所未有的劫难"②。十月革命一声炮响，给我们送来了马克思列宁主义。中国共产党在马克思主义的指导下，不断汲取中华优秀传统文化，不断推进马克思主义中国化、时代化。在新中国成立特别是改革开放以来长期探索和实践的基础上，经过党的十八大以来在理论和实践上的创新突破，中国共产党成功推进和拓展了中国式现代化，创造了人类文明新形态。人类文明新形态是不同于西方文明的文明形态，是具有中国特色的文明形态，也是一种代表了人类文明进步发展方向的形态。

3. 人与自然和谐共生的中国式现代化体现了对西方传统现代化道路的历史超越

人与自然和谐共生观是对传统现代化道路的超越，是马克思主义中国化

---

① 在纪念辛亥革命110周年大会上的讲话［M］.北京：人民出版社，2021：2.
② 在纪念辛亥革命110周年大会上的讲话［M］.北京：人民出版社，2021：2.

的最新科学成果，对我国经济社会发展具有重大指导意义，体现了对西方发展观的扬弃与超越。具体表现在要实现从资本扩张生态侵略到人与自然和谐共生的现代化、从发展等同于经济增长到实现全面绿色发展的现代化、从可持续发展到贯彻新发展理念的现代化三方面。

从资本扩张生态侵略到人与自然和谐共生的现代化。从工业革命开始，手工工厂制逐步过渡到机器生产的大工厂制，资本主义国家对原材料和市场的需求加大，资本主义开启了全球掠夺原材料和抢占市场的道路，也开启了资本全球扩张的发展路径。发达资本主义国家借助其在经济、文化、技术等方面的优势对殖民地和半殖民地半封建的国家疯狂地进行侵略和扩张，利用殖民地的廉价劳动力和土地、丰富的原材料和广阔的市场发展本国经济。同时，将高污染的工业直接迁到欠发达国家，使得这些国家的生态环境遭受到十分严重的破坏。发达资本主义国家不仅进行资本的全球扩张，还将生态环境破坏带到了全球，对于其他国家来说这是一种赤裸裸的生态殖民主义。但是随着生态环境的日益恶化，严重威胁到人类的生存与发展，这种在资本逻辑的支配之下，依靠征服自然、掠夺自然的发展方式难以为继，人类开始进行反思批判，发展观念、发展思维不断变化，传统发展观已经不能适应经济社会的发展。传统发展观存在非理性的倾向，为了实现经济增长不顾一切破坏生态环境，在这种发展观的支配下，经济增长的负面效应被放大，对人与自然的关系以及人、自然、社会三者的关系等方面的认识还有待进一步发展。习近平总书记提出的实现人与自然和谐共生的现代化作为现代化的一种新的发展范式，既坚持以人为本、全面协调可持续，又实现了对资本主义的资本扩张、生态侵略的超越。

从发展等同于经济增长到实现全面绿色发展的现代化。长期以来，伴随着资本主义的发展，发展理念在相互激荡中渐趋成熟完善。伴随着工业化、现代化的大潮，世界上各个国家，既包括西方发达资本主义国家也包括发展中国家，都在一定程度上实现了经济的增长和财富的积累。最初是将发展等同于单纯的经济发展，这种发展理念十分狭隘，因此反映在发展理念中就表现为经济增长是社会的核心，并不考虑政治、文化、社会、生态等方面的因素。这种增长至上的观念以人的异化和自然的异化为代价，使得发展过程变得肆无忌惮，造成了人与自然关系的急剧恶化，自然生态严重破坏等恶果。同时，人与人的关系也变得越来越紧张，在增长至上的逻辑下，经济增长与财富积累联系在一起，社会层面的贫富差距越来越大，社会矛盾不断激化。这种将发展等同于经济增长的发展理念不能很好地反映生产中对自然资源的消耗和对自然环境的破坏，无法计算所付出的生态成本，是一种粗放式的发展方式，进一步激发了资源耗竭、能源短缺等问题。绿色全面的发展观要求重视政治、经济、文化、社会、生态的协调发展，在发展过程中实现绿色转型，抛弃粗放式的发展模式。单纯只看GDP增长的发展模式意义不大，如果不注重人与人、人与自然、人与社会的和谐统一，必将产生人与人的异化、人与社会的疏远、人与自然的对立等问题，人类将无法继续生存发展。

从可持续发展到贯彻新发展理念的现代化。由于人类长期忽视自然对人的基础性作用，忽视人与自然的互动关系，人类将自己置于危险境地，生态环境问题成为全球性问题。1972年联合国人类环境会议召开，发表了《斯德哥尔摩人类环境会议宣言》，鼓励和指导世界各国人民保护环境。随着世界各国对于环境保护问题的不断重视，人类的认识也不断升华与深化，相继提出要实现"生态发展""协调发展""可持续发展"等发展理念，人类的发展模式站位已经有所提高。党的十八大以来，习近平总书记站在历史和时代的高度，深入推进党的理论创新，提出一系列新思想、新观点、新论断。2015年10月29日，中国共产党第十八届五中全会强调必须牢固树立并切实贯彻执行新发展理念即"创新、协调、绿色、开放、共享"。新发展理念回答了关于发展的目的、动力、方式、路径等一系列重大问题，为人与自然和谐共生的现代化建设提供了价值导向与发展模式，为其他国家走向现代化提供了中国智慧和中国方案。创新是一个民族进步的灵魂，是一个国家兴旺发达的不竭动力。创新发展要求我们在发展过程中从各个环节、各个方面注重创新，注重通过科技创新、市场创新、管理创新等解决现代化建设过程中的困境，实现高质量的绿色发展。协调是确保共享、实现共同富裕的关键手段。协调发展要求我们在发展过程中找到短板，在补齐短板上多用力，增强发展后劲。绿色是实现中华民族永续发展的基础。绿色发展理念要求我们深刻认识到目前的发展面临着严重的资源环境束缚，要处理好绿色和发展之间的辩证关系，实现绿色低碳循环发展。开放发展目的是解决发展内外联动问题，既立足国内，充分发挥我国资源、市场、制度等优势，又要更好利用国际国内两个市场、两种资源，以开放促改革、促发展、促创新。开放发展要求我们注重不同文明之间的交流融合，顺应经济全球化的发展浪潮，树立全球视野，统筹百年未有之大变局和中华民族伟大复兴全局这"两个大局"，更加主动开放地融入世界发展大势。实现共享是新发展观的目的和归宿。共享发展要求我们要充分认识发展这一问题的人民性，坚持人民主体地位，调动人民的积极性与主动性，同时让人民共享发展成果。始终围绕有利于共享发展来推动创新发展、协调发展、绿色发展、开放发展，坚持人民至上的发展理念，充分彰显社会主义制度的优越性。

二、人与自然和谐共生的中国式现代化的文化内蕴

生态文化是指以崇尚自然、保护生态环境、促进资源永续利用为基本特征，能使人与自然协调发展、和谐共进，促进实现可持续发展的文化。回望过去，追溯历史，从原始文明、农业文明、工业文明到生态文明的发展历程，从生态中心主义、"人类中心主义"到人与自然和谐共生，都伴随着生态文化范式不断解构与重构的过程。生态文化起源于对图腾的崇拜，图腾崇拜既表现出人类对自然的恐惧、敬畏与依赖，也反映出最为纯粹的生态和文化现象。除了"黄帝取熊为图腾""夏人以鱼为图腾""商人把神秘鸟作为图腾"等动物图腾，还有依赖于农耕文化所产生的植物图腾，可以说图腾是生态文化萌芽期的产物。农业文明促进了生态文化的不断发展，逐步形成了我们现在熟知的传统生态思想，生态文化主张"天人合一""阴阳和谐"等理念。工业文明以欲望为出发点，在控制和操控自然的过程中，不断疯狂地掠夺自然，使得人与自然之间产生了近乎不可调和的矛盾。也正是因为生态环境问题的不断显现，促使人类不断思考与反思人与自然关系问题，生态文化进一步得到了发展。随着生态文明时代的开启，生态文化的崛起，人类生态文明意识不断觉醒。2015年4月，中共中央、国务院印发《关于加快推进生态文明建设的意见》，首次提出把培育生态文化作为重要支撑，将生态文明纳入社会主义核心价值体系，将生态文化作为现代公共文化服务体系建设的重要内容，加强生态文化的宣传教育，提高全民生态文明意识。2016年4月，国家林业和草原局印发《中国生态文化发展纲要（2016—2020年）》明确了"十三五"时期生态文化发展总体

思路和重点任务。2018年5月，习近平在全国生态环境保护大会上提出加快建立健全以生态价值观念为准则的生态文化体系，并将其纳入生态文明建设"五个体系"。①生态文明建设既涉及"硬件制造"，又涉及"软件设计"。开发清洁能源（改变能源结构）、改变产业结构、打造绿色基础设施、发展绿色交通（包括用电动汽车取代燃油汽车）等都属于"硬件制造"。按新发展（特别是绿色发展）理念进行经济制度、政治制度和法律体系的改革以及自然观、科学观、发展观、价值观、幸福观等观念改变属于"软件设计"。②生态学马克思主义代表人物高兹认为，社会文化为其他领域提供社会文化和心理基础，他一直强调要有一个"文化革命"，这种文化不是狭义的文化，而是一种广义的文化，这种"文化革命"在某些层面上特别是广度和深度以及社会影响力上要使整个社会文化发生根本性的变革。在实现人与自然和谐共生的中国式现代化过程中要注重生态文化建设，不断构建生态文化体系，深挖生态美学研究，弘扬生态文明建设精神。

（一）构建生态文化体系

在当代，生态文化建设与社会主义精神文明建设的要求是一致的，代表广大人民群众的根本利益，是时代精神文化的重要组成。③"生态兴则文明兴，生态衰则文明衰"④，中国式现代化之路，不仅是经济发展之路、政治昌明之路、社会和谐之路、生活富裕之路、和平崛起之路，更是文化繁荣、生态环境优美的文明发展之路。习近平生态文明思想是马克思主义基本原理同中国生态文明建设实践相结合、同中华优秀传统生态文化相结合的重大成果，体现出生态文化也要实现文化现代化的特点，为中国式现代化提供精神源泉。

---

① 中国外文出版发行事业局（CICG）、当代中国与世界研究院、中国翻译研究院. 中国关键词：生态文明篇（汉阿对照）［M］. 北京：新世界出版社，2022：131-132.

② 卢风. 论生态文化在生态文明建设中的重要性［J］. 南京林业大学学报（人文社会科学版），2024，（02）：1-10.

③ 冯冬娜. 系统哲学视域下的生态文化建设及时代价值［J］. 系统科学学报，2023，31（02）：53-57.

④ 习近平. 习近平谈治国理政（第3卷）［M］. 北京：外文出版社，2020：374.

1. 提倡绿色低碳发展的生态保护意识

在当今世界，绿色低碳发展已成为全球共识，其重要性不言而喻。近年来，我国在生态文明建设方面做出了显著努力，致力于推动绿色低碳发展。从国家层面到地方实践，从政策制定到具体行动，无不体现出我国在生态环境保护方面的决心和进展。2024年国务院政府工作报告重点强调了加强生态文明建设和推进绿色低碳发展的重要性，提出了降碳、减污、扩绿、增长等多方面的目标，表明我国在生态文明建设方面已形成系统化的政策体系，旨在推动绿色低碳发展。2024年全国生态环境保护工作会议也重点强调要深入学习贯彻习近平生态文明思想，并针对生态环境保护工作做出具体部署，体现出我国在生态环境保护方面的决心和执行力。生态意识是人民群众热爱自然、保护自然的具体认知，是实现可持续发展的绿色生产观，也是促进人与自然和谐共生的价值观念。提高公众的生态意识是生态文明建设的应有之义，也是生态文明建设得以顺利推进的思想保障。提高公众的生态意识在推进生态文明建设和可持续发展的过程中具有至关重要的地位。公众生态意识的提升，意味着人们对于生态环境保护的认识和重视程度得到加强，有助于形成绿色低碳的生活方式，推动绿色产业的发展，促进全社会共同参与生态文明建设的格局以及传承和弘扬生态环境保护的文化。首先，提高公众生态意识有助于形成绿色低碳的生活方式。当公众充分认识到生态环境保护的重要性，就会在日常生活中自觉地采取绿色低碳的生活方式，如节约能源、减少污染、保护植被等，将极大地减轻生态环境的压力，推动生态文明建设向前发展。其次，提高公众生态意识有助于推动绿色产业的发展。公众对生态环境保护的重视将形成巨大的市场需求，从而推动绿色产业快速发展，促进经济结构的优化升级，实现经济发展与生态环境保护的良性互动。再次，提高公众生态意识有助于形成全社会共同参与生态文明建设的格局。生态文明建设需要全社会的共同参与，只有公众生态意识得到普遍提高，才能形成政府、企业、公众共同参与的良好格局，形成强大的生态环境保护合力，推动生态文明建设取得更为明显的成效。最后，提高公众生态意识有助于传承和弘扬生态环境保护的文化。公众生态意识的提升将使人们更加重视生态环境保护的文化传承，从而形成一种尊重自然、保护生态的良好社会风尚，推动生态文明建设深入人心，形成全社会共同参与的良好氛围。提高公众生态意识是生态文明建设的重要任务，通过政府、学校、媒体、社会组织、企业和公众等多方共同努力，从多个角度开展宣传、教育、激励、引导和法制建设等方面的工作，促进公众形成积极的生态保护意识和行为习惯，共同推动绿色低碳发展，实现生态文明建设的目标。

　　2. 树立尊重、顺应、保护自然的生态道德

　　习近平总书记指出："我们要尊重自然、顺应自然、保护自然，构建人与自然和谐共生的地球家园。"[①]人类与自然的关系是相互依存、相互影响的，唯有坚守生态道德，才能实现与自然的和谐共生，实现可持续发展。首先，尊重自然意味着我们应当正确认识自然的地位和价值，把自然视为生命共同体的重要组成部分。这需要我们认识到自然不是人类的附属物，而是具有自身的内在价值和生命力量的独立存在。在人类活动中，我们应当坚守尊重自然的原则，尽可能地减少对自然的干扰和破坏，避免对自然资源的过度开采和浪费。其次，顺应自然意味着我们应当更加理解自然规律，合理利用自然资源。自然有其自身的规律，人类应该在此基础上实现与自然的和谐共生。这需要我们对自然的规律进行深刻理解，不断创新并运用新技术、新思维，尽可能地在减少对自然破坏的同时，更好地利用自然资源。最后，保护自然意味着我们应该承担起保护自然的责任，不仅是一种伦理道德的要求，也是实现可持续发展的必要条件。从生态伦理的角度来看，自然拥有其固有的价值和权利，人类作为地球生态系统的一部分，应当尊重自然的这些价值和权利，承担起保护自然的责任。这种责任不仅是对其他生物的尊重，也是对自然生态系统整体性的维护。可持续发展要求在满足当前人类需求的同时，不损害后代满足自身需求的能力，我们必须保护自然资源和生态环境，确保其长期的可持续性。承担保护自然的责任，是实现经济、社会、环境协调发展的重要前提。

　　3. 加强资源节约的生态价值准则

　　生态文化是一种强调人与自然和谐共生的文化观念，传递了生态文明的主流价值观，主张在生产和生活中实践勤俭节约、绿色低碳、文明健康的方

---

　　① 习近平出席《生物多样性公约》第十五次缔约方大会领导人峰会并发表主旨讲话［N］.北京：人民日报，2021-10-13.

式，旨在唤起人民群众的生态文化自信与自觉，促使人们更加关注生态环境保护，积极采取行动解决生态环境领域的问题，推动经济社会向可持续发展的方向转型。加强资源节约的生态价值准则是构建生态文化体系的一个重要方面。资源节约是指以最小的代价实现最大化的利用，避免浪费和资源过度消耗，这对于实现可持续发展具有重要的意义。生态价值准则是指在生产和消费活动中，必须考虑到资源的环境影响和生态价值，以及这些影响所产生的社会成本。这需要我们在经济发展中，坚持生态优先、保护优先，树立生态文明和绿色发展的理念，实现人与自然和谐发展。同时，在经济活动中，应该尽可能地减少资源消耗和污染排放，降低对环境的负面影响，保障生态系统的稳定性和安全性。加强资源节约的生态价值准则，需要我们从产业结构、生产方式、消费习惯等多方面进行改革和调整。比如，通过推广绿色生产、发展循环经济、推广低碳技术和产品等方式，提高资源的利用效率，减少资源浪费和环境污染。在消费方面，我们应该倡导绿色、低碳、环保的消费理念。绿色消费是一种节约资源和保护环境的消费行为，它包括崇尚勤俭节约、减少浪费、选择高效环保的产品和服务，以降低资源消耗和污染排放。2016年2月，国家发展改革委等10个部门联合发布了《关于促进绿色消费的指导意见》，引导公民践行绿色生活方式和消费模式，包括合理控制室内空调温度、完善居民社区再生资源回收体系、抵制珍稀动物皮毛制品、提倡家庭节约用水用电、鼓励低碳出行、减少一次性日用品使用、制定绿色旅游消费公约和消费指南、发展共享经济等，从而避免盲目消费和浪费，实现资源的节约和再利用。

（二）深挖生态美学研究

什么是生态美学？美学之父鲍姆加通把美学定义为"感性认识的完善"，黑格尔把美学定义为艺术哲学，比尔兹利把美学定义为元批评。他们对美学的定义均有自己的时代背景，但这样的美学却无法解决当今的问题。以"美"为理论中心的美学，并不能使人们真正地建立起对自然的敬仰，因为"美"并不是自然的全部属性。传统美学观难以使人走向审美之善，罗尔斯顿声称，美学应以伦理学为基础，基于生态系统的伦理学是保护自然强有力的武器，而且伦理学能够发现美是如何成为生生自然的神奇产物。[①]我国生态美学的领军人

① 沈学甫，姚东旭，佟立. 世界生态哲学（第1辑）[M]. 天津：天津人民出版社，2021：79.

物曾繁仁先生明确指出，生态美学观"以人与自然的生态审美关系为基本出发点……是一种包含着生态维度的当代存在论审美观"，强调应"将我们的生态美学观奠定在马克思的唯物实践存在论的哲学基础之上"。①生态美学作为美学研究的新形态，代表着美学的发展方向，也可以视为美学的生态转型，从生态系统的生生特性出发展开对于审美价值的生态重估，探讨审美价值与生态价值的辩证关系。自20世纪80年代末以来，我国生态美学的发展经历了1987年至2000年的萌芽期、2000年至2007年的发展期以及2007年至今的新的建设时期。②整体来看，我国生态美学的理论形态主要有三种，一是曾繁仁的从生态存在论美学到生生美学，二是陈望衡的从环境美学到生态文明美学，三是鲁枢元的生态文艺学。③

生态学的经典概念是有机体及其环境之间的互动关系。生态美学可以定义为人的审美活动与地球环境的互动关系。所谓互动就是双向的，审美活动影响地球环境，地球环境也反过来影响人类审美活动。在多种多样人类活动中聚焦审美活动，生态美学主要考察审美活动与生态环境之间的互动关系。习近平总书记在党的二十大报告中明确指出："中国式现代化是人与自然和谐共生的现代化。"当文明整体上发生生态转型，开始走向生态文明的时候，美学也必然发生生态转型，必然走向生态美学。④人与自然和谐共生观明确地界定了人与自然之间"审美互动"的价值定向是"和谐共生"，从而使得审美判断成为一种明确的价值判断。也就是说，人与自然和谐共生倡导的是一种"和谐共生"的价值观，克服了生态中心主义以及"人类中心主义"对人与自然关系对立的缺陷，引导人们在中国式现代化建设中突出我国生态美学的马克思主义性质、超越工具性审美的生态审美印记、关照多样性共存的生态审美前提，最终实现人与自然和解的生态审美境界。

① 曾繁仁.当代生态文明视野中的生态美学观［J］.文学评论，2005，（04）：48-55.
② 曾繁仁.生态美学导论［M］.北京：商务印书馆，2010：4-9.
③ 胡友峰.中国生态美学的生成语境、理论形态与未来走向［J］.社会科学，2020，（11）：160-170.
④ 程相占.在"人与自然和谐共生"观指导下深化生态美学［J］.文艺理论研究，2024，44（02）：6-9+61.

1. 突出我国生态美学的马克思主义性质

由马克思、恩格斯创立的马克思主义美学，用马克思主义的立场、观点、方法阐释人类的审美意识、美与艺术的本质及其历史发展，对于我国生态美学的发展影响深远。其一，马克思主义美学厘清了生态文明建设中主体和客体的关系。马克思主义美学所追求的美，是在主体与客体清晰且和谐的状态下，按照客观实在的自然之美和作为实践主体的人的内在之美的规律和尺度，去认识与改造自然。①人要发挥主观能动性，但是不能沉浸在"人类对自然的胜利"中无法自拔，从而落入"人类中心主义"中，而是要寻求人与自然的和谐共生。其二，马克思主义美学为摆脱资本逻辑衍生出的整体与个体之间的矛盾指明方向。生产资料的私人占有与社会化大生产之间的矛盾是资本主义的固有矛盾，资本家为了追求最大利益失去了"良心"，对自然和工人进行无情的压榨。我们要充分认识到社会主义制度的优越性，"要把生态环境保护放在更加突出位置，像保护眼睛一样保护生态环境，像对待生命一样对待生态环境，在生态环境保护上一定要算大账、算长远账、算整体账、算综合账，不能因小失大、顾此失彼、寅吃卯粮、急功近利"②。其三，马克思主义美学强调自然资源在人类社会生存和发展中的重要作用，合理利用自然资源以维护人类生态永续之美。马克思在《资本论》中指出，自然资源大致可以分为两类，一类是社会资料的自然资源，另一类是劳动资料的自然资源。在人类社会发展的初级阶段，土壤、淡水等社会资料的自然资源起着决定性作用，但是在人类发展的高级阶段，劳动资料的自然资源比如可以作为生产资料的树木、金属等起着决定性作用。恩格斯也在《劳动在从猿到人转变过程中的作用》中指出，人类通过劳动将自然资源转变为财富。马克思曾指出："从一个较高级的经济的社会形态的角度来看，个别人对土地的私有权，和一个人对另一个人的私有权一样，是十分荒谬的。甚至整个社会，一个民族，以致一切同时存在的社会加在一起，都不是土地的所有者。他们只是土地的占有者，土地的受益者，并且他

_____

① 李桂花，陈诗棋. 生态文明建设的美学基础 [J]. 城市与环境研究，2023，（01）：33-44.

② 习近平关于全面建成小康社会论述摘编 [M]. 北京：中央文献出版社，2016：176.

们应当作为家长把经过改良的土地传给后代。"①也就是说，我们既要满足当代人的现实需要，也要加强对自然资源的保护，维持自然生态的平衡与稳定，又为子孙后代创造发展的有利条件。

2. 超越工具性审美的生态审美印记

人们逐渐意识到自然和人类社会之间的密切联系和相互作用，以及人类生活方式和行为对自然环境的影响，因此，在审美活动中注重强调自然的美感和价值，将自然作为审美主体，并强调审美体验与自然的互动关系。在生态危机不断加剧的今天，超越工具性审美的生态审美印记已经成为构建生态文化体系的重要方面。它不仅是一种对自然美感的追求，更是一种对生态文明的关注和呼唤，是对践行生态价值观念的体现。在生态审美活动中，人们不仅关注物质形态和表象，更关注物质与精神的内在联系和自然的生命力。通过欣赏自然美，提高人们对自然保护的意识和责任感，引导人们将生态文明理念融入生活和工作中，形成与生态和谐的社会生活方式。自然生态是人类精神生活的重要组成部分，人类从自然中汲取灵感，创作出无数优美的文学、艺术作品，自然的美景也给人以心灵的慰藉和愉悦，成为人们精神生活的重要组成部分。超越工具性审美的生态审美印记可以在文学、绘画、音乐、摄影等艺术领域中得到体现。文学作品可以通过自然景色和生态元素的描绘来传递生态信息和生态价值观念；绘画和摄影作品可以通过对自然景色、生态系统和生态事件的拍摄和创作来表达对自然环境的关注和呼吁；音乐可以通过自然声音的运用，表现自然的和谐与美好等。

3. 关照多样性共存的生态审美前提

在审美活动中尊重和重视自然生态多样性，这是人类文明的重要组成部分，也是我们审美活动的重要对象和源泉。在生态文明的建设中，需要注重多元文化、多元知识体系的相互交融和共存，建立多元文化视野下的生态审美。这种生态审美旨在提倡保护不同物种、生态系统、文化形态的多样性，反对文化、思想、价值观的单一化、简单化和同质化。首先，要重视自然生态系统的多样性。自然生态的多样性为人类的审美活动提供了丰富内容，大自然的山

①马克思恩格斯文集（第7卷）[M].北京：人民出版社，2009：878.

川湖海、动植物世界等，都是人类艺术创作和审美欣赏的重要对象。我们应该发现、重视每个生态系统的独特之处，欣赏并保护其独特之美。不同的生态系统具有不同的生态特征和生态环境，需要因地制宜地采取不同的保护和修复措施。其次，要关注生物多样性的保护。生态系统的稳定和健康离不开物种的多样性，保护生物多样性不仅有助于维持生态平衡和生态系统的健康，也是人类文化多样性和审美多样性的基础。我们要通过加强自然保护区建设、保护珍稀濒危物种、恢复和重建受损生态系统等手段保护生物多样性。同时，通过生态旅游、自然教育、艺术创作等方式，可以提升公众的生态审美素养，增强公众对生物多样性保护的意识和行动。最后，要尊重文化形态的多样性。不同的自然环境孕育了不同的文化形态和生活方式，生活在海边的人们发展了捕鱼和航海文化，而生活在山区的人们则形成了独特的山区文化和生活方式。文化差异不仅体现在物质生活上，还体现在价值观、信仰、艺术、习俗等方面，影响人类的审美观念和审美活动。不同的地域文化、民族文化等，都有自己独特的审美观念和艺术表现形式，这都是生态文明的重要组成部分，我们应该重视文化形态的多样性，推崇自然与人类和谐相处的传统智慧，加强对传统文化的保护和传承。

4. 实现人与自然和解的生态审美境界

生态审美境界不仅仅是一种美的感受，而是一种对自然、人类和生命的敬畏和关爱，是一种与自然和谐相处的生活方式和生命哲学，基于对人与自然关系的思考和重构。一方面，习近平总书记提出了"还自然以宁静、和谐、美丽"①的要求，以习近平同志为核心的党中央确立了要坚决打赢蓝天、碧水、净土保卫战，打造美丽乡村和生态城市，建设"美丽中国"等，就是将生态文明建设指向了人的审美享受，让人民共享经济、政治、文化、社会、生态等各方面发展成果，有更多的获得感、幸福感、安全感。另一方面，传统的人与自然的关系往往是以人类利益为中心的，忽视了自然的独立存在和自身价值。而实现和解的生态审美境界则是要认识到人类和自然是相互依存的关系，只有在平衡、和谐的基础上，人类才能得到可持续的发展。实现人与自然和解的生态

---

① 习近平. 论坚持人与自然和谐共生 [M]. 北京：中央文献出版社，2022：187.

审美境界需要理清生态文化和生态审美的关系，两者存在密切的联系和互动。生态文化为生态审美提供了理论基础和价值观引导，而生态审美则通过具体的审美实践活动，进一步弘扬和传播生态文化，两者相互促进，共同推动人与自然的和谐共生。我们不仅需要不断地推动理论研究和实践探索，从个人层面和社会层面不断积累和发展，而且还需要通过生态文明建设和全社会的共同努力，逐步形成一个具有创新性、可持续性和包容性的生态文化体系，实现人类与自然的和谐共处。

（三）弘扬生态文明建设精神

中国共产党在百余年历程中形成的精神谱系，是历久弥新、深入人心、永续传承的宝贵精神财富，我们应汲取中国共产党人精神谱系的强大力量。我党"形成了坚持真理、坚守理想，践行初心、担当使命，不怕牺牲、英勇斗争，对党忠诚、不负人民的伟大建党精神，这是中国共产党的精神之源"[1]。伟大建党精神在生态文明建设领域的创新运用和创造实践形成了"生态文明建设精神"[2]。在通往中国式现代化的过程中，我们要赓续中国共产党人精神谱系中的生态文明建设精神，发扬"牢记使命、艰苦创业、绿色发展"的塞罕坝精神，"迎难而上、艰苦奋斗，久久为功、利在长远"的右玉精神，"自力更生、艰苦创业、团结协作、无私奉献"的红旗渠精神，奋力开创新时代生态环境保护新征程。

1. "牢记使命、艰苦创业、绿色发展"的塞罕坝精神

塞罕坝林场位于河北省最北部、内蒙古高原浑善达克沙地南缘，是中国北方重要的生态屏障和水源涵养地，也是世界上面积最大的人工林。"牢记使命、艰苦创业、绿色发展"是塞罕坝精神的核心，是我国生态文明建设精神的重要理论来源之一，也是推动生态文明建设的重要动力。"塞罕坝林场建设史是一部可歌可泣的艰苦奋斗史。"[3]牢记使命是塞罕坝精神的首要内涵。塞罕

---

① 习近平重要讲话单行本（2021年合订本）［M］.北京：人民出版社，2022：90.

② 张云飞.试论习近平生态文明思想对精神文明建设的贡献［J］.马克思主义与现实，2022（05）：10-19+203-204.

③ 贯彻新发展理念弘扬塞罕坝精神 努力完成全年经济社会发展主要目标任务［N］.北京：人民日报，2021-8-26.

坝林场的建立和发展，始终坚持以保护和改善生态环境、满足国家生态安全需求为己任。在新的历史条件下，弘扬塞罕坝精神，就是要牢记生态文明建设的重要使命，坚定不移地走绿色发展道路，为建设美丽中国、实现中华民族永续发展贡献力量。艰苦创业是塞罕坝精神的实践体现。塞罕坝林场的建设者们面对极其恶劣的自然条件和艰苦的生活环境，展现了敢于挑战、勇于拼搏的精神风貌。弘扬塞罕坝精神，就是要继续发扬这种艰苦创业的精神，不畏艰难，锐意进取，不断探索和创新生态保护和建设的新方法、新技术。绿色发展是塞罕坝精神的价值取向。塞罕坝林场坚持绿色发展理念，通过大规模的植树造林活动，成功地将荒漠沙地变成了绿洲，实现了生态效益、经济效益和社会效益的多赢。弘扬塞罕坝精神，就是要坚持绿色发展理念，推动形成绿色发展方式和生活方式，构建人与自然和谐共生的现代化建设新格局。

2. "迎难而上、艰苦奋斗，久久为功、利在长远"的右玉精神

"右玉精神"发源于山西省右玉县，是当地人民在长期与恶劣自然环境的斗争中形成的一种精神风貌。习近平总书记多次对"右玉精神"作出重要指示批示，明确指出："右玉精神"体现的是全心全意为人民服务，是迎难而上、艰苦奋斗，是久久为功、利在长远。迎难而上是右玉精神的核心要素之一。面对恶劣的自然环境和脆弱的生态，右玉人民没有退缩，而是选择了勇敢地面对困难，积极主动地寻找解决问题的方法。这种精神鼓励我们在面对生态环境挑战时，要不畏惧困难，敢于攻坚克难，积极寻求解决方案。艰苦奋斗是右玉精神的实践表现。右玉人民在长期的生态建设过程中，展现了坚韧不拔、吃苦耐劳的品质。他们通过自己的辛勤努力，逐步改变了当地的生态环境，实现了从荒漠到绿洲的转变。久久为功体现了右玉精神的持久战思想。生态文明建设是一个长期的过程，不可能一蹴而就，需要长期的投入和持续的努力。右玉人民在生态建设中，坚持不懈，持之以恒，他们相信只有长期的坚持和努力，才能取得最终的胜利。利在长远则是右玉精神的最终目标。右玉人民在生态建设中的所有努力，都是为了实现长远的生态效益、经济效益和社会效益。他们不仅关注当前的利益，更注重未来的可持续发展，这种长远的眼光和格局，对于推动我国以及全球生态文明建设具有重要的启示作用。

3. "自力更生、艰苦创业、团结协作、无私奉献"的红旗渠精神

20世纪60年代，河南省林县人民为改善恶劣生产生活条件，摆脱水源匮乏状况，在太行山的悬崖峭壁上修建了举世闻名的大型水利灌溉工程——红旗渠，培育形成了"自力更生、艰苦创业、团结协作、无私奉献"的红旗渠精神。这种精神不仅是中国人民在特定历史时期的精神象征，也是生态文明精神的重要组成部分。自力更生是红旗渠精神的基础。在建设红旗渠的过程中，由于缺乏资金和技术，当地干部群众只能凭借自己的力量和智慧去攻克一道道难关。他们勇攀险峰，不断超越自我，终于创造出一条成功解决灌溉难题的新渠道。艰苦创业是红旗渠精神的实践体现。在修建红旗渠的过程中，林县人民展现了不怕苦、不怕累、勇于拼搏的精神风貌。他们在极其艰苦的条件下，凭借简陋的工具和顽强的意志，开山劈石，引水入渠，创造了人间奇迹。团结协作是红旗渠精神的重要组成部分。修建红旗渠是林县人民共同的事业，他们不分男女老少，不分职务高低，齐心协力，共同奋斗。无私奉献是红旗渠精神的最高境界。在修建红旗渠的过程中，许多人为此付出了巨大的牺牲和奉献，用自己的双手创造了造福后代的伟大工程。这在今天的生态环境治理中也同样具有重要的意义，生态建设需要的不仅是技术手段和资金投入，更需要人们的奉献和努力。

三、人与自然和谐共生的中国式现代化的话语建构内蕴

自工业革命迄今，科学技术的持续发展演进推动着人类生活水平的日益提升。但随之而来的是前所未见的环境破坏，对人类赖以生存的生态环境产生了不可逆转的影响，由此引发了世界各国的高度关切。在全球范围内，生态思想与行动迸发蓬勃活力，人类社会开始注重生态平衡，人类文明迈向了生态转型，而在人文社科研究领域也发生了生态转向，越来越注重生态维度与生态取向，生态语言学运用而生。[①]党的十八大以来，习近平总书记站在中华民族永续发展的高度，十分重视生态文明建设，形成了习近平生态文明思想。从话语层面来看，习近平生态文明思想的形成与发展也是一个对生态话语不断发展创

---

① 何伟，程铭.生态话语体系建构探讨［J］.中国外语，2023，（03）：48-55.

新的过程。构建中国特色生态话语体系，以之解读中国生态理论、生态实践、生态经验，对内统一思想、凝聚力量，对外提高国际话语权与影响力，增强文化软实力具有重要意义。

（一）人与自然和谐共生的中国式现代化的话语建构的主要内容

党的十八大以来，生态文明建设提升到了"五位一体"总体布局的战略高度，昭示着我党生态文明建设的决心和信心，生态话语实现了从"跟着讲"到"接着讲"再到"领着讲"的转变。[①]当前，我国人与自然和谐共生的中国式现代化的话语建构存在概念范畴、理论特质、实现方式等方面"赤字"问题，导致对"为什么要建构人与自然和谐共生的中国式现代化""为什么中国式现代化行"等时代问题的学理阐释仍然存在不足。新时代新征程，我国生态话语不断创新、意蕴丰富，具体表现为：以"绿色发展"构建生态话语内涵、以"环境就是民生"构建生态话语价值、以"人与自然和谐共生"构建生态话语立场、以"守牢总体国家安全观"构建生态话语底线、以"建设美丽清洁世界"构建生态话语场域。

1. 以"绿色发展"构建生态话语内涵

绿色发展一直是我党孜孜以求的发展方式。20世纪50年代，毛泽东同志发出"绿化祖国"的伟大号召，1958年8月毛泽东在北戴河召开中共中央政治局扩大会议上的讲话中指出："要使我们祖国的河山全部绿化起来，要达到园林化，到处都很美丽，自然面貌要改变过来。"[②]1978年正式启动了"三北"防护林体系工程建设，1981年开启全民义务植树活动，邓小平同志向全党发出了"植树造林，绿化祖国，造福后代"的号召，并提出"要坚持二十年，坚持一百年，坚持一千年，要一代一代永远干下去"[③]的要求。江泽民同志提出了"退耕还林、封山绿化"的战略，并进一步向全党发出"再造秀美山川"的号召，在"三北"防护林的基础之上，又拓展至天然林资源保护工程、退耕还林工程、京津风沙源治理工程、长江中下游地区等重点防护林建设工程。胡锦涛

---

① 华启和，陈冬仿. 中国生态文明建设话语体系的历史演进 [J]. 河南社会科学，2019，（06）：24–28.

② 毛泽东论林业（新编本）[M]. 北京：中央文献出版社，2003：51.

③ 邓小平思想年编：1975—1997 [M]. 北京：中央文献出版社，2011：455.

同志提出我们要建设资源节约型、环境友好型社会，并将"生态文明"写进党的十七大报告。

党的十八大以来，习近平总书记明确提出了绿色发展理念，并将其写入发展规划、发展战略，这是关系我国发展全局的科学发展理念，更是准确把握世界生态文明发展潮流的科学发展理念。2015年10月，习近平总书记在党的十八届五中全会中提出"创新、协调、绿色、开放、共享"新发展理念，绿色发展作为关系我国发展全局的重要理念之一。解决生态环境问题本质上是转变发展方式的问题，最主要的是实现经济活动的"绿色化"。西方国家在发展进程中，基本都走过了"先污染后治理"的工业化道路。为了发展经济，西方资本主义国家大量使用化石煤炭资源，造成大量温室气体排放，使国家面临深刻的环境危机，造成了极大的资源浪费和环境污染，使得伦敦变成雾都，泰晤士河更是污染重灾区。习近平总书记明确提出："我们既要绿水青山，也要金山银山。宁要绿水青山，不要金山银山，而且绿水青山就是金山银山。"[①]党的二十大报告进一步指出："推动经济社会发展绿色化、低碳化是实现高质量发展的关键环节。"[②]绿色发展既体现了我党对于经济社会发展与生态环境保护发展规律的更加深入的理解，同时也构建了以"绿色发展"为内涵的生态话语。

2. 以"环境就是民生"构建生态话语价值

新中国成立以来，在长期发展过程中积累了很多生态环境问题，具体表现在水土流失严重、沙漠化迅速发展、草原退化加剧、森林资源锐减、生物物种加速灭绝、地下水位下降、水体污染明显加重、大气污染严重、环境污染向农村蔓延等。随着人民生活水平的逐步提高，人民群众对生态环境的要求也逐步提高。良好的生态环境问题直接关乎人民群众的切身利益，关乎人民群众的生活质量，关乎人民群众的幸福感、获得感、安全感。因此，解决生态环境问题不仅是一个政治问题，更是一个社会民生问题。发展为了人民是马克思主义

---

① 习近平生态文明思想学习纲要 [M].北京：学习出版社、人民出版社，2022：27.

② 习近平.高举中国特色社会主义伟大旗帜 为全面建设社会主义现代化国家而团结奋斗——在中国共产党第二十次全国代表大会上的报告 [M].北京：人民出版社，2022：50.

政治经济学的根本立场，人民至上是中国共产党一以贯之的优良传统。毛泽东要求全心全意为人民服务，邓小平强调我们做工作必须考虑群众拥护不拥护、赞成不赞成、高兴不高兴、答应不答应，江泽民提出"三个代表"重要思想，中国共产党始终代表中国最广大人民的根本利益，胡锦涛讲到我们要把实现好、维护好、发展好最广大人民根本利益作为一切工作的出发点和落脚点。

习近平总书记指出："人民对美好生活的向往，就是我们的奋斗目标。"[1]党的十九大报告进一步指出："中国共产党人的初心和使命，就是为中国人民谋幸福，为中华民族谋复兴。"[2]人民群众对美好生活的向往包含了对美好生态的需要，"环境就是民生，青山就是美丽，蓝天也是幸福。发展经济是为了民生，保护生态环境同样也是为了民生"[3]。中国共产党始终将人民立场作为根本的政治立场，始终坚持人民至上，将实现人民对美好生活的向往作为奋斗目标，不仅要创造更多的物质财富和精神财富来满足人民群众对美好生活的向往，也要提供优质生态产品来满足人民群众日益增长的优美生态环境的需要，让老百姓呼吸上清新的空气、喝上干净的水、吃上安全的食物。对人民群众的生活而言，良好的生态环境是人民群众幸福生活的重要内容。"人民群众关心的问题是什么？是食品安不安全、暖气热不热、雾霾能不能少一点、河湖能不能清一点、垃圾焚烧能不能不有损健康……"[4]这既是中国共产党的优良传统，也是最新的话语表达，进一步丰富和发展了以"环境就是民生"为价值的生态话语。

3. 以"人与自然和谐共生"构建生态话语立场

面对当今日益严重的生态环境问题，学术界存在将人类与自然对立起来的"人类中心主义"和"自然中心主义"两种理论回应。人类中心主义将人视为价值判断的主体，以符不符合人类的利益作为评判标准，分为强人类中心主义和弱人类中心主义。强人类中心主义全然不顾其他物种的利益，为了自己的

① 十八大以来重要文献选编（上）[M].北京：中央文献出版社，2014：70.
② 习近平.习近平谈治国理政（第3卷）[M].北京：外文出版社2020：1.
③ 习近平.习近平谈治国理政（第3卷）[M].北京：外文出版社2020：362.
④ 习近平关于社会主义社会建设论述摘编[M].北京：中央文献出版社，2017：18-19.

利益可以毁灭所有；弱人类中心主义认为人类应该选择性地满足自己的意愿，对人类的欲望要进行理性把握，人类虽然在自然界中具有优越性，但为了自己的生存也有义务在道德上对自然界进行关怀和让渡部分权利。然而，不管是强人类中心主义还是弱人类中心主义，它们都过于突出人的主体价值，过于强调人类利益的根本性。自然中心主义主张人类只是自然系统中的一个子系统并不具备优越性，大自然中的存在物都具有其内在价值，主张重建以自然为中心的价值体系以取代人类中心主义。虽然自然中心主义试图修复被人类破坏的现实自然界来达到原生态的自然平衡，并且在对人类深刻反思自己的行为，形成生态环境保护意识等方面具有重要意义，但是自然中心主义只是从人类中心主义这一极端转向了生态乌托邦的极端，在科学性和现实性上都有所欠缺。

无论是人类中心主义还是自然中心主义都过于偏执，无法适应现代社会的发展。习近平总书记指出，我们要"站在人与自然和谐共生的高度来谋划经济社会发展"①。在党的二十大报告中将人与自然和谐共生作为中国式现代化的本质要求之一，提出了"中国式现代化是人与自然和谐共生的现代化"②。人与自然和谐共生强调要实现双方的共生，这意味着人与自然相互依存、相互影响、荣辱与共。因此，在实现人与自然的和谐共生方面，我们需要摒弃人类中心主义和自然中心主义的极端观点，综合考虑人类的需求和自然的价值，深刻意识到人类自身是自然的一部分，尊重自然的权益，保护生态系统的完整性和多样性，找到两者之间的平衡点，从而实现人类与自然的和谐共生。"人与自然和谐共生"是对西方生态观"人类第一性"或"生态第一性"的形而上学辩论的超越，抛弃了传统的主客二分③，充分反映了马克思主义生态观的本质特征，是新时代我国生态文明建设的基本遵循，更是体现我国生态立场的话语表达。

---

① 习近平谈治国理政（第4卷）［M］.北京：外文出版社，2022：355.

② 习近平.高举中国特色社会主义伟大旗帜 为全面建设社会主义现代化国家而团结奋斗——在中国共产党第二十次全国代表大会上的报告［M］.北京：人民出版社，2022：23.

③ 谭倩.中国式现代化的生态文明向度：科学理据、价值蕴含及其话语构建［J］.南京社会科学，2023，（07）：46-54+77.

4. 以"守牢总体国家安全观"构建生态话语底线

改革开放开启了我国城镇化和工业化的飞速进程，然而这也伴随着日益严峻的资源约束和不断收缩的生态空间。如今，生态环境问题已然成为中国经济社会发展中最迫切的制约因素，也是最为脆弱的薄弱环节。假若我们对生态环境再次采取冷漠态度，不仅将对社会稳定产生冲击，更可能危及国家的根本安全，进而成为阻碍经济社会高质量发展的巨大绊脚石。2000年，国务院发布《全国生态环境保护纲要》，确立"维护国家生态环境安全"的目标。2004年，《中华人民共和国固体废物污染环境防治法》明确维护生态安全为立法宗旨，确立其为法律概念。

党的十八大以来，以习近平同志为核心的党中央创造性地提出了总体国家安全观，将国家安全与人民安全、社会安全、经济安全、科技安全、信息安全、生态安全等方面紧密结合，构建了一张全面的国家安全网，生态安全问题被提升到新的战略高度并"逐渐被确定和接纳为国家整体安全的内在构成要素"[1]。2018年，习近平总书记在全国生态环境保护大会上指出："生态环境安全是国家安全的重要组成部分，是经济社会持续健康发展的重要保障。"[2]党的十九大报告也强调了我国生态文明建设要为全球生态安全作出贡献。2023年，习近平总书记在全国生态环境保护大会上强调："要守牢美丽中国建设安全底线，贯彻总体国家安全观，积极有效应对各种风险挑战，切实维护生态安全、核与辐射安全等，保障我们赖以生存发展的自然环境和条件不受威胁和破坏。"[3]在激荡的时代洪流中，习近平生态文明思想鲜明地表达出人民群众对生态安全的价值诉求，"要为自然守住安全边界和底线"[4]，也是中国共产党深谋远虑、科学把握国家安全形势演变所做出的科学判断与睿智抉择。同时，还意味着推进生态治理体系、治理能力现代化和肩负起承载中国特色国家安全之

---

① 郇庆治，李永恒. 中国的全球生态安全观：形塑、意涵与革新 [J]. 中央民族大学学报（哲学社会科学版），2023，50（03）：100-110.

② 习近平. 论坚持人与自然和谐共生 [M]. 北京：中央文献出版社，2022：18-19.

③ 全面推进美丽中国建设 加快推进人与自然和谐共生的现代化 [N]. 北京：人民日报，2023-07-19.

④ 习近平. 习近平谈治国理政（第4卷）[M]. 北京：外文出版社，2022：356.

路的重要使命,更是我国生态安全话语在全球生态安全的宏观背景与语境下的进一步发展创新。

5. 以"建设美丽清洁世界"构建生态话语场域

人类社会在取得巨大物质财富和科技文化成就的同时,造成了严重的生态环境问题,敲响了人类社会"增长极限"的警钟。1972年首次人类环境会议的召开,发出了"只有一个地球"的呼声,向全人类发出保护我们共同生活的地球、治理环境污染的呼吁。当今世界生态环境挑战日益严峻,把一个什么样的地球留给我们的子孙后代,是全世界各国人民共同关注的重大课题。世界是一个休戚与共的命运共同体,面对纷繁复杂的国际形势,没有一个国家能够脱离整个国际社会独善其身。近些年,国际社会为解决全球生态恶化问题做出了极大的努力。在气候谈判方面,自20世纪90年代以来,世界各国一直在为应对气候变化做出努力,签订了《联合国气候变化框架公约》《京都议定书》《巴黎协议》。在保护生物多样性方面,1993年《生物多样性公约》正式生效,中国是最早签署和批准《生物多样性公约》的缔约方之一,2010年在日本确立"爱知"目标,2021年在云南昆明召开了《生物多样性公约》会议。

当前国际力量对比深刻调整,国际环境日趋复杂,面对全球性的环境治理危机,各国应同舟共济、荣辱与共。事实一再证明,单边主义、甩锅现象、"零和博弈"的思想不可取也不得人心,各国携起手来共同面对环境风险挑战才是唯一的出路。作为世界上最大的发展中国家,我国不仅注重国内的生态环境治理,还一直致力于为人类社会的发展作出相应的贡献,我们要"紧跟时代、放眼世界,承担大国责任、展现大国担当,实现由全球环境治理参与者到引领者的重大转变"[1],引领生态文明立足中国、面向世界。习近平总书记在《生物多样性公约》第十五次缔约方大会领导人峰会上的主旨讲话中指出:"生态文明是人类文明发展的历史趋势。让我们携起手来,秉持生态文明理念,站在为子孙后代负责的高度,共同构建地球生命共同体,共同建设清洁美丽的世界"[2],不仅体现了我国作为负责任大国的历史担当,还进一步发展了

---

① 全面推进美丽中国建设 加快推进人与自然和谐共生的现代化 [N]. 北京:人民日报,2023-07-19.

② 习近平出席《生物多样性公约》第十五次缔约方大会领导人峰会并发表主旨讲话 [N]. 北京:人民日报,2021-10-13.

我国生态话语的世界场域。

（二）人与自然和谐共生的中国式现代化的话语建构的鲜明特点

新时代我国生态话语体现出政治性、学理性、哲学性的鲜明特点，具体表现在：坚持党对生态文明的全面领导、坚持马克思主义生态观指导的政治性意蕴；以保护生物多样性为生态话语前提、以社会主义生态文明为生态话语核心的学理性支撑；生态话语表达在创造实践中丰富、生态话语体系在历史嬗变中发展、生态话语逻辑在系统分析中完善的哲学性思维。

1. 政治性意蕴

"生态文明建设是新时代中国特色社会主义的一个重要特征。"①党的十八大以来，党和国家高度重视意识形态建设，生态话语的政治性显著提升，其发展呈现出坚持党对生态文明的全面领导和坚持马克思主义生态观指导的政治性意蕴。

坚持党对生态文明的全面领导。"要充分发挥党的领导和我国社会主义制度能够集中力量办大事的政治优势"，"加大力度推进生态文明建设、解决生态环境问题"。②一方面，党的十八大以来，我们党对生态文明的全面领导体现在思想观念、战略规划、重大工程、低碳转型、体制改革、法治建设、组织保障等方方面面，充分体现出生态文明建设是我党高度关注的国之大者，只有坚持党在生态文明建设中的领导地位，才能真正发挥社会主义生态文明的巨大优势，承担起生态环境保护的政治责任。另一方面，习近平总书记十分重视生态话语权的建构并多次作出指示批示。2013年，习近平总书记在中共中央政治局第十二次集体学习时就着力提高国家文化软实力的论述中强调：我们要注重塑造山河秀美的东方大国形象。2016年，习近平总书记在哲学社会科学工作座谈会上的讲话中指出，要在建设生态文明等方面提出具有原创性、时代性的概念和理论。2018年习近平总书记在全国生态环境保护大会上明确指出，要增强我国在全球环境治理体系中的话语权和影响力。同时，习近平总书记发出"广大党员、干部要带头履行植树义务，践行绿色低碳生活方式，呵护好我们的地球

① 习近平.论坚持人与自然和谐共生［M］.北京：中央文献出版社，2022：272.
② 习近平.论坚持人与自然和谐共生［M］.北京：中央文献出版社，2022：7.

家园"①的倡议，激励党员干部应当以身作则，带头践行环保行动，引领全社会积极参与生态文明建设。新时代生态话语的表达植根于党对生态文明建设的全面领导，形成了一整套理论方略，也形成了独具特色的生态话语体系。

坚持马克思主义生态观的指导。马克思主义的创立和发展是一项重要的历史进程，经过不断探索和实践，形成了一系列关于社会、经济、政治和人类历史发展的观点。马克思主义中国化、时代化为中国特色社会主义的建设和发展提供了坚实的理论基础，我国生态话语表达也伴随着马克思主义中国化、时代化的发展而不断丰富，形成了中国特色社会主义生态理论，并进一步丰富和发展了马克思主义生态观，正如习近平总书记指出："把坚持马克思主义和发展马克思主义统一起来，结合新的实践不断作出新的理论创造。"②马克思主义生态观的思想财富只有在充分挖掘应用并结合我国生态实际的基础上，才能形成相应的生态理论框架和生态思维方式，反映中国特色社会主义生态实践的特点。因此，我们要避免马克思主义在生态文明建设领域被边缘化、空泛化、标签化，确保马克思主义指导作用的合理、有效发挥。

2. 学理性支撑

生态话语如若没有生态理论、生态之治、生态成就的有效支撑，可能会有滑入唯心主义空谈的风险。我国生态话语具有坚实的学理性支撑，以保护生物多样性为生态话语前提、以我国生态之治为生态话语基石、以社会主义生态文明为生态话语核心。

以保护生物多样性为生态话语前提。"生物多样性丧失和生态系统退化对人类生存和发展构成重大风险"③，生态系统失衡主要是由于生物多样性锐减导致的，目前生物多样性问题已经成为全球面临的重大挑战，野生生物的数量和种类正在快速减少。短时间内物种的快速减少大多是人为造成的，主要原因有：第一，有的人因经济利益铤而走险，大肆捕猎野生动物，其捕猎速度远远超出野生动物的繁殖速度，商业捕杀造成物种灭绝的例子比比皆是。第二，

① 习近平.论坚持人与自然和谐共生［M］.北京：中央文献出版社，2022：273.
② 在哲学社会科学工作座谈会上的讲话［M］.北京：人民出版社，2016：13.
③ 习近平.论坚持人与自然和谐共生［M］.北京：中央文献出版社，2022：260.

人类社会的快速发展侵占了野生动物的栖息地。人口的增长需要建立居所，社会的发展需要完善交通网络，这些都造成野生动物的栖息地破坏严重，改变了野生动物的生存环境，降低了栖息地的物种承载量。第三，人类的跨区域活动使得物种入侵极为便利。新物种入侵后，因为没有天敌而大量繁衍，破坏了原来的生物链，造成生态失衡。生态系统有自身的运行规律，人类的生存发展更离不开生态系统的稳定繁荣，人类赖以生存的氧气、温度、淡水、粮食等诸多条件都源于生物多样性的维持。一旦生物多样性锐减，势必会打破生态系统原有的平衡，人类也将会遭到自然的惩罚。习近平总书记在昆明《生物多样性公约》第十五次缔约方大会中的讲话指出："生物多样性使地球充满生机，也是人类生存和发展的基础。保护生物多样性有助于维护地球家园，促进人类可持续发展。"[①]人类历史发展的每一个脚步都与多种多样的生物相互影响、休戚与共，我国生态话语也在以保护生物多样性为前提，不断呼吁保护生物多样性就是保护人类自身。

以我国生态之治为生态话语基石。党的十八大以来，中国共产党将生态文明建设推向了新高度，实现了从保护到修复，从制度到实践，从理念到成效的突破与转变。首先，在环境修复方面，习近平总书记指出："保护生态环境就是保护生产力，改善生态环境就是发展生产力。"[②]我国在退耕还林还草、防止水土流失等方面持续发力，启动三北防护林基地建设，实现从"沙进人退"到"人进沙退"的历史性转变，河流水质稳步提升。其次，在制度实践方面，"保护生态环境必须依靠制度、依靠法治"[③]。党的十八大以来，我国生态文明建设顶层设计不断完善，生态环境保护相关法律建设不断健全，生态环保执法力度不断加强。目前我国已经初步形成了覆盖水、土壤、生物多样性等环境因素在内的法制体系，同时不断在执法、司法、守法的各个环节真正贯彻落实相关法律制度，办好环境司法案件，营造全体人民尊法学法守法用法的良好氛围。最后，在生态文明建设成效方面，绿色发展理念已经深入人心，同时也

① 习近平出席《生物多样性公约》第十五次缔约方大会领导人峰会并发表主旨讲话［N］.北京：人民日报，2021-10-13.

② 习近平.论坚持人与自然和谐共生［M］.北京：中央文献出版社，2022：26.

③ 习近平.习近平谈治国理政（第3卷）［M］.北京：外文出版社，2020：363.

为世界环境治理贡献了中国智慧与中国方法。我国生态文明建设取得的成就为我国生态话语的发展奠定基石，也为将事实优势转化为话语优势提出了更高的要求。

以社会主义生态文明为生态话语核心。生态文明是人类社会发展的崭新文明形态，是继原始文明、农业文明、工业文明后的又一发展，创造了人类文明新形态——社会主义生态文明，既是对资本主义工业文明的科学扬弃，更是人类社会进步的必然结果。在人类历史上，每一次技术进步都会大大提高人类的生产力水平，改变世界历史的发展轨迹，每一次文明的变革，都是生产力发展的结果。工业文明创造了巨大的社会财富，极大改变了人们的生活方式，但是也造成了环境污染和资源浪费，威胁到人类的生存和发展。工业文明追求的经济社会发展与生态环境的承载力之间的矛盾日益凸显，迫切需要重视生态文明建设。我国生态话语正是在此背景下，突出生态文明的本质是社会主义，以社会主义生态文明为核心来进行建构的。同时我们要尊重人民群众的主体地位，在丰富生态话语过程中坚持群众立场，充分满足群众的话语需求，并充分反映群众在生态实践中创造的优秀经验和良好做法。

3. 哲学性思维

哲学性思维帮助我们重新审视人与自然的关系，提供保护生态系统的道德和伦理准则，还在我国生态话语发展中具有引领作用。生态话语在新时代的创新构建中展现出注重实践探索、展现历史发展、进行系统分析的鲜明哲学特点。

生态话语表达在创造实践中丰富。作为中国特色社会主义生态实践、生态理论、生态制度最新认识的生动反映与当代表达，我国生态话语体系必须建立在立足实践、反映实践和推动实践的基础之上。立足实践意味着要时刻紧密关注正在进行中的中国特色社会主义生态事业的建设与发展，面向广大群众的实际生产和生活情况，从群众的生态实践中凝练并形成生态话语；反映实践意味着在生态发展实践中必然会涌现出新情况、新问题和新经验，生态话语应及时提供有力解释和描述；推动实践意味着生态话语要进一步回到实践中去，进一步推动生态文明建设的进步与发展，不断创新生态话语的表达方式，不断推动生态文明的发展进程。生态实践发展永无止境，与之相应的生态话语建构也同样如此。我们应准确把握中国与世界发展的总体趋势，深入研究中国生态的实际情况与实际问题，加深对大自然发展规律的认识，并不断为社会主义生态文明建设赋予鲜明的实践特色、民族特色和时代特色，不断丰富和完善我国生态话语表达。

生态话语体系在历史嬗变中发展。任何有影响力的话语体系都需要契合于时代发展的需要，是国家软实力的综合体现。中国共产党在一百多年的生态实践与生态探索中都不同程度地重视生态环境保护工作并形成了各具时代特征的生态话语。社会主义革命和建设时期，我国生态文明建设事业在萌芽中起步，当时我国的生态话语还比较匮乏，主要跟随西方国家的脚步。改革开放和社会主义现代化建设时期，随着经济、科技、社会的不断发展，党中央更加重视生态文明建设，在谋求经济社会发展与生态环境保护两者的平衡问题上，新的生态话语也随之产生。这一时期我国探索的平衡经济社会发展和环境保护相协调的生态话语与国际上主流的可持续发展话语相适应。随着"生态文明"写入党代会报告，我国的生态话语也不断创新，致力于在全球生态治理中发出中国声音，更加明晰了促进生态文明建设的生态话语体系。中国特色社会主义进入新时代以来，不仅形成了博大精深的习近平生态文明建设思想，而且生态文明建设作为一种执政理念，贯穿于全面建成小康社会奋斗目标的具体实践中。这一时期的生态话语，重点回答了"为什么建设生态文明，建设什么样的生态文明，怎样建设生态文明"等一系列问题，创造性地提出实现人与自然和谐共生的现代化，开创了我国生态话语新时代并逐渐成为国际生态话语的引领者。

生态话语逻辑在系统分析中完善。生态话语不仅是对环境问题的反思和回应，也是对人类社会可持续发展的关注和呼唤。中国共产党生态话语体系的形成和演变是时代变迁和实践经验相互交织的产物。它既承袭了马克思主义生态观，又融入了中国特色社会主义的实践创新。中国共产党人对人与自然关系的认识经历了从倡导人与自然的协调发展到推进人与自然的可持续发展，再到统筹人与自然的和谐发展，最后到习近平总书记提出实现人与自然和谐共生这一不断深化发展的几个阶段。从叙事逻辑的角度来看，我国生态话语经历了从简单的线性因果分析到复杂性的因果分析的转变。这一转变展现出对生态问题发生的深层本质和规律探索的不断深入，旨在从根本上解决生态环境问题。从叙述对象的角度来看，中国共产党实现了从对单一要素的关注到对统一的自然整体的关注。整个自然系统是一个有机整体，各个部分相互联系、相互作用。山、水、林、田、湖、草、沙、冰与人一样都是自然系统中不可或缺的重要组成要素。习近平总书记指出："要坚持保护优先，坚持山水林田湖草沙冰一体化保护和系统治理。"[①]这就要求我们树立大局观、全局观，运用系统思维寻求生态文明建设的治理之道。

我国生态话语的创新发展应当遵循开放性原则，用恰当的话语和形式表达中国生态观点和生态立场，在国际关于生态问题的讨论中发出响亮的中国声音。我们应当在继承中华优秀传统生态文化的基础上，学习借鉴各国在处理生态环境问题时的先进经验，为全人类的可持续发展、推动建设清洁美丽世界作出新贡献。需要注意的是，我们绝不能盲目照搬所谓流行概念、分析框架、理论体系，而必须坚持马克思主义的立场、观点、方法，批判地吸收借鉴，遵循人、自然、社会三者和谐共生发展的客观规律，并根据我国国情形成具有中国特色的生态话语体系，不断增强我国话语的科学性和感染力。

---

① 习近平.论坚持人与自然和谐共生［M］.北京：中央文献出版社，2022：198.

第三章

人与自然和谐共生的中国式
现代化的哲学思维

　　西方现代化伴随资产阶级革命和工业革命产生，形成了西方资本主义现代化，但现代化并非只有西方资本主义现代化一种形式，习近平总书记指出："世界上既不存在定于一尊的现代化模式，也不存在放之四海而皆准的现代化标准。"①纵观世界各国现代化发展历程，经济高速增长所造成的环境污染和生态破坏基本不能避免，发达国家历经两百多年的时间先污染后治理、边污染边治理甚至后期进行生态殖民。在我国，生态环境问题的显现与治理的时间相对较短，人与自然关系主线在推进我国现代化进程中的重要性愈来愈凸显。从党的十九届五中全会专门强调的"我国现代化是人与自然和谐共生的现代化"到党的二十大报告明确指出的"中国式现代化是人与自然和谐共生的现代化"，中国式现代化是基于我国具体国情、蕴含着独特生态哲学意蕴的现代化模式。

　　人与自然和谐共生的中国式现代化坚持了历史思维、辩证思维、创新思维、系统思维、底线思维、民本思维等哲学思维。人与自然和谐共生的中国式现代化坚持了历史思维，遵循历史规律，坚持历史分析法，吸取历史教训，总结历史经验来进行生态文明建设；坚持了辩证思维，坚持用普遍联系观点把握生态文明的本质，用辩证发展观指导生态文明的发展，用辩证矛盾观化解生态文明建设中的矛盾；坚持了创新思维，人与自然和谐共生观的创新主要表现在目标原则、生产力理论、制度保障、科学技术创新等方面的创新；坚持了系

---

① 习近平.习近平谈治国理政（第4卷）[M].北京：外文出版社，2022：123.

统思维，用系统治理观、整体发展观和全球生态观来构建山水林田湖草生命共同体、人与自然生命共同体和地球生命共同体；坚持了底线思维，人与自然和谐共生的中国式现代化要紧抓新质生产力"绿线"、恪守生态文明建设"红线"；坚持了民本思维，人与自然和谐共生的中国式现代化要坚持生态为民、生态惠民、生态利民，以满足人民群众的优美生态环境需要为目标，把人民的评判作为检验生态文明建设成效的依据，以充分发挥人民群众在生态文明建设中的主体地位为手段，并为"人类向何处去"这一"时代之问"指明了方向。时代迫切需要我们在整体全面地把握人与自然和谐共生观的基础上，构建、发展和繁荣我国生态文明建设，引领生态文明立足中国、面向世界。

一、历史思维

历史思维是一种注重历史过程、历史规律、历史经验和历史智慧的思维方式，我们要总结历史经验、认识历史规律、把握历史过程、汲取历史智慧，并以此为基础引导未来的发展方向。在推动人与自然和谐共生的中国式现代化的发展过程中，运用历史思维具有重要意义。

（一）遵循历史规律，发展生态文明

习近平总书记指出："生态文明是人类文明发展的历史趋势。"[①]在一百多年的历程中，中国共产党始终坚持历史唯物观和历史辩证观，遵循生态文明建设的历史规律，循序渐进地解决了很多棘手的生态环境问题，生态文明不断发展繁荣。

走向生态文明建设新征程体现了历史唯物观。人类社会文明形态的发展是唯物史观发展规律的客观结果，文明的更替更是生产力快速发展与变革所推动的结果，在马克思主义所揭示的生产力和生产关系相互作用的社会发展规律支配下，文明形态不断更迭，也就是说人类文明形态演进本质上遵循生产力与生产关系的矛盾运动规律。人类文明从历时性发展来看，历经原始文明、农业文明、工业文明的发展。其中，工业文明虽然创造了巨大的社会财富，极大改变了人们的生活方式，但是也造成了环境污染和资源浪费，威胁到人类的生存

[①] 习近平.习近平谈治国理政（第4卷）[M].北京：外文出版社，2022：437–438.

和发展。工业文明追求的依靠生态环境掠夺来实现经济社会快速发展所显现出的矛盾愈演愈烈，生态文明正走向人类文明中心，可以说生态文明是继工业文明之后的更高级的文明形态。在人类历史上，每一次文明形式的演进都伴随着生产工具的变革。原始文明的生产工具主要以石器和火种为主，人类用摩擦取火这个朴素、原始的"机械运动"开启了人类文明的征程。农业文明时期，人类开始使用青铜器、陶器和铁器。恩格斯指出："一切文化民族都在这个时期经历了自己的英雄时代：铁剑时代，但同时也是铁犁和铁斧的时代。铁已在为人类服务，它是在历史上起过革命作用的各种原料中最后的和最重要的一种原料。"[①]到了工业文明，主要以蒸汽机为主要标志，"蒸汽机是第一个真正国际性的发明，而这个事实又证实了一个巨大的历史性的进步"[②]。因此，在此意义上，生态文明的到来也要伴随生产工具的大力发展，也就是生态技术和生态工具的发展。习近平总书记指出："生态文明是工业文明发展到一定阶段的产物，是实现人与自然和谐发展的新要求。"[③]生态文明回应了人民期盼，是对工业文明的科学扬弃，为人类文明发展提供了一种崭新形态。

"生态兴则文明兴，生态衰则文明衰"体现了历史辩证观。纵观人类文明史，生态环境的变化始终深刻影响着人类文明的兴衰更替。古往今来，世界上的各种文明形态的兴衰都与生态环境的兴衰紧密相连。只有尊重保护生态环境，才能使文明繁荣拥有环境空间，人类文明才能兴盛。灿烂的文明之所以最终走向衰落，究其原因，是由于人类破坏了文明所赖以发展的生态环境。例如，古代埃及和古代巴比伦都是因为土地荒漠化而导致自身文明的衰落。在智利向西约3200公里的太平洋深处有一座孤悬的小岛——复活节岛，历史上这里也曾经是林木葱茏、鸟语花香的世外桃源。然而，随着人口不断增加，自然生态的承载能力难以满足人类活动，出现了"人增—地减—粮紧"的矛盾，最终导致复活节岛上的人类文明陷入衰落。习近平总书记结合世界文明发展史，提出"生态兴则文明兴，生态衰则文明衰"[④]，这是结合新时代发展要求、在弘

————————

① 恩格斯.家庭、私有制和国家的起源［M］.北京：人民出版社，1972：160.

② 恩格斯.自然辩证法［M］.北京：人民出版社，1971：92.

③ 习近平.论坚持人与自然和谐共生［M］.北京：中央文献出版社，2022：29.

④ 习近平.习近平谈治国理政（第3卷）［M］.北京：外文出版社，2020：374.

扬生态智慧的基础之上提出来的历史辩证观，将生态文明建设上升到文明发展高度来看待，也进一步增添了与世界互动的时代意义。我国在发展过程中也出现过较为严重的生态环境问题，现在植被稀少的黄土高原曾经森林遍布、山清水秀，由于乱砍滥伐，这些地方生态环境遭到严重破坏。中华文化源远流长、博大精深，有着五千多年的悠久历史，这从根本上源于我国自古以来对人与自然的关系问题的重视。"天人合一"与"和谐共生"的生态整体观、"敬畏生命"与"仁爱自然"的生态伦理观、"取之有时"与"用之有节"的生态管理观、"崇尚节俭"与"永续利用"的生态消费观等都是我国古代生态智慧的集中体现。新中国成立以来，从人定胜天到天人和谐，从绿化祖国到绿水青山就是金山银山，从人与自然的协调发展到人与自然的和谐发展，实现人与自然和谐共生的现代化始终贯穿于中国共产党实现中华民族伟大复兴的历史愿景中。今天，我们站在距离实现中华民族伟大复兴最接近的地方，必须同样坚持生态兴则文明兴、生态衰则文明衰的历史辩证观，深刻认识建设美丽中国是实现中华民族伟大复兴不可或缺的一部分。

（二）吸取历史教训，指导生态建设

习近平总书记指出："历史是最好的教科书。"[1]新中国成立至今，我国生态文明建设走过跌宕起伏的曲折道路，我们曾因追求经济建设而破坏自然、乱砍滥伐，人口过多导致生态环境压力巨大，这为我们当今生态文明建设提供了历史教训。中国共产党认识到，必须正确处理人与自然的辩证关系，实现人口与自然相协调，重视植树造林和绿化建设。

首先，正确处理人与自然的辩证关系，遵循自然规律。中国共产党生态文明建设的过程是对马克思主义人与自然辩证关系理论的继承，同时在理论与实践相结合的过程中不断深化发展马克思主义。马克思主义认为，人来源于自然，不可能脱离自然而独立存在。人类可以在遵循客观规律的基础上发挥主观能动性改造自然，但归根结底人是自然界的一部分，因此保护生态环境本质上就是保护人类自身。中国共产党对人与自然辩证关系的认识经历了从人与自然的协调发展到可持续发展再到和谐发展的阶段，最终习近平总书记提出建设

---

[1] 习近平.习近平谈治国理政（第1卷）[M].北京：外文出版社，2018：405.

人与自然和谐共生的现代化战略，科学地阐释了人与自然的辩证关系，从历史唯物主义的高度对人与自然的辩证关系作了提升。生态文明建设的最终目的并不是简单地"回归自然"，也不是将人与自然分离或对立起来，其目标是实现人与自然的和谐共生，在尊重自然规律和保障生态安全的前提下，发挥人的主体性和能动性。在生态文明的建设过程中，我们需要解决的不只是人与自然之间的关系，更重要的是要解决人与人之间的社会关系的不平衡。比如公平性问题：解决不同地区、不同群体之间在资源分配、环境权益、生态补偿等方面的不公平现象，确保所有人都能享有良好的生态环境；可持续性问题：推动经济社会发展模式的转变，从过度依赖资源消耗和环境污染的方式转向可持续发展的路径，实现经济、社会和环境的协调发展；代际问题：考虑当前行为对后代的影响，确保我们的生活方式和生产方式不会对未来世代的生存和发展造成负面影响。

其次，实现人口与自然相协调，为可持续发展奠基。马尔萨斯认为，由于人口增长速度快于食物供应增长速度，长期来看，人口数量将会超出食物供应的能力，导致资源短缺。今天来看，马尔萨斯人口理论存在很多问题，比如他不认可技术的发展有可能解决人口问题，这使得他的理论在现代来看是过时的。但不可否认的是，他的理论传入中国后引起了广泛关注，为我们思考人口增长与资源限制之间的关系提供了一个重要的视角。如何应对人口结构问题对中国经济发展以及生态文明建设的挑战，是一个非常紧迫的问题。新中国成立初期，我国人口数量大幅提升，这无疑给本就相对紧缺的资源环境雪上加霜，自然生态的承载压力激增。面对我国"人口多、底子薄"的现实情况，毛泽东倡导实行计划生育政策，并指出"将来要做到完全有计划的生育"①。20世纪80年代，计划生育被定位为基本国策。计划生育政策虽然在一定程度上减缓了中国人口的增长速度，但是人口、资源、环境之间的问题却很难在短时间内得到解决，主要表现在人口素质有待提高、资源环境承载能力有限等问题。实现人口与自然相协调，是可持续发展的基础和前提。但是我们要注意的是，对计划生育政策的理解不能趋于狭隘，我国已经实行了40多年的计划生育，公众对

---

① 毛泽东文集（第7卷）[M].北京：人民出版社，1999：308.

计划生育的基本理解是"限制生育"或"控制生育"。实则不然，"计划生育"
不等同于"只生一个好"，更不等同于"限制生育"和"控制生育"，它依然
是"有计划的"。为积极应对人口老龄化，党的十八届三中全会《中共中央关
于全面深化改革若干重大问题的决定》提出，坚持计划生育的基本国策，逐步
调整完善生育政策，促进人口长期均衡发展。2013年、2015年，单独两孩、
全面两孩政策先后实施。2021年5月31日，中共中央政治局召开会议，会议指
出，进一步优化生育政策，实施一对夫妻可以生育三个子女政策及配套支持措
施。这些决策将为我国转变发展方式、培育经济持续健康发展新优势，准备了
更为有利的人口条件。有的人会担心放开生育控制会对我国资源环境保护等带
来不利影响，但是"人口不是开启一切社会问题的钥匙"，资源环境压力虽然
与人口数量有关，但人口不是唯一决定性因素，与生产和生活方式更是息息相
关。我们不能抛开人口质量与人口红利，只谈论数量问题。人口作为社会经济
发展的主体，其数量、结构和分布对自然资源、生态环境、科技进步和经济社
会发展都会产生根本性影响。

最后，重视植树造林和绿化建设，为绿色发展奠基。中国共产党历代领
导人都十分重视植树造林，这反复证明了共产党人的绿色情怀和绿色梦想。新
中国成立初期，党和国家领导人高度重视林业发展，对林业的重要性有着较
为深刻的认识。1956年3月，毛泽东提出"绿化祖国"的口号，要使祖国的河
山全部绿化起来，开启了共产党人坚持不懈的绿色征程。他不仅发出了"绿化
祖国"的伟大号召，还形成了一系列在至今看来仍然科学自然、行之有效的
毛泽东林业思想，他反复强调"农林牧，一个动物，一个植物，是人类少不
了的"[①]。以邓小平同志为核心的党的第二代中央领导集体将每年的3月12日
确定为国家的植树节，他指出"植树造林，绿化祖国，造福后代"[②]，并注重
林业建设和法制建设相结合，通过《中华人民共和国森林法（试行）》《草原
法》《自然保护区条例》，持续推动林业建设进入法制化轨道。此外，在这一
时期，中国共产党高度重视三北防护林体系建设工程，开创我国生态工程建设

---

① 毛泽东论林业（新编本）[M].北京：中央文献出版社，2003：53.
② 邓小平文选（第3卷）[M].北京：人民出版社，1993：21.

的先河。以江泽民同志为核心的党的第三代领导集体致力于解决由于长期毁林开垦所导致的长江、黄河上中游地区的严重水土流失问题，提出"退耕还林、封山绿化"战略，向全党全国发出了"再造秀美山川"的号召。新世纪新阶段，胡锦涛在参加植树活动时强调：要在新的起点上进一步推进植树造林工作，坚持依靠群众、依靠科技、依靠改革，不断提高生态文明建设成效，努力促进经济社会可持续发展。新时代新征程，习近平生态文明思想深入人心，"绿水青山就是金山银山"的"两山论"从根本上提供了新的绿色发展观。重视植树造林和绿化建设，对于推动绿色发展、建设生态文明、实现可持续发展具有极其重要的意义。植树造林和绿化建设不仅能够改善生态环境、提升生态系统服务功能，还能够促进经济社会的全面发展。首先，植树造林和绿化建设能够促进生态环境的改善。树木能够固碳、净化空气、保持水土、减少土壤侵蚀，对于缓解气候变化、改善区域微气候、保护生物多样性具有显著效果。其次，植树造林和绿化建设是生态系统的恢复与重建的重要任务。大规模的植树造林活动能够恢复和重建退化的生态系统，提升生态系统的稳定性和抵抗力，为人类和其他生物提供良好的栖息环境。第三，植树造林和绿化建设是绿色发展的重要基石。绿色植被不仅美化了城乡环境，提升了居民的生活质量，还能够促进生态旅游、绿色建筑等绿色产业的发展，推动经济结构的优化升级。最后，绿色空间的增加有助于提高居民的健康水平，减少城市热岛效应，改善城市居民的生活环境。

（三）总结历史经验，展望生态未来

通过中国共产党一百多年生态文明建设的历程，总结生态文明建设的历史经验，对于实现人与自然和谐共生的现代化具有十分重要的理论和实践价值。在探索生态文明建设的历程中，中国共产党形成了全面加强党对生态文明建设的领导，牢固树立以人民为中心的发展理念，始终坚持以马克思主义指导生态文明建设的宝贵经验，对未来生态文明建设提供指引。

首先，全面加强党对生态文明建设的领导。在全国生态环境保护大会上，习近平总书记强调，建设美丽中国是全面建设社会主义现代化国家的重要目标，必须坚持和加强党的全面领导。新时代生态文明建设要坚持党的全面领导，这是实现美丽中国目标的必然要求和根本保证，位列习近平生态文明思想的"十个坚持"之首，充分体现出我国集中力量办大事的制度优势。正是在党的领导下，我国在生态文明建设方面取得了举世瞩目的成就，中国人民战胜了一次又一次困难，创造了中国生态奇迹。习近平总书记从战略全局的高度指出党在生态文明建设中的统领地位，在为中国人民谋幸福、为中华民族谋复兴的初心与使命中不断推动生态环境保护事业的发展与壮大。生态环境保护能否落到实处，关键在领导干部。要制定明确的领导干部责任制度、建立全面的监督和责任追究机制、实施奖惩分明的政策、提升领导干部的环保意识和能力，建立覆盖全面、权责一致、奖惩分明、环环相扣的责任体系。唯有继续坚持党的绝对领导，才能在生态文明建设领域夺取更大的胜利。历史和实践充分证明，坚持党的领导才能永葆党的生命力与战斗力，彰显中国特色社会主义的优势。

其次，牢固树立以人民为中心的发展理念。无论是生态文明建设中的杰出贡献者还是日常生活中的普通节约者，都源自人民群众。随着社会经济的发展，人民的需求从基本的温饱转变为对生态环境的期待。当前，环境就是民生观念深入人心，我国不断推进经济社会发展与生态环境保护相协调，就是要不断满足人民群众对美好生活的向往，既包括人民群众对物质条件的满足也包括对美好生态的满足。生态环境的好坏事关人民生活质量和幸福指数，因此要将人民群众的生存环境状况是否得到切实改善作为检验生态文明建设成效的关键，关注人民群众日益增长的优美生态环境需要和影响人民群众幸福感提升的突出问题。我国正处于经济发展机遇期、满足人民美好生活需要关键期与生态文明建设紧迫期三期相叠加，党中央为保障人民群众的基本生存权益，着力解决突出的环境问题，让人民群众能够喝上干净的水、呼吸新鲜的空气、吃上放心的食物，同时提出"生态文明是人民群众共同参与共同建设共同享有的事业"①。自然生态是公共产品，与每一个人的生存发展紧密相关。在治理环境问题时，要充分调动人民群众的积极性、主动性与创造性，发挥人民群众在生态文明建设中的主体地位，人人参与美丽中国建设，这也体现了从群众中来，到群众中去的群众路线。

最后，始终坚持以马克思主义指导生态文明建设。"学习马克思，就要学

---

① 习近平.习近平谈治国理政（第3卷）[M].北京：外文出版社，2020：362.

习和实践马克思主义关于人与自然关系的思想。"①中国共产党在探索生态文明建设的过程中，始终坚持马克思主义指导地位并在实践中不断发展，最终形成了中国特色社会主义生态理论，为生态文明建设提供强有力的行动先导。一方面，继承和发展马克思主义的辩证自然观，正确认识人与自然的辩证关系。人是自然界的一部分，"人靠自然界生活"②，自然界不仅为人类提供生活资料来源，也提供生产资料来源。恩格斯指出："我们统治自然界，决不象征服者统治异民族一样，决不象站在自然界以外的人一样，——相反地，我们连同我们的肉、血和头脑都是属于自然界，存在于自然界的；我们对自然界的整个统治，是在于我们比其他一切动物强，能够认识和正确运用自然规律。"③习近平总书记指出："当人类友好保护自然时，自然的回报是慷慨的；当人类粗暴掠夺自然时，自然的惩罚也是无情的。"④另一方面，继承和发展马克思主义的绿色发展观，全面推动绿色发展。习近平总书记反复强调"绿色发展是生态文明建设的必然要求"，"推动形成绿色发展方式和生活方式，是发展观的一场深刻革命"，"中国坚持走生态优先、绿色低碳的发展道路"。中国共产党始终坚持人口、资源、环境协调推进的绿色现代化，坚持低碳发展、循环发展，充分发挥绿色科技、绿色管理、绿色生产力等在绿色发展理念指导下的实践方式的作用。

二、辩证思维

唯物主义辩证法深刻揭示了物质世界的普遍联系和永恒发展的基本规律，强调世界上的一切事物都处于相互联系和相互作用之中，没有任何事物是孤立存在的。同时，这些事物都在不断地运动、变化和发展之中，发展是物质世界的根本属性。在人与自然的关系问题上，唯物主义辩证法认为人与自然不是对立的，而是相互联系、相互依存的。自然环境为人类提供了生存和发展的

① 习近平.在纪念马克思诞辰200周年大会上的讲话［N］.北京：人民日报，2018-5-5.

② 马克思恩格斯文集（第1卷）［M］.北京：人民出版社，2009：161.

③ 恩格斯.劳动在从猿到人转变过程中的作用［M］.北京：人民出版社，1971：11.

④ 习近平.习近平谈治国理政（第4卷）［M］.北京：外文出版社，2022：435.

物质基础，人类的实践活动又不断地改变着自然环境，这种相互作用和相互影响体现了人与自然的普遍联系。习近平总书记高度重视辩证思维在处理人与自然关系中的作用，他明确指出，我们要"坚持人与自然和谐共生"，并强调这是"中华民族永续发展的千年大计"。这就要求我们，必须提高辩证思维能力，用联系和发展的眼光看待人与自然的关系，实现人与自然的和谐发展。

（一）用普遍联系观把握事物本质

人与自然之间的辩证关系体现了物质世界的普遍联系和永恒发展。自然是人的无机身体，为人类的生存和发展提供了物质基础和生活资料；而人则是自然界的有机身体，具有主观能动性和主体性。这种相互联系的关系中，自然界居于优先地位，离开了自然，人类的生存和发展将难以为继，人类自身的主观能动性和主体性也将失去意义。因此，我们必须认识到人与自然的辩证关系，尊重自然、保护自然，而不是人类掠夺自然、征服自然，以实现人与自然的和谐共生，推动人类社会的可持续发展。

"自在自然"指人类活动尚未作用过的自然界，包括人类世界出现之前的自然界和人类世界产生之后但人类活动尚未涉及的那部分自然界。劳动实践成为连接人与自然的纽带，自然由"自在"走向"人化"。从人类历史发展过程来看，自然的人化经历了三个基本阶段。第一阶段是远古时代的直接利用。此时人类社会还处于原始阶段，生产力水平较低，主要依靠狩猎、采集等简单劳动生产方式直接利用自然。这个时期的人类对自然的影响相对较小，主要是被动适应自然环境。第二个阶段是古代农业的局部性改造。随着农业的出现和发展，人类开始通过耕种、畜牧等方式对自然进行局部性的改造和利用。农业的发展使人类能够定居并建立更复杂的社会结构，人类对自然的影响逐渐增大，但仍然受到自然规律的较大制约。第三个阶段是近现代的全面支配和重组。工业革命以来，随着自然科学和工业生产技术的迅猛发展，人类对自然的改造能力大大增强。工业化和城市化进程加速，人类开始对自然进行全面的支配和重组，包括大规模的土地开发、资源开采、能源利用和环境污染等，人类活动对自然环境产生了深远的影响，也带来了诸多环境问题。

（二）用辩证发展观指导生态发展

生态文明建设中要用辩证发展观全面、联系、发展地看待和分析相关问题，处理好人口增长与资源环境的承载能力、社会生产力与自然生产力这两对范畴之间的关系，坚持人口增长与资源环境承载力相协调，统筹社会生产力和自然生产力的平衡发展。

协调人口增长与资源环境的承载能力。人类社会不断进步，每一种文明的建立都需要资源能源作为基础，人类文明不断发展的代价是对自然的野蛮与掠夺。然而，人类能够持续发展的前提是让人与自然处于一种和谐的关系。地球所承载的巨大的人口数量以及人类社会发展需要消耗极大的资源能源，造成了资源能源相对短缺，同时，环境污染严重和自然修复能力降低也进一步加剧了这一危机。人类所需的自然资源主要有土地、淡水等，这是人类基本的生存条件的保证。然而，人口的快速增长使得粮食和淡水需求量迅速加大的同时，土壤污染和水污染又使得自然资源更加紧缺，资源环境危机就此产生。就我国而言，总体上来说是一个自然资源较为短缺的国家。一方面，我国的人均自然资源占有量相对较少，人均森林面积仅占世界平均水平的六分之一，人均矿产资源也只有二分之一，耕地、草原、淡水资源等人均占有量均达不到世界平均水平。另一方面，我国表现出总体资源的结构性短缺、同类资源的结构性短缺以及开发条件的结构性短缺等问题。总体资源的结构性短缺指的是只有煤炭和一些需求较少的金属和非金属资源较为丰富，而一些经济建设需求较大的资源储量相对少。同类资源的结构性短缺表现在能源方面就是石油、天然气等优质能源大多依赖进口，在能源拥有量中占比较小。开发条件的结构性短缺主要是指铁、磷等资源虽然比较丰富，但是受条件的限制，开发的成本较高。人口数量过多不仅会使本就短缺的资源雪上加霜，并且也会给生态环境造成巨大的压力。新中国成立之时，在相对稳定的环境下，我国人口数量激增，给资源环境造成了巨大的压力。随着计划生育政策的实施开展，我国的人口数量得到了控制，但是由于基数较大，人口数量过多所造成的压力依然存在，具体表现在人口老龄化严重、人口整体素质依然要继续提升，住房、就业、社会保障等方面状况紧张。我们应从资源环境承载力方面进一步调整人口容量，和谐人口与资源环境的关系。一方面，既要控制人口增长速度，提高人口基本素质，让资源环境满足人民群众的基本需求的同时，也要调节人民群众的住房、就业、医疗、教育等生存权益的发展。另一方面，还要提高资源的利用率，爱护资源环境，建立资源循环利用体系，不断降低和防治环境污染。

统筹社会生产力与自然生产力的平衡发展。马克思在其著作中多次强调人们改造自然的社会生产力，但是他从来不只是从人的劳动力与创造力这一方面来狭义地理解生产力，还强调自然的创造力和生产力，因此生产力应包括自然生产力和社会生产力这两个方面。在实现人与自然和谐共生的过程中，经济社会建设要加快发展生态生产力。生态生产力体现在对社会生产力的优化，包括物质生产力、精神生产力和人口生产力，体现的是人类利用自然、改造自然的能力；也体现在对自然生产力的优化，包括自然保护、生态恢复、环境污染治理等。在发展社会生产力时，我们要以生态科技为支撑，以循环经济、绿色经济为基本发展模式，着眼于解决我国目前面临的生态恶化、资源枯竭等问题，以实现人与自然和谐共生为目标，主张在开发和利用自然的基础上对生态环境进行保护。在发展自然生产力的过程中，我们要给予自然充足的时间和空间，实现自然的修复，还要注重对环境污染的预防和治理，提高保护自然的意识和能力。从统筹社会生产力和自然生产力两个方面着手，促进生态生产力的发展。

（三）用辩证矛盾观化解生态矛盾

矛盾观是把握人与自然关系的基本观点，坚持从统一中把握对立，从对立中把握统一。人与自然是一个对立的矛盾统一体，正确处理人与自然之间的矛盾，抓住重点和关键的问题进行解决，能够实现两者的和谐统一。矛盾观体现了人与自然之间的对立性和统一性，更重要的是破除对立走向统一是人与自然关系的价值诉求。

人与自然首先是对立性的存在。自然界作为一种先于人类存在的客观实在，具有超越人类的优越性，其内在创造力使得大自然呈现出纷繁复杂、千姿百态的景象。人类作为自然界的子系统，既是自然存在物，又具有理性的能动性。人类通过实践活动改造自然，以实现自身的力量。然而，随着人类自我意识的发展和改造能力的增强，人类对自然的控制欲望不断膨胀，导致人类与自然的关系日益紧张。把人凌驾于自然之上，自然被看成是为人类所用的工具性存在，塑造出的只是片面的和异化的人性。人与自然更是统一性的存在。人的存在与自然的在场互为意义，一旦这种在场性被剥夺，人对于自然的理解就可能变得抽象和概念化，反之亦然。自然界在没有人类的情况下，虽然保持着物质存在的客观性，但却缺乏了主体性，即缺乏能够主动与自然界互动的主体。同样，人类如果脱离了自然界，就会失去客体性，即失去能够作为人类认识和实践活动对象的外部世界。作为认识主体的人与作为认识客体的自然之间相互介入、相互交往、相互协调，在人与自然的关系中，不能将两者变成"主人"与"仆役"的关系，只片面地强调人的主体作用和地位，而不能客观、辩证地看待人与自然的真实关系。自然界系统无时无刻不在发生着复杂的内部相互作用，人类处于自然系统之中，也在自然层面乃至社会层面上发生着复杂的相互作用。

破除对立走向统一是人与自然关系的价值诉求。在不同历史时期，人们对于自然的态度不同，展现了不同的自然观，原始文明的自然观表现为神秘自然观，农业文明的自然观表现为崇拜论自然观，工业文明的自然观表现为征服论自然观。这体现了唯物辩证法的否定之否定这一基本规律，揭示了人与自然辩证发展的道路和总趋势。现代社会伴随着生态危机的全面爆发，摒弃对立，追求和谐共生，实现人与自然和谐共处成为共同价值追求。

三、创新思维

党的十八大以来，习近平总书记以对中华民族和子孙后代高度负责的使命和担当，以对全世界人民高度负责的情怀和责任，以创新为导向，科学研判目前我国生态文明建设的形式与任务，提出建设人与自然和谐共生的现代化，这本身就是理论上的巨大创新。除此之外，创新思维已经融入人与自然和谐共生现代化建设的方方面面。习近平总书记提出将生态文明建设融入政治、经济、文化、社会建设全过程，体现了目标原则的创新；保护环境就是保护生产力，改善环境就是发展生产力，体现了生产力理论创新；实行最严格的生态环境保护制度，体现了制度保障创新；形成绿色发展的战略支撑，体现了科学技术的创新。

（一）目标原则创新：将生态文明建设融入全过程

面对资源约束趋紧、环境污染严重、生态系统退化的严峻形势，我们必须加快推进生态文明建设，将生态文明建设融入经济建设、政治建设、文化建设和社会建设的全过程，用人与自然和谐共生观指导发展，坚持走可持续发展、绿色发展的道路。

第一，推进绿色发展，将生态文明建设融入经济建设。解决生态环境问题本质上是转变发展方式的问题，将生态文明建设融入经济建设，最主要的是实现经济活动的"绿色化"，发展绿色经济。在国家层面，要加快规划主体功能区划，按照生态文明的理念和原则对产业布局进行优化，实现产业合理布局。在企业层面，要制定和完善产业发展规划，优化产业结构，淘汰高污染、高耗能的落后产能，以节能减排为抓手，提升产业附加值，发展战略性新兴产业和循环经济，推动产业转型升级。另外，经济制度设计对于生态文明建设融入经济建设的作用至关重要，环境经济政策是不可或缺的。环境经济政策在充分尊重经济规律的基础上，运用价格、财政、保险、税收等经济手段，调节或影响市场主体的行为，实现经济建设与环境保护协调发展，保障生态文明建设有效融入经济建设。

第二，加强生态文明顶层设计，将生态文明建设融入政治建设。我国社会主义事业的发展布局从"两个文明"发展到"三位一体"再到"四位一体"，最终拓展到"五位一体"总体布局，充分展现了中国共产党对生态文明建设重要性认识的逐步深化。党的十九大提出加快生态文明体制改革，建设美丽中国；十三届全国人民代表大会一次会议通过了《中华人民共和国宪法修正案》，生态文明被历史性地写入宪法；党的十九届四中全会提出坚持和完善生态文明制度体系；党的十九届六中全会指出，党从思想、法律、体制、组织、作风上全面发力，全方位、全地域、全过程加强生态环境保护。生态文明体制改革顶层设计逐步完善，有利于推进人与自然的和谐共生现代化的实现。同时，通过加强环境政治问责，对环境污染和生态破坏事件实行严格的责任追究制度，确保政治责任与生态保护相结合；推动绿色政治文化，提升政治领导者和公务员的环保意识和责任感，形成绿色政治文化；加强生态环保机构的职能和权力，提高其在政府决策中的地位和作用，确保生态环境保护的有效实施等措施将生态文明建设切实融入政治建设中。

第三，提高生态文明意识，将生态文明建设融入文化建设。生态意识是人民群众热爱自然、保护自然的具体行为，是实现可持续发展的绿色生产观，也是促进人与自然和谐共生的价值观念。提高生态文明意识，将生态文明建设融入文化建设，是推动全社会形成绿色发展方式和生活方式的重要途径。环境教育、公众宣传、企业文化、传统智慧、现代文化创作、文化产业、法律法规、政策支持、社区参与、志愿服务以及国际交流合作等方面的工作，都是不可或缺的。通过在中小学及大学教育中加强环境教育，在网络、媒体等多种渠道普及生态文明知识，鼓励企业将生态文明理念融入企业文化和生产经营中等一系列举措，将生态文明理念深入人心，使每个人都成为生态文明建设的参与者和推动者。同时，将生态文明建设融入文化建设，可以更好地传承和发扬我国传统文化中的生态智慧，为现代生态文明建设提供丰富的文化资源和思想支持。在此基础上，我们要加强法律法规和政策支持，为社会实践提供明确的指导和保障。此外，社区参与和志愿服务也是推动生态文明建设的重要力量，通过广泛动员和组织公众参与，形成全社会共同关注、共同参与的良好氛围。最后，国际交流合作可以帮助我们学习借鉴其他国家的成功经验，同时也可以提升我国在全球生态文明建设中的影响力和贡献。提高生态文明意识，将生态文明建设融入文化建设，这是一项系统工程，需要全社会共同努力、共同推动我国生态文明建设取得更为明显的成效。

第四，满足人民群众环境需求，将生态文明建设融入社会建设。生态文明建设融入社会建设的核心内容就是改善民生，满足人民对美好生活环境的需要，这也是构建和谐社会、实现可持续发展的基础。生态文明建设不仅关乎自然环境和资源的保护，更是一种全新的社会发展模式，它要求我们在社会建设中充分考虑到生态环境的因素，推动社会体制与生态文明建设相互促进、相互支持。其一，要保障人民群众的基本生存权益，喝上干净的水、呼吸新鲜的空气、吃上放心的食物是最基本生存保障。坚持生态为民、生态利民、生态惠民，就要着力解决影响人民群众生产生活的突出环境问题。其二，政府要提高社会组织和公众在建设生态文明中的地位和作用；完善政府信息公开制度，厘清信息公开的渠道、内容、方式方法，让公众有环境知情权、监督权。其三，培养生态环保的消费方式，将绿色低碳消费方式贯穿人民群众生活的点点滴滴，在全社会形成处处讲节约的良好风气，节约每一滴水、每一张纸、每一度电，大力提倡节俭消费，开展"光盘行动"，改变"一次性消费"。其四，开展生态文明示范城市、示范村镇等创建活动，推广先进经验和做法。关注环境正义和公平问题，保障弱势群体在环境决策中的参与权和表达权。

（二）生产力理论创新：环境就是生产力

党的十八大以来，习近平总书记提出环境就是生产力这一新观点，"保护环境就是保护生产力，改善环境就是发展生产力"[①]。这一论述深刻阐释了生态环境与生产力之间的关系，是对马克思主义生产力理论的创新与发展，体现了保护与开发并重以及人与自然和谐共生的辩证思维，对于指导我国经济社会发展、生态环境保护意义重大。

一方面，保护生态环境就是保护生产力。生产力理论作为马克思主义的重要组成部分，是人类在实践过程中所积累的经验总和。传统生产力理论认为，人与自然是主客二分的，人作为主体、大自然作为客体存在，自然的存在价值就是为人类提供发展所需要的资源能源。在马克思恩格斯时代，生产力大多指的是适应社会发展需要的劳动生产力，但是他们也指出资源环境是发展生产力的必备条件和基础要素，一旦离开自然生态提供的物质基础，生产力也将无法发展。"没有自然界，没有感性的外部世界，工人什么也不能创造"[②]，这表明离开自然生态环境的支持就不可能产生先进的生产力。习近平总书记指出的"绿水青山就是金山银山"是在马克思主义生产力理论的基础之上，对其进一步创新发展的生态哲学阐释，深刻揭示了经济发展与环境保护之间的辩证关系，为我国在新时代实现更高质量和可持续发展指明了方向。生态环境的好坏直接影响经济社会能否实现可持续发展，资源节约、环境保护都是生产力发展的重要内容，良好的生态环境能够提供树木、淡水、新鲜空气等自然资源，为人类提供良好的生活环境，满足人民群众对优美生态环境的需要。生态环境就是生产力，这个道理既蕴含在古今中外的生态教训中，又抓住了生态文明建设的根本，破除"唯GDP论"的错误认识，不断完善生态文明制度体系。生态环境用之不觉，失之难存，我们必须运用保护环境就是保护生产力这一思想的指导，促进人与自然和谐共生。

---

① 习近平.习近平谈治国理政（第2卷）［M］.北京：外文出版社，2017：209.
② 马克思恩格斯文集（第1卷）［M］.北京：人民出版社，2009：158.

另一方面，改善生态环境就是发展生产力。党中央一直十分重视生态环境改善对生产力发展的作用，随着经济社会的发展，我国出现了资源相对紧缺、环境污染严重等情况，生产力的发展必然受到制约。资源节约、环境保护都是生产力发展的重要内容，生态环境的质量对人类社会的生产发展影响是潜在的、长期的、持续的。如果将生态环境改善，"生态就会变成摇钱树，田园风光、湖光山色、秀美乡村就可以成为聚宝盆，生态农业、养生养老、森林康养、乡村旅游就会红火起来"[①]，这表明自然作为生产力要素也可以实现增值。同时，生产力在资源的良性循环利用之下也会得到长足发展，比如涵养更多的森林、草原、湖泊等自然资源，更好地缓冲人类生产生活对自然环境造成的影响等。在生态文明建设中，生态生产力的发展十分重要，只有避免环境破坏，高效率地利用自然资源，不断发展生态生产力，才能达到经济社会的可持续进步。

（三）制度保障创新：实行最严格的生态环境保护制度

实行最严格的生态环境保护制度是人与自然和谐共生观在制度保障上的创新。我国生态环境领域存在的一些问题难以解决，归根到底是体制机制存在一些问题。法制建设不是一蹴而就的，而是在中国共产党的领导下逐步探索趋于完善的。"将环境资源问题纳入法治轨道是依法保障人民群众环境权益、保障社会经济绿色发展的内在需要"[②]，生态环境领域立法呈现出制定修改节奏加快、覆盖面越来越广的特点。

在立法形式上，生态环境法律体系得到重构，统筹立、改、废、纂等多种形式。环境立法为生态环境保护提供法律保障，"保护生态环境必须依靠制度、依靠法治"[③]。从环境立法开始起步到不断推进生态法治建设，再到新时代中国特色社会主义时期实行最严格的生态环境保护制度，我国环境立法不断完善，进而保障生态文明的永续发展。在"立"的方面，先后制定了深海海底区域资源勘探开发法、核安全法、生物安全法等十部生态环境保护法律。在

---

① 习近平.论坚持人与自然和谐共生［M］.北京：中央文献出版社，2022：191.

② 李景豹.乡村环境治理的司法保障路径探析［J］.中国高校社会科学，2020，（03）：135-147+160.

③ 习近平.习近平谈治国理政（第3卷）［M］.北京：外文出版社，2020：363.

"改"的方面，修订宪法，2018年宪法修正案将新发展理念、生态文明建设、美丽中国建设写入其中；完善了生态环境"基本法"，将生态文明建设必须遵循的基本理念、基本原则、基本制度以法律形式确立下来，也被称为"史上最严"的环境保护法；民法典将绿色原则确立为民事活动的基本原则并设专章，规定环境污染和生态破坏责任；刑法降低了环境与资源保护犯罪入罪门槛；还多次修订海洋环境保护法、大气污染防治法、野生动物保护法等。在"废"的方面，2021年新制定噪声污染防治法后，同时废止了1996年制定的环境噪声污染防治法。在"纂"的方面，认真贯彻落实习近平总书记"要总结编纂民法典的经验，适时推动条件成熟的立法领域法典编纂工作"的重要指示精神。

在立法领域上，不仅完善了生态环境单项法，还创新流域、区域生态环境立法。一是完善生态环境单项法，既包括大气、水、土壤、固废、噪声、放射性等污染防治领域的专门法律，也包括湿地保护、生物安全等生态要素方面的法律；二是创新流域、区域生态环境立法，针对特殊地理、特定区域或流域的生态环境保护开展立法，包括制定长江保护法、黄河保护法、黑土地保护法以及青藏高原生态保护法，支持京津冀、长三角、白洋淀流域协同立法。

在党内法规建设上，生态环境党内法规建设加快推进，为推进党中央决策部署落地见效提供了坚强有力的制度保障。党的十八大将"中国共产党领导人民建设社会主义生态文明"写入党章，党的十九大又在党章中增加了"增强绿水青山就是金山银山的意识"内容。除此之外，还制定并实施了中央生态环境保护督察、党政领导干部生态环境损害责任追究等专项党内法规，推动落实生态环境保护"党政同责、一岗双责"。

（四）科学技术创新：形成绿色发展的战略支撑

党的十八大以来，依靠科技创新来建设美丽中国成为生态文明建设的精神内核和重要价值理念。习近平总书记在全国科技创新大会、两院院士大会、中国科协第九次全国代表大会上的讲话中指出："依靠科技创新破解绿色发展难题"[①]。当前我国生态文明建设迫切需要依靠科技发展来解决时代难题。其一，虽然新时代我国生态环境明显改善，但是目前在一些重点区域、重点行

---

① 习近平. 论坚持人与自然和谐共生［M］. 北京：中央文献出版社，2022：145.

业仍然存在较为突出的生态污染问题，突发环境问题依然居高不下。在重点区域、重点行业实现突破要依靠科技赋能实现产业转型升级，实现生态环境保护，不断凸显科技在生态生产力发展中的作用。其二，习近平总书记在二十大报告中指出："实现碳达峰碳中和是一场广泛而深刻的经济社会系统性变革。立足我国能源资源禀赋，坚持先立后破，有计划分步骤实施碳达峰行动。"①碳达峰、碳中和是我国经济社会全面绿色发展的重大战略机遇，要保证2030年达到碳达峰，2060年实现碳中和，对科技创新领域提出了更高的要求，应围绕清洁能源、产业转型进行原创性、引领性的创新。其三，"绿色一带一路"的建设也需要科技创新体系的构建。当今世界各国都在迫切地寻求应对资源短缺、解决环境恶化的新方式与新出路，在推进"绿色一带一路"的过程中，更需要通过生态环境科技创新体系建设，搭建国际合作平台，开展跨国界的生态环境研究，寻找解决全球生态环境问题的途径与方法。

习近平总书记指出："绿色发展是生态文明建设的必然要求，代表了当今科技和产业变革方向，是最有前途的发展领域。"②推动绿色发展，最重要的是抓住科学技术创新这个关键。一是科技创新可以提高资源利用效率，推动资源利用方式的根本转变，通过研发新技术、新工艺，提高资源的提取、转换和使用效率，减少资源浪费。高效节能技术的应用可以大幅降低能源消耗，循环经济技术则可以实现废弃物的减量和资源化利用。同时，科技创新是推动能源结构转型的重要力量。通过研发太阳能、风能、生物质能等清洁能源和可再生能源技术，可以减少对化石能源的依赖，降低温室气体排放，促进能源的绿色低碳转型。二是科技创新在环境保护和修复方面发挥着关键作用。污染治理技术的进步可以有效处理工业废水和废气，减少污染物排放；生态修复技术可以恢复受损的生态系统，提升生态环境质量；通过研发绿色产品和技术，如环保材料、节能设备、低碳交通工具等，可以创造新的经济增长点，引导消费者向绿色、可持续的消费方式转变，促进产业结构的优化升级，实现经济的高质量

---

① 习近平.高举中国特色社会主义伟大旗帜 为全面建设社会主义现代化国家而团结奋斗——在中国共产党第二十次全国代表大会上的报告［M］.北京：人民出版社，2022：51.

② 习近平.论坚持人与自然和谐共生［M］.北京：中央文献出版社，2022：145.

发展。三是科技创新提供了更加精确和高效的环境监测和管理手段。卫星遥感技术、大数据分析等现代信息技术的应用，可以实现对生态环境的实时监控和科学管理，提高环境决策的准确性和有效性。我们要实现科学技术创新，形成绿色发展的战略支撑就要通过构建绿色技术创新体系、完善绿色技术创新创业链、推进环境科技管理政策创新等途径。我们应加快构建绿色技术创新体系，着力培养绿色技术创新龙头企业，推动中小企业深度参与绿色技术研发；培育绿色消费市场，积极引导人们践行绿色生活方式和消费方式，倒逼企业提高绿色创新能力。完善绿色技术创新创业链，鼓励科研院所和高校围绕绿色创新技术培育人才，开展绿色技术的预见和预测，修订完善绿色技术标准。推进环境科技管理政策创新，加强绿色技术创新，加强科技、生态环境等相关部门的环境科技管理协同创新，完善绿色金融等经济手段的互动机制。

四、系统思维

党的二十大报告指出："必须坚持系统观念。万事万物是相互联系、相互依存的。只有用普遍联系的、全面系统的、发展变化的观点观察事物，才能把握事物发展规律。"[①]党的十九届六中全会公报也指出："必须坚持党的基本理论、基本路线、基本方略，增强'四个意识'，坚定'四个自信'，做到'两个维护'，坚持系统观念。"[②]坚持系统观念已经成为党的基本理论、基本路线、基本方略和科学思路方法，这是中国共产党在理论工作上的重大创新与突破。系统思维是一种综合分析整体事物的思维模式，它强调构成事物的各种因素相互依赖和作用，形成一个具有特定功能的有机整体。自然界是一个包罗万象的有机整体系统，人类只是其中的一部分。各个构成要素相互关联，人与自然、生物与环境共同构成了自然界这个更大的整体系统。系统思维强调，虽然整体的功能大于部分之和，但必须注重各个要素之间的协调发展，发挥系统的最大功能。只有妥善处理自然界各组成部分之间的关系，才能维护自然的整体

① 高举中国特色社会主义伟大旗帜 为全面建设社会主义现代化国家而团结奋斗——在中国共产党第二十次全国代表大会上的报告 [M]. 北京：人民出版社，2022：20.

② 中共十九届六中全会在京举行 [N]. 北京：人民日报，2021-11-12.

性和系统性。自然界的各个要素虽然功能各异，但它们的组合构成了一个相互影响、相辅相成的生命共同体系统。如果破坏了自然中的任何一个要素，都会对整体系统产生连锁反应，影响其他部分。因此，系统思维对于理解和解决环境问题，促进人与自然的和谐共生具有重要意义。

（一）系统治理观：山水林田湖草是生命共同体

在系统治理方面，人与自然和谐共生的现代化建设要从生态系统整体性出发，统筹山水林田湖一体化保护和修复，坚持"一揽子举措推动整治一盘棋"，在生态文明建设中一体推进、综合施策，形成生态文明建设的"四梁八柱"。

以系统思维推进生态文明建设，统筹山水林田湖草沙冰进行系统治理。唯物辩证法认为，世界上万事万物处于普遍联系之中，生态是一个统一的自然整体，整个自然系统是一个有机整体，各个部分相互联系、相互作用。山、水、林、田、湖、草、沙、冰与人一样都是自然系统中不可或缺的重要组成要素，从"山水林田湖生命共同体"发展到"山水林田湖草生命共同体"，从"山水林田湖草沙共治"拓展到"山水林田湖草沙冰一体化保护和系统治理"，不仅丰富了生命共同体的意蕴，拓展了系统治理的各个要素，更体现了生态各要素对人类生存发展的重要意义，是人类赖以生存发展的物质基础。习近平总书记指出："要坚持保护优先，坚持山水林田湖草沙冰一体化保护和系统治理。"①这就要求我们要树立大局观、全局观，运用系统思维寻求生态文明建设的治理之道，必须坚持统筹兼顾、整体施策、多措并举，全方位、全地域、全过程开展生态文明建设。自然系统的各个要素是紧密相连的有机链条，无论哪个环节出了问题都会影响到其他环节，甚至影响到整个生态文明建设大局，决不能因小失大、顾此失彼、寅吃卯粮、急功近利，给生态环境造成长期性破坏。通过建立山水林田湖草沙冰系统治理的认知体系、空间规划体系、工程体系、监测评价体系、科技支撑体系、制度体系等措施，遵循"山水林田湖草沙冰共治"的系统思想，让我国生态呈现出系统之美。

以系统思维推进生态文明建设，运用法治方式统筹推进污染治理、生态

---

① 习近平. 论坚持人与自然和谐共生［M］. 北京：中央文献出版社，2022：198.

保护、应对气候变化等，构建生态环境保护制度的"四梁八柱"。党的十八大以来，以习近平同志为核心的党中央积极推进生态文明体制机制改革，不仅注重生态环境"基本法"的完善与修改，还不断完善生态环境单项法，并拓展到流域、区域生态环境立法；有关法律进一步强化了环境监测、环境影响评价、排污许可、总量控制、联合防治、政府责任、信息公开和公众参与等制度；生态环境部发布的《关于深化生态环境领域依法行政 持续强化依法治污的指导意见》明确提出了提升生态环境法治建设和依法治污的意识和能力，以及全面加强生态环境部门的法治教育和监管执法水平。这些都充分展现出生态环境保护制度的系统性，为生态环境的系统治理打下牢固基础。

（二）整体发展观：人与自然是生命共同体

党的十八大以来，习近平总书记提出了人与自然是生命共同体这一论断，我国生态文明建设步入了整体发展建设的新时代。不论是统筹物质和精神力量、推进生态文明建设，还是实现"自然—人—社会"的和谐统一，都呈现出在生态文明建设方面的整体发展观。更重要的是，我们要将生态文明建设放置在全面建设社会主义现代化强国的总体进程中看待。

统筹物质和精神力量，推进生态文明建设。习近平总书记2021年在河北承德考察时强调："抓生态文明建设，既要靠物质，也要靠精神。要传承好塞罕坝精神，深刻理解和落实生态文明理念，再接再厉、二次创业，在实现第二个百年奋斗目标新征程上再建功立业。"[1]建设生态文明关系中华民族永续发展的根本大计，习近平总书记的这一论述深刻阐释了生态文明建设中统筹协调物质力量和精神力量的重大意义。塞罕坝曾经是一片荒漠沙地，经过一代代的建设者在这片沙地上艰苦奋斗，创造了从荒漠沙地到苍茫林海的人间奇迹。在这片绿洲上，塞罕坝人克服恶劣天气、沙化严重、喝冰雪水、睡地窖等一系列困难，最终筑牢绿色生态屏障并形成了塞罕坝精神。塞罕坝人种下的不仅仅是一棵棵树，更是一种信念、一种精神，是一种咬定青山不放松的韧劲。当今生态文明建设不仅需要物质力量的支撑，也更加需要像塞罕坝精神、库布其精神、右玉精神等在困难面前不低头的精神力量的支撑，从而创造更多生态物质

① 习近平.论坚持人与自然和谐共生［M］.北京：中央文献出版社，2022：69.

财富和生态精神财富。习近平总书记指出：我们"要建设一支生态环境保护铁军，政治强、本领高、作风硬、敢担当，特别能吃苦、特别能战斗、特别能奉献"①。

　　实现"自然—人—社会"的和谐统一。习近平总书记提出的人与自然和谐共生观，为实现"自然—人—社会"的和谐统一指明了方向。建设社会主义和谐社会不仅要做到人与人、人与社会的和谐，更重要的是实现人与自然的和谐。自然环境是人类赖以生存发展的重要场所，自然界向人类提供人类生存发展必需的资源，比如矿产、能源、水、空气、粮食、蔬菜等。在这些资源中，有一部分是不可再生资源，用之不觉，失之难存；另一部分虽然可以再生，但是仍然受限于自然条件。因此，人类需求的增长必须与自然界中提供的各种资源相适应，不能过度使用，以确保自然生态系统的平衡。而社会的和谐有赖于人与自然的和谐，如果人类无限制地掠夺与使用自然资源，最终导致生产生活环境恶化，不再适合人类生存，那么"自然—人—社会"的和谐统一也就无从谈起。因此，要想真正实现三者的和谐统一，关键在于实现人与自然的和谐。走人与自然和谐共生道路是重新审视人与自然关系后得出的科学结论与理性选择，我们必须推动经济社会走向生产发展、生活富裕、生态良好的文明发展道路。

　　将生态文明建设放置在全面建设社会主义现代化强国的总体进程中看待。首先，要明确全面建设社会主义现代化强国这一系统整体是具有统领地位的，人与自然和谐共生的现代化也是服务于我国社会主义现代化强国建设的。系统是由若干相互联系的要素按照一定的逻辑顺序构成的一个整体，在这个系统中，整体具有统治地位，支配各个要素。系统的要素不论是否独立，都只有在这个整体中才能凸显作用，从这一点来讲整体也具有统领地位，要素与整体具有不可分割性。事物的联系是普遍的，整体决定部分。正所谓不谋全局者不足以谋一域，在全面建设社会主义现代化强国的过程中，各个地区、各个领域、各个产业、各个群体都是应对波谲云诡的世界形势和实现中华民族伟大复兴的构成部分，它们也要依托我国的发展全局，不能脱离全局而孤立地发展。

①论坚持党对一切工作的领导［M］.北京：中央文献出版社，2019：249.

其次，要厘清关键要素的不可或缺性。系统虽然居于统治地位，但是一些关键要素至关重要、不可或缺，它们对于整个系统的维持有着十分重要的作用。如若只见整体不见局部，就会陷入思维误区，容易忽视一些关键要素；如若忽视事关全局的关键要素，可能会造成难以估计的不良后果。我国建设社会主义现代化强国是一个整体目标，内部又有各个要素相互联系，政治、经济、文化、社会、生态五位一体，每个都不可或缺，需要整体统筹和推进。"五位一体"的每个部分也都是一个非常重要的子系统，其内部也需要整体协调推进。再次，要辨明系统整体对构成要素的制约性。单个要素的功能与作用可能并不明显，但是将其置于一个系统中，其功能作用可能实现质的飞跃。系统中的要素会受到系统整体的影响和制约。恩格斯在《自然辩证法》中指出："手并不是单独存在的。它只是整个具有极其复杂的结构的机体的一个肢体。"[①]手作为要素，一旦脱离人的整个身体，就会丧失其本质规定性，只有作为有机体的一部分才具备劳动功能，并且和系统的其他部分相互配合才能发挥更大的作用。在全面建设社会主义现代化强国的过程中，应注重系统性整体性，注重各个领域的内部协调性，不能对某一方面进行独立地、脱离整体的发展。

（三）全球生态观：构建地球生命共同体

马克思主义世界历史理论揭示了世界各国走向现代化的必然性，生产力的发展不断推动着世界历史的演进，也必然催生新的文明形式，凸显了人类历史走向现代化过程中的多样性。我国在生态文明建设方面始终坚持国际视野，习近平总书记提出的实现人与自然和谐共生理念，不仅关注国内生态文明建设，更从人类命运共同体高度指导世界各国的生态文明建设，这也凸显出系统的开放性。开放是系统演化发展的必备条件，开放性是保持系统活力的重要特征，坚持系统观念处理经济社会发展中的各种关系时，必须着眼于系统的内部和外部环境，着眼于系统的开放循环，不能封闭独立、故步自封。

开放是系统演化发展的必备条件。基于系统与环境的关系，系统可以分为孤立系统、封闭系统和开放系统。任何一个系统内部的要素与要素之间、要素与整体之间、系统与其他系统之间都存在着相互联系和相互作用，任何系统

---

① 恩格斯. 自然辩证法［M］. 北京：人民出版社，2015：305.

都不可避免地与内部环境、外部环境发生联系。这并不意味着开放一定会促进发展，当从系统外部引入了有害物质时，就会影响系统本身的运行。这也启示我们在开放系统中要引入对自身发展有益的因素，同时也要向外传递有益于世界发展的因素，既要避免西方发达国家对我国进行生态殖民，同时又要真正将共同推进全球生态环境治理落到实处，构建地球生命共同体。正如习近平总书记指出："国际社会要加强合作，心往一处想、劲往一处使，共建地球生命共同体。"[①]

着眼系统自身与外部环境的开放循环。系统一旦成为孤立系统或者封闭系统，那么也就切断了系统自身与外部的相互联系，终将走向毁灭。明清的历史就是从开放走向孤立再到被迫开放的历史。统治者沉迷于天朝上国的美梦，实行闭关锁国，最终与世界隔绝，跟不上时代的发展变化，最终被英国的坚船利炮撬开了国门。这也是中华民族屈辱史的开端。新中国成立后，尤其是在改革开放之后，中国的开放深度、广度越来越大，发展也越来越快。在全球生态环境治理中，坚决维护多边主义，建设性参与全球环境治理，将生态文明领域合作作为共建"一带一路"重点内容。人与自然和谐共生的中国式现代化超越了西方现代化"生态非正义"病症造成的人际、国际、代际生态资源分配不均衡，主张人与人生态共享。只有着眼于系统自身与外部环境的开放循环，形成良性互动，才能更好地发展完善系统自身。

五、底线思维

"要强化底线思维，有效防范应对重点领域潜在风险，守住新发展格局的安全底线。"[②]在加快生态文明建设的过程之中，必须坚持底线思维，紧抓新质生产力"绿线"，恪守生态文明建设"红线"。

（一）紧抓新质生产力"绿线"

人类作为生产力的主体，可以发挥主观能动性改造自然，但是只有生态环境良好，才能够为人类提供基本的生存环境，人类才会有生存的空间和奋斗

---

① 习近平.习近平谈治国理政（第4卷）[M].北京：外文出版社，2022：435.
② 统筹指导构建新发展格局 推进种业振兴 推动青藏高原生态环境保护和可持续发展 [N].北京：人民日报，2021-7-10.

的意义，进而更好地发展社会生产力。如果生态环境被破坏，即使经济快速增长，也是在透支自然的基础上获得的，是虚假的、无意义的，最终要花费更大的人力、物力、财力去填补生态窟窿。因此，在经济社会发展过程中，我们必须紧抓新质生产力"绿线"，走人与自然和谐共生的道路。

新质生产力代表先进生产力的演进方向，是由技术革命性突破、生产要素创新性配置、产业深度转型升级而催生的先进生产力质态。新质生产力以劳动者、劳动资料、劳动对象及其优化组合的跃升为基本内涵，具有强大发展动能，能够引领创造新的社会生产时代。新质生产力这一概念是基于马克思主义阐述的传统生产力而形成发展，马克思提出"劳动者、劳动资料和劳动对象三大要素共同构成了生产力的基本形态"，习近平总书记进一步指出，新质生产力由技术革命性突破、生产要素创新性配置、产业深度转型升级而催生，以劳动者、劳动资料、劳动对象及其优化组合的跃升为基本内涵。马克思主义认为，劳动者不仅是从事直接的体力劳动的人，也包含从事技术和管理工作等更为复杂的劳动形式的人，后者所创造的价值通常高于简单劳动；生产资料则映射了一个时代的科技发展水平及其在生产中的应用；劳动对象则主要关联的是能源、原材料以及自然资源等方面。习近平总书记指出："新质生产力是创新起主导作用，摆脱传统经济增长方式、生产力发展路径，具有高科技、高效能、高质量特征，符合新发展理念的先进生产力质态。"[①]这一论断揭示了新质生产力是具有高科技、高效能、高质量特征的绿色生产力和先进生产力。也就是说，新质生产力的本质仍然是生产力，并且依托于劳动者、劳动资料、劳动对象等要素，但与传统生产力不同的是，新质生产力表现出对于实体性要素的优化，创造劳动者、劳动资料与劳动对象高效跃升的优质组合方式，突出了新质生产力作为一种新的生产力形态对旧生产力要素的吸收与超越。从劳动者维度来看，新质生产力要求他们是具有突出的创新思维、丰富的知识积累、高水平的技术能力、过硬的专业素质的人才。从劳动资料维度来看，新质生产力充分反映以新发展理念为指导、以科技进步为核心推动力，依赖于创新技术、数字技术、人工智能作为发展动力，体现出高科技、高效能、高质量的特征。

---

① 加快发展新质生产力 扎实推进高质量发展［N］.北京：人民日报，2024-02-02.

从劳动对象维度来看，新质生产力通过寻求新兴产业、新型模式和新的增长点作为突破口，将战略性新兴行业和未来产业作为其试验场和关键平台。同时，新质生产力以全要素生产率大幅提升为核心标志，借助劳动、知识、产业、管理、数据等，畅通教育、科技、人才，在各要素优化的基础上实现了整体性的改善和跃升。生产关系必须与生产力发展要求相适应，习近平总书记特别强调："必须进一步全面深化改革，形成与之相适应的新型生产关系。"[①]新质生产力既是抓住新一轮科技革命和产业变革机遇的必然要求，旨在实现生产过程清洁化、资源利用循环化、能源消费低碳化、产业供给绿色化，将科技创新成果运用到产业链中，不断拓展生态价值实现路径。

发展新质生产力要建立健全绿色低碳循环发展经济体系，协同推进绿色经济、循环经济、低碳经济的发展，是我国由经济高速增长转向高质量发展的必由之路。党的十八大以来，我国对生态文明建设越来越重视，绿色低碳循环发展体系建设也取得了很大成效，我国清洁能源的消费量逐步上升，二氧化碳排放量逐步放缓，能源利用率明显提升。尽管在绿色低碳循环发展体系建设中取得了一定的成绩，但是仍需要进一步加强。在推进绿色低碳生产方面，优先使用绿色能源，积极推进风电、水电、太阳能等清洁能源的使用；鼓励绿色低碳技术的发展，为高质量生产保驾护航；采用绿色低碳生产方式，吸引绿色投资，摆脱企业对粗放式生产方式的依赖；鼓励企业实现绿色低碳转型，大力发展现代服务业、高新技术产业，推动传统产业清洁化改造。在推动绿色低碳流通方面，加强电子商务平台的建设，依托"互联网+"的智慧物流方式，降低流通成本和资源损耗；健全污水处理、垃圾分类等处理措施，协同推进流通体系的高质量发展与自然环境的高质量保护。

建设人与自然和谐共生现代化的内在要求在于推动经济社会全面绿色转型。我国仍处于并将长期处于社会主义初级阶段，发展任务依然十分严峻，尽管如此，仍然必须摒弃以牺牲环境为代价的发展，这就要求我们要贯彻新发展理念，坚持高质量发展。推动社会全面绿色转型是基于生态自然的承载力，以可持续发展为目标，从而实现经济发展和环境保护相协调。目前，我国以重化

---

① 加快发展新质生产力 扎实推进高质量发展［N］.北京：人民日报，2024-02-02.

工为主的产业结构，以煤炭资源为主的能源结构，以公路货运为主的运输结构还没有得到根本转变，绿色发展是当今科技进步和产业变革的方向，实现绿色转型是经济社会发展的必然选择。推动经济社会全面绿色转型要强化生态科技的支撑作用，大力发展绿色环保产业，从而推动实现人与自然和谐共生的现代化。

（二）恪守生态文明建设"红线"

"任何一项事业，都需要远近兼顾、深谋远虑，杀鸡取卵、竭泽而渔式的发展是不会长久的。"[①]在实践中必须严守三条生态红线，才能为人类的生产活动提供最基本的保障，才能实现人与自然的双赢。

第一，在生态文明建设过程中要严守生态保护红线，遵循因地制宜原则建立生态保护制度，同时要确保各项制度的落实与实施。粮食安全是社会稳定的"压舱石"，而确保粮食安全的根基在于耕地。我国一直以来存在着耕地质量总体不高，耕地后备资源不足等问题，因此党中央更加重视耕地保护。耕地不仅承载着亿万人民的粮食安全问题，而且还有水土涵养、气候调节等功能，是生态系统的重要组成部分。划定耕地红线也是在保护人民的生存线，是底线思维的重要表现之一。无论是为了脱贫攻坚、乡村振兴，还是绿化环境、发展经济，都不可将耕地非农化，我们必须给子孙后代留足耕地资源的空间。2014年，国土资源部下发《关于强化管控落实最严格耕地保护制度的通知》，要求必须将保护耕地作为土地管理的首要任务，严守18亿亩耕地红线。对于耕地保护，国家"最严格"的立场从未改变，实施最严格的耕地保护制度，才能真正"让群众望得见山、看得见水、记得住乡愁"[②]。

第二，确立环境质量底线，严防发展过程中积累的生态风险转化为生态危机，同时要有治理生态问题的信心和决心，实现人类社会与生态环境可持续发展。环境质量底线包括水环境质量底线、大气环境质量底线、土壤环境风险管控底线、能源利用上线等多个方面，严守环境质量底线不仅关系到可持续发展，更是人民群众健康安全的底线。在城镇化发展过程中，决不能让生态环境

---

① 习近平.共同维护和发展开放型世界经济［N］.北京：人民日报，2013-09-06.
② 习近平.论坚持人与自然和谐共生［M］.北京：中央文献出版社，2022：10.

保护给经济建设让步，否则将会留下严重的"后遗症"。当前，我国环境保护中存在饮用水不安全、雾霾天气频发、环境基础设施落后、生物资源濒危等问题，这些问题制约了经济社会的可持续发展，同时更威胁到人民群众的生产生活和身体健康。这就要求我们必须重视生态文明建设，坚决打赢蓝天保卫战、碧水保卫战、净土保卫战、固废治理战、乡村环境整治战，要用"铁腕"手段来治理生态环境问题，决不允许任何人越过底线，吃祖宗饭、砸子孙碗。

第三，严守资源利用上线。习近平总书记指出："在生态环境保护上一定要算大账、算长远账、算整体账、算综合账，不能因小失大、顾此失彼、寅吃卯粮、急功近利。"①自然资源利用上线是促进资源能源节约，保障能源、水、树木、土地等资源高效可持续利用而不能突破的最高限值。这个界限应该根据经济社会发展要求和现阶段生态环境的承载力来确定。生态文明建设要严守资源利用上线，严禁毫无节制地开发利用资源，要坚持可持续发展理念，爱护环境、敬畏自然，切实转变毫无节制的开发、利用自然资源的竭泽而渔、杀鸡取卵式的发展方式。我们要把握好自然资源开发利用的度，在自然环境承载能力范围之内开发利用自然资源。

六、民本思维

中国共产党在生态文明建设中，坚持生态为民、生态惠民、生态利民，以满足人民群众的优美生态环境需要为目标，把人民的评判作为检验生态文明建设成效的依据，以充分发挥人民群众在生态文明建设中的主体地位为手段，并为"人类向何处去"这一"时代之问"指明了方向，充分体现了中国共产党以人民为中心的发展理念，展现出人与自然和谐共生的中国式现代化的民本思维。

（一）满足人民群众的优美生态环境需要

中国共产党是以人为本、执政为民的政党，这其中内在地包含了实现人民对优美生态环境的向往以及满足人民对生态幸福的期待。马克思在《1844年经济学哲学手稿》中指出，人和动物一样靠无机界生活，动植物、空气等作为人的精神的无机界，同时也作为人的生活和活动的一部分，"人在肉体上只有

① 习近平.论坚持人与自然和谐共生［M］.北京：中央文献出版社，2022：87.

靠这些自然产品才能生活，不管这些产品是以食物、燃料、衣着的形式还是以住房等等的形式表现出来"。①随着人民群众物质生活水平的提高，人民群众的需要逐渐由"有没有"转向"好不好"，生态环境问题与人民群众的环境需要之间存在较大矛盾。因此，新时代不仅要实现物质财富和精神财富的富足，更应满足人民群众对优美生态环境的需要，以提升生态环境质量为核心，重点解决大气、水和土壤污染等人民群众关切的问题。通过联防联控和综合治理等方式，改善空气质量，消除重污染天气，打赢蓝天保卫战。全面实施水体保护和治理措施，解决黑臭水体和农业农村污染问题，打好碧水保卫战。此外，推进土壤污染防治，综合管理土壤和地下水污染，确保食品安全和居住安心，打赢净土保卫战。持续改善农村人居环境，建设美丽乡村，保留自然景观和田园风光，以提升人民生活质量。不仅要坚持以人民为中心，将为人民群众创造良好的生态环境作为社会主义生态文明建设的目标，还要切实保障子孙后代的权利和利益，让"人人有在尊严和幸福的优良环境里享受自由、平等和适当生活条件的基本权利"变成现实。

（二）坚持把人民的评判作为检验生态文明建设成效的基本依据

人心向背、力量对比决定着政党的前途命运，也关乎着政党的事业成败。中国共产党成立以来，正是有人民群众的支持才使得中国共产党由小变大，由弱变强，中国共产党也将为人民谋幸福、为民族谋复兴作为自己的初心和使命。生态环境的好坏关乎人民群众的生活质量和幸福指数，要将人民群众的生存环境是否得到切实改善作为检验生态文明建设成效的关键。关注人民群众日益增长的优美生态环境需要，关注影响人民群众幸福感提高的突出问题，对生态环境进行系统治理，努力建设人与自然和谐共生的现代化。同时，要将经济建设的成果转化为生态产品的提升。我国作为世界第二大经济体，应增加对生态文明建设的财政投入，提高绿色科技水平，并加大对贫困地区的财政支持，推动生态脱贫和生态扶贫，支持生态移民，实现脱贫攻坚与生态文明建设的双赢。坚持绿色发展理念，生产优质的生态产品，推动物质产品生产和消费向绿色化和生态化方向发展。将绿水青山视为新的经济增长点，既保护生态环

---

① 马克思恩格斯选集（第1卷）［M］.北京：人民出版社，2012：55.

境，又充分利用生态资源，发展生态农业，结合传统农业和现代科技，通过生态工程实现经济、生态和社会效益的统一。

（三）发挥人民群众在生态文明建设中的主体地位

马克思主义的基本立场是人民立场，中国共产党与人民休戚与共、生死相依。当前我国面临着黑臭水体、垃圾成堆、重污染天气等一些较为恶劣的环境问题，生态环境保护任重而道远。"生态文明是人民群众共同参与共同建设共同享有的事业。"①自然生态是公共产品，与每一个人的生存发展紧密相关。生态文明建设是一项涉及全社会的系统工程，发挥人民群众在生态文明建设中的主体地位，是推动生态文明建设的重要途径。其一，提高公众环保意识，通过教育和宣传活动，提高人民群众对生态环境保护的认知和意识，使每个人都能理解自己在生态文明建设中的责任和作用，从而主动参与到环保行动中来。其二，倡导绿色生活方式，鼓励人民群众采取绿色、低碳、环保的生活方式，如节约用水、用电，减少一次性用品的使用，选择公共交通工具，参与垃圾分类等，使绿色生活成为社会新风尚。其三，加强公众参与，在生态文明建设过程中，应充分听取和吸收公众的意见和建议，鼓励公众参与到环境保护规划和决策过程中，使公众能够对生态环境保护和治理有更多的发言权和监督权。在治理环境问题时，要充分调动人民群众的积极性与主动性，发挥人民群众在生态文明建设中的主体地位，人人参与美丽中国建设，这也体现了从群众中来、到群众中去的群众路线。

（四）人与自然和谐共生的中国式现代化为"人类向何处去"指明了方向

资本主义文明形态曾经在人类历史发展进程中发挥了重要的促进作用，占据了人类社会现代化发展的先机。不可否认，资本改变了封建的生产关系，颠覆了人对自然的崇拜，克服了把自然神化等旧的意识形态，创造了新的生产力。正如马克思恩格斯指出："资产阶级在它的不到一百年的阶级统治中所创造的生产力，比过去一切世代创造的全部生产力还要多，还要大。"②虽然资本主义为人类社会的发展进步创造了丰厚的物质条件，但是资本的"逐利性"

---

① 习近平. 习近平谈治国理政（第3卷）[M].北京：外文出版社，2020：362.
② 共产党宣言 [M].北京：人民出版社，1997：32.

和"反生态性"导致了对工人的压榨和对自然资源的滥用与挥霍。大量生产、无度消费、过分开采等行为超出了自然生态的承载范围，自然生态变得无比脆弱，生态危机频发使得生物多样性丧失、生态失衡，加剧了人与人、人与自然、人与社会之间的矛盾。人与自然和谐共生的中国式现代化将马克思主义生态文明思想贯穿我国现代化建设的全过程，重新审视经济理性与生态理性之间的关系，强调在经济社会发展中要坚持生态优先、绿色发展，并且在生态资源的待机分配之间做好平衡，促进生态空间公平正义，为建设地球生命共同体和人类卫生健康共同体贡献力量，更为回答"人类向何处去"的"时代之问"提供借鉴。

第四章

人与自然和谐共生的中国式
现代化的价值意蕴

党的十八大以来，我们党作出一系列重大战略部署，把"生态文明建设"纳入"五位一体"总体布局，把"人与自然和谐共生"纳入新时代坚持和发展中国特色社会主义基本方略，把"绿色发展"纳入新发展理念，把"污染防治"纳入三大攻坚战，我国生态文明建设从认识到实践都发生了历史性、转折性、全局性的变化。人与自然和谐共生的中国式现代化体现了我们党对生态文明建设的新认识、新思想、新发展、新升华，不仅为人民群众的良好生态需求增添了绿色元素，也为世界各国可持续发展提供了中国方案，具有深邃的价值意蕴。具体来说，实现人与自然和谐共生的中国式现代化具有重要意义：在国内层面，坚持人与自然和谐共生是中华民族实现永续发展和伟大复兴的必然选择，为推进生态文明建设提供理论遵循和行动指南，彰显了中国共产党生态文明建设的守正创新；在国际层面，坚持人与自然和谐共生为全球环境治理贡献了中国方案，为建设清洁美丽世界贡献了生态智慧。

一、中华民族实现永续发展和伟大复兴的必然选择

实现人与自然和谐共生的中国式现代化是建设美丽中国、实现中华民族永续发展和伟大复兴的必然选择，关系到新时代坚持和发展什么样的中国特色社会主义，怎样坚持和发展中国特色社会主义。坚持人与自然和谐共生奠定了新时代中国特色社会主义发展的绿色底色，深化了"中国梦"的生态内涵并对破解新时代中国主要社会矛盾提供了有效方略。

（一）奠定新时代中国特色社会主义发展的绿色底色

实现人与自然和谐共生的中国式现代化是新时代中国特色社会主义发展的绿色底色，体现在我国的生态治理、绿色发展、生态文明建设等方面的积极探索和实践，推动了经济社会的绿色发展，为可持续发展奠定了坚实的基础，彰显了新时代中国特色社会主义的实践指向和价值追寻。新时代中国特色社会主义将生态文明建设纳入国家总体布局，将其放在突出地位，融到经济建设、政治建设、文化建设、社会建设各方面和全过程，我国的发展模式正在从传统的资源消耗型向环境友好型转变。我国坚持节约资源和保护环境的基本国策，实施最严格的生态环境保护制度，加大生态系统保护和修复力度，坚决打好污染防治攻坚战。通过蓝天、碧水、净土三大保卫战，环境质量得到了显著改善，为人民群众提供了良好的生活环境。党的十八届五中全会上，习近平总书记将绿色发展提高到我国发展全局的重要地位上，为新时代怎样发展指明了方向，绿色发展更是人与自然和谐共生的内在应有之义，奠定了中国特色社会主义发展的绿色底色。我国不断加大对清洁能源、节能环保、循环经济等领域的投入，推动产业结构优化升级，减少对环境造成的负面影响。习近平总书记创造性提出"绿水青山就是金山银山"的重要论断，明确了绿色发展的目标路径，为中国特色社会主义在新时代的发展描绘了一张绿色蓝图。绿色发展是实现人与自然和谐共生的重要途径，是推进新时代生态文明建设的内在要求，体现出既要绿色又要发展，既要物质又要生态的绿色底色。坚持人与自然和谐共生，持之以恒推进生态文明建设，指引我们实现美丽中国建设，实现和谐发展，"为子孙后代留下一个可持续的生存环境"①，推动中华民族的永续发展。

（二）深化"中国梦"的生态内涵

2012年11月29日，习近平总书记在参观"复兴之路"展览时提出和阐述了"中国梦"，具体来说就是要实现中华民族的伟大复兴，人与自然和谐共生展现了"中国梦"更为具体的生态内涵。中国共产党领导中国人民进行社会主义革命和建设、改革开放和社会主义现代化建设、新时代中国特色社会主义的历程中，经历了从倡导人与自然的协调发展时期到推进人与自然的可持续发展时

---

① 习近平. 论坚持人与自然和谐共生 [M]. 北京：中央文献出版社，2022：47.

期，再到统筹人与自然的和谐发展时期，最后到习近平总书记提出实现人与自然和谐共生这一不断深化发展的过程。坚持人与自然和谐共生要求我们立足中国国情，体现中国特色，在迈向现代化过程中注重经济发展与环境保护的协调统一，体现出党在新时代建设美丽中国的新部署，将社会主义生态文明建设提升到了一个全新境界。人与自然和谐共生的中国式现代化对于深化"中国梦"的生态内涵具有重要意义。一方面，人与自然和谐共生强调了生态优先、绿色发展的原则。生态文明建设倡导在发展中保护、在保护中发展，实现经济社会发展与生态环境保护的协同。中国式现代化将生态优先作为基本原则，推动产业结构、能源结构、空间布局等方面的优化调整，努力实现经济社会的绿色转型。另一方面，人与自然和谐共生拓展了生态文明建设的新境界。中国式现代化在生态文明建设上不断探索创新，推动形成全社会共同参与、共同建设、共同享有生态文明的良好格局。人与自然和谐共生的中国式现代化，深化"中国梦"的生态内涵，推动了生态文明建设与经济社会发展相互促进、共同进步。

（三）破解新时代中国主要社会矛盾的有效方略

党的十九大报告指出："我国社会主要矛盾已经转化为人民日益增长的美好生活需要和不平衡不充分的发展之间的矛盾。"[①]其一，人与自然和谐共生的中国式现代化有利于解决突出的环境问题，满足人民群众对美好生活的需要。新时代人民群众不仅有"物质文化需要"，还对"美好生活需要"有了更高的要求，人民群众日益增长的美好生活需要包含了对优美生态环境的需要，实现优美生态环境是实现人民美好生活的基础。中国共产党围绕人民群众的关注热点，生态环境的突出问题，环境督查反馈的重点问题，对标人民群众对美好生活的需要，对标生态环境建设的各项指标，从治理工业污染、管好扬尘污染、处理固废垃圾、调整产业结构、优化能源结构等方面入手逐条落实。要用敢啃硬骨头的拼劲、敢涉险滩的闯劲，下足斗争"硬功夫"，挺起担当"硬脊梁"，精准施策、久久为功，实现生态环境的持续改善。其二，人与自然和谐共生的中国式现代化有利于保障生态安全，维护国家稳定。生态环境恶化可能引发社会矛盾和冲突，影响国家稳定，而人与自然和谐共生的中国式现代化注

① 习近平.习近平谈治国理政（第3卷）[M].北京：外文出版社，2020：9.

重生态保护和修复，加强生态安全保障。通过产业结构优化升级、减少资源消耗和环境污染来实现经济高质量发展，推动全社会通过绿色发展、低碳发展、循环发展等方式实现经济社会发展与环境保护相统一，解决发展不平衡不充分的问题，将良好的生态环境作为公共产品和基本服务提供给人民群众，在全社会形成人与自然和谐共生的良好风气，有助于维护国家稳定，促进社会和谐。

二、推进生态文明建设的理论遵循和行动指南

党的十八大以来，习近平总书记明确提出坚持人与自然和谐共生，并将其作为新时代坚持和发展中国特色社会主义的基本方略，为推进生态文明建设提供了理论遵循和行动指南。在理论遵循方面，坚持人与自然和谐共生开辟了马克思主义自然观的新境界，彰显了习近平新时代中国特色社会主义思想的生态智慧。在行动指南方面，坚持人与自然和谐共生体现了共产党人在生态问题上的初心和使命，坚定了社会主义生态文明自信的伟大力量。

（一）开辟马克思主义中国化时代化的新境界

恩格斯在《国民经济学批判大纲》中提到，"我们这个世纪面临的大转变"，就是"人类与自然的和解以及人类本身的和解"。①在新时代的中国，习近平总书记提出我们要树立人与自然和谐共生观，建设人与自然和谐共生的现代化，这是对马克思主义"人与自然和解"这一理论的继承，更体现出对这一理论的发展。马克思指出，人与自然是你中有我、我中有你、相互联系、不可分割的整体，人类通过能动地改造自然获得需要的物质材料。习近平总书记指出："人与自然共生共存，伤害自然最终将伤及人类。"②人是自然的存在物，在实现现代化的过程中，必须实现"人与自然的和解"，打破生态平衡就会造成人与自然的二元对立。在资本主义早期发展阶段，人与自然就处于二元对立的状态，创造生命的自然沦为人类的附属品，人类成为自然的征服者和主宰者，这导致了人与自然之间的矛盾十分尖锐。逐利性和反生态性是资本的固有本性。马克思将资本比喻为"狼人"和"吸血鬼"，资本的本性是获取利润，

---

① 马克思恩格斯全集（第3卷）[M].北京：人民出版社，2002：449.
② 习近平.论坚持人与自然和谐共生[M].北京：中央文献出版社，2022：93.

"扩张或死亡"是资本的最终宿命。更进一步来说，资本主义是追逐暴利的制度，资本主义国家在肆无忌惮的扩张时期认为大自然向作为"主人"的人类馈赠了取之不尽、用之不竭的资源和能源，人类从自然中获取了极大的利益，但是自然界终究会对人类进行报复。我们要实现"人与自然的和解"就必须对资本和资本主义的这种生产方式进行变革。我国不能重蹈西方发达资本主义国家"先污染后治理"的覆辙，坚持人与自然和谐共生观，实现人与自然和谐共生的现代化，用"共生"消弭"对立"来实现"和解"。人与自然和谐共生观将"和解"进一步发展为"共生"，开辟了马克思主义自然观的新境界。

（二）彰显习近平新时代中国特色社会主义思想的生态智慧

中国特色社会主义进入新时代以来，习近平总书记带领全国各族人民勠力同心，谱写了生态文明建设的新时代篇章，不仅形成了博大精深的习近平生态文明思想，而且将生态文明建设作为一种执政理念，贯穿于全面建成小康社会这一奋斗目标的现实实践中。习近平总书记相继提出，绿水青山就是金山银山、保护生态环境就是保护生产力、良好的生态环境是最普惠的民生福祉、实行最严格的生态环境保护制度等一系列论断，旨在实现人与自然和谐共生现代化。建设人与自然和谐共生现代化是习近平生态文明思想的重要内容之一，对于我国经济社会发展具有十分重大的意义，关乎中华民族的永续发展。习近平生态文明思想立意高远、内涵丰富，是指导新时代我国生态文明建设的总方针，科学地回答了建设什么样的生态文明、为什么建设生态文明、如何建设生态文明等问题，锚定了生态文明建设的历史方位，为建设人与自然和谐共生现代化提供了理论遵循和实践路径。我们要想实现"十四五"期间的主要发展目标——"生态文明建设实现新进步"，就必须贯彻落实习近平生态文明思想，加快建设人与自然和谐共生的现代化。习近平生态文明思想是习近平新时代中国特色社会主义的重要组成部分，是21世纪马克思主义自然观，也是当代中国马克思主义生态观，旨在化解人与自然之间存在的矛盾与冲突，既体现了马克思唯物主义自然观的丰富生态内容并在实践中丰富和发展了马克思主义，又体现了中华传统文化中丰厚的生态意蕴。

（三）体现共产党人在生态问题上的初心和使命

党的十九大报告指出："中国共产党人的初心和使命，就是为中国人民谋幸福，为中华民族谋复兴。"[①]新中国成立以来，在长期发展过程中，我国面临很多生态环境问题亟须解决，具体表现在水土流失严重、沙漠化迅速发展、草原退化加剧、森林资源锐减、生物物种加速灭绝、地下水位下降、水体污染明显加重、大气污染严重、环境污染向农村蔓延等。人与自然和谐共生现代化的提出是中国共产党人在生态问题上不忘初心与使命的体现。良好的生态环境问题直接关乎人民群众的切身利益，关乎人民群众的生活质量，关乎人民群众的幸福感、获得感、安全感。因此实现人与自然和谐共生不仅是一个政治问题，更是一个社会民生问题。习近平总书记指出："环境就是民生，青山就是美丽，蓝天也是幸福。发展经济是为了民生，保护生态环境同样也是为了民生。"[②]中国共产党自成立以来，始终将人民立场作为根本的政治立场，始终坚持人民至上，将实现人民对美好生活的向往作为奋斗目标，不仅要创造更多的物质财富和精神财富来满足人民群众对美好生活的向往，也要提供优质生态产品来满足人民群众日益增长的优美生态环境的需要，让人民群众在绿水青山中共享自然之美、生命之美、生活之美。

（四）坚定社会主义生态文明自信的伟大力量

西方现代性社会危机首先是世界观危机，这种危机源于对现实的碎片化理解，忽视了整体的联系，导致了对自然和社会的片面认识和不当干预。破解人类面临的生存困境，需要建立一种更加全面和综合的世界观。尽管目前人与自然之间的矛盾冲突依然存在，甚至有愈演愈烈的趋势，人的生存发展与自然的修复能力已变得岌岌可危，但是人与自然和谐共生现代化的提出为我们坚定社会主义生态文明自信提供了强大力量。人与自然和谐共生的现代化建构起人与自然的平等正义秩序，是对人与自然关系的科学认识和对人类社会发展规律认识的深化，本质上体现的是社会主义的生态文明。虽然资本主义社会不断进行改革在一定程度上缓解了内部矛盾，但是无论怎样进行变革，依然无法改变资本和资本主义的本质，绿色资本的根本性质仍是资本，因此资本主义改革并不是解决生态危机行之有效的办法。生态学马克思主义相关学者或从资本主

① 习近平.习近平谈治国理政（第3卷）[M].北京：外文出版社，2020：1.
② 习近平.习近平谈治国理政（第3卷）[M].北京：外文出版社，2020：362.

义制度，或从资本主义生产方式，又或从资本本身出发对生态危机是怎么产生的作出了具体分析。总体来看，生态学马克思主义认为生态危机产生的根源在于资本和资本主义。人与自然和谐共生作为生态文明的世界观，具有普遍性意义，理应成为人类行动的纲领。

三、彰显中国共产党生态文明建设的守正创新

习近平总书记在党的二十大报告中指出："必须坚持守正创新。我们从事的是前无古人的伟大事业，守正才能不迷失方向、不犯颠覆性错误，创新才能把握时代、引领时代。"①坚持守正创新与坚持人民至上、坚持自信自立、坚持问题导向、坚持系统观念并列了起来，被赋予了新时代中国特色社会主义思想的世界观与方法论的重要理论地位。

（一）对马克思主义生态观中蕴含的辩证自然观进行守正创新，丰富和发展了人与自然的关系

马克思主义生态观的核心内容就是人与自然的关系问题，生动阐释了人类认识自然、改造自然等一系列问题。马克思恩格斯在《德意志意识形态》中指出，我们仅仅知道一门唯一的科学，即历史科学。历史可以从两方面来考察，可以把它划分为自然史和人类史。但这两方面是不可分割的，只要有人存在，自然史和人类史就彼此相互制约。人作为一个自然存在物，不可能脱离自然而独立存在。同时，人既是自然存在物也是社会存在物，但是在人与自然的关系中，人因具主观能动性而被显现出来。自然先于人类存在，"人靠自然界生活"②，人类在同自然的互动中生产、生活与发展。马克思主义强调人类可以在遵循客观规律的基础上发挥主观能动性改造自然，但归根结底人是自然界的一部分，违背自然规律会产生整体性、负面性影响。习近平总书记指出："学习马克思，就要学习和实践马克思主义关于人与自然关系的思想。"③基

---

① 习近平.高举中国特色社会主义伟大旗帜 为全面建设社会主义现代化国家而团结奋斗——在中国共产党第二十次全国代表大会上的报告［M］.北京：人民出版社，2022：20.

② 马克思恩格斯文集（第1卷）［M］.北京：人民出版社，2009：161.

③ 习近平.在纪念马克思诞辰200周年大会上的讲话［N］.北京：人民日报，2018-05-05.

于马克思主义自然辩证观，我们党对人与自然关系的认识经历了从"协调"到"可持续"再到"和谐"，最终习近平总书记提出"共生"。人与自然和谐共生理念是在继承马克思主义人与自然关系基础上，在新时代对人与自然关系的重构。习近平总书记相继提出人与自然是生命共同体，良好的生态环境是最普惠的民生福祉，深入打好污染防治攻坚战，实行最严格的生态环境保护制度等一系列有利于实现人与自然和谐共生的论断，对人与自然的关系问题进行了深入系统的阐释。党的十八大以来，我国通过关停一大批高污染、高耗能企业，解决陕西秦岭北麓违建别墅、破坏生态问题，青海湖由"沙进水退"转变为"沙退水进"，提出"双碳"目标的达成与实现，推进生物多样性的保护等一系列措施，切实践行着人与自然和谐共生理念。

　　（二）继承弘扬"天人合一"与"和谐共生"的生态整体观，深化了人化自然观

　　"天人合一"是中华传统文化的一个典型特征，儒家文化的生态意识中最为重要的一点就是强调万物和谐相融、和谐共生，强调"天人合一"的生态整体论。孔子最早提出"天何言哉？四时行焉，百物生焉，天何言哉？"（《论语》阳货篇），这表现出对于"天"的敬畏之情；荀子要求"天行有常，制天命而用之"（《荀子·天论》），他意识到自然是有规律的；董仲舒提出了"天人感应"等观点，继承了先秦的天人观；张载认为天地孕育人间万物。道家和儒家一样持有"天人合一"的生态整体观，道家坚持人回归自然，人与自然是本体同一的，也就是万物统一于道。道家以"道"为核心展现其生态思想，"道"指的就是"自然而然"，将整个宇宙的深层规律精辟地概括了出来，也就是说整个宇宙都要遵循"自然而然"的规律。这些观点为正确处理人与自然的关系提供了有益的借鉴。"天人合一"与"和谐共生"的生态整体观寄托了人类对于自然界的敬畏与尊重，包含着人类与自然界息息相关的生态智慧。习近平总书记指出："人与自然应和谐共生。我们要尊重自然、顺应自然、保护自然，构建人与自然和谐共生的地球家园。"[①] "坚持人与自然和谐共生"

---

　　① 习近平出席《生物多样性公约》第十五次缔约方大会领导人峰会并发表主旨讲话［N］.北京：人民日报，2021-10-13.

是对"天人合一"与"和谐共生"的生态整体观的继承与发展、守正与创新，是在人与自然关系问题上提出的重要论述，是人化自然观的当代形态，创造了独特的"天人合一"的辩证自然哲学思想。"生态兴则文明兴，生态衰则文明衰"①，任何一种人类创造的文明想要经久不衰，都要与自然和谐相处。古往今来，灿烂的文明逐渐衰落的原因之一便是承载文明的自然环境遭到了人类无情的破坏，古埃及和古巴比伦因为土地荒漠化而导致了文明走向衰落。党的十八大以来，我国按照生态平衡原则，处理好生态破坏、环境污染、气候变化等问题，从经济发展方式改进、经济结构调整、空间布局优化、人们生活方式改变等源头抓起，彻底解决实现人与自然和谐共生遇到的问题，为中华民族永续发展奠定坚实的环境基础。

（三）弘扬保护环境的基本国策，深入推进环境污染防治

马克思指出，不以伟大的自然规律为依据的人类计划，只会带来灾难。恩格斯在《自然辩证法》一书中指出："我们不要过分陶醉于我们人类对自然界的胜利。对于每一次这样的胜利，自然界都对我们进行报复。"②他进一步列举了历史上的沉痛教训，"美索不达米亚、希腊、小亚细亚以及其他各地的居民，为了得到耕地，毁灭了森林，但是他们做梦也想不到，这些地方今天竟因此而成为不毛之地"③。从我国实践来看，新中国成立以来，虽然在长期发展过程中重视环境保护，但是依然积累了许多生态环境问题，具体表现为水土流失严重、沙漠化迅速发展、草原退化加剧、森林资源锐减、生物物种加速灭绝、地下水位下降、水体污染明显加重、大气污染严重、环境污染向农村蔓延等。党的十八大以来，我国生态文明建设进一步提出，污染防治攻坚战要从坚决打好到深入打好。习近平总书记指出："环境就是民生，青山就是美丽，蓝天也是幸福。"④2018年中共中央、国务院发布《关于全面加强生态环境保护坚决打好污染防治攻坚战的意见》，此文件中提到要打赢蓝天保卫战，着力打好碧水保卫战，扎实推进净土保卫战，也就是污染防治的三大攻坚战。2021年

---

① 习近平.习近平谈治国理政（第3卷）[M].北京：外文出版社，2020：374.
② 马克思恩格斯选集（第3卷）[M].北京：人民出版社，2012：998.
③ 马克思恩格斯选集（第3卷）[M].北京：人民出版社，2012：998.
④ 习近平.习近平谈治国理政（第3卷）[M].北京：外文出版社，2020：362.

11月7日，中共中央、国务院发布《中共中央 国务院关于深入打好污染防治攻坚战的意见》，此文件对实现蓝天、碧水、净土进行了具体部署，使人民群众享受蓝天白云、鸟语花香、鱼翔浅底、莺飞燕舞的良好生态。从坚决打好到深入打好体现出对生态保护、污染防治问题认识的层次更深、要求更高，更要坚持系统治理、源头治理和综合治理，"协同推进降碳、减污、扩绿、增长"[1]。

（四）深入推进资源节约型和环境友好型社会的构建，走人与自然和谐共生的中国式现代化道路

党的十六届五中全会，党中央明确提出要建设资源节约型、环境友好型社会，首次将建设资源节约型和环境友好型社会确定为国民经济和社会发展中长期规划的一项战略任务，在《中共中央关于制定国民经济和社会发展第十一个五年规划的建议》中，也将"建设资源节约型、环境友好型社会"作为基本国策。江泽民反复强调："要把控制人口、节约资源、保护环境放到重要位置，使人口增长与社会生产力发展相适应，使经济建设与资源、环境相协调，实现良性循环。"[2]新时代我国在构建资源节约型、环境友好型社会上不断守正创新，提出了一系列节约资源、保护环境的主张，并坚持在现代化建设中实现走人与自然和谐共生的中国式现代化道路。我国坚持走人与自然和谐共生的现代化道路，避免西方国家在现代化进程中走过的"先污染后治理"的工业化道路。为了发展经济，西方资本主义国家大量使用化石煤炭资源，造成温室气体大量排放，使国家面临深刻的环境危机，造成了极大的资源浪费和环境污染。"十四五"期间我国开启了全面建设社会主义国家的新征程，习近平总书记在党的二十大报告中指出："中国式现代化是人与自然和谐共生的现代化"，坚持走人与自然和谐共生的现代化道路必须坚持节约资源、保护环境，将现代化建设与生态文明有机统一起来，对于倒逼我国产业转型，进而建立生态优先、绿色发展具有十分重要的意义。这就要求我们把生态文明建设放在突出位置，以自然承载力为基础，加快转变经济发展方式，倡导绿色低碳生活方

---

① 习近平. 高举中国特色社会主义伟大旗帜 为全面建设社会主义现代化国家而团结奋斗——在中国共产党第二十次全国代表大会上的报告［M］. 北京：人民出版社，2022：50.

② 江泽民文选（第1卷）［M］. 北京：人民出版社，2006：463.

式，协同推进保护环境和高质量发展，坚决摒弃损害生态环境的增长模式，加快形成节约资源和保护环境的空间格局、产业结构、生产方式、生活方式。

四、人与自然和谐共生的现代化开创了中国式现代化道路

中国式现代化要求走生态良好的发展道路，旨在实现人与自然和谐共生的现代化。实现人与自然和谐共生的现代化是推动经济社会高质量发展和绿色发展的必然要求，是培育新时代中国环境治理体系的基本遵循，更是开创美丽中国新局面的战略举措。

（一）推动经济社会高质量发展和绿色发展的必然要求

人与自然和谐共生的中国式现代化为推动经济社会高质量发展和绿色发展提供了理论遵循。高质量发展全面体现了新发展理念的发展要求，是党中央着眼于"两个一百年"奋斗目标尤其是中国式现代化建设作出的重大部署，是党中央立足新发展阶段提出的事关党和国家长远发展的行动纲领。2014年习近平总书记提出，我国经济进入新常态，这意味着我国的经济发展处在新的条件下，经济增长速度由高速发展转向中高速发展，更加注重质量和效率。2017年，党的十九大报告指出，我国已经由高速增长阶段转向高质量发展阶段。高质量发展以绿色发展为基本模式，转变了以往工业化城镇化快速发展时期的高投入、高消耗和高排放的粗放式发展路径。过去的发展模式带来了产业结构和能源结构失衡、资源过度消耗、环境污染、生态破坏和温室气体大量排放等问题。2020年，习近平总书记在党的十九届五中全会中指出，经济、社会、文化、生态各个方面都要体现出高质量发展的要求。换言之，不仅要实现经济的高质量发展，更要实现全方位、宽领域的高质量发展。2022年，党的二十大报告指出："高质量发展是全面建设社会主义现代化国家的首要任务。"[①]目前，我国正处于加快转向绿色化、低碳化发展的阶段，致力于构建人与自然和谐共生的现代化。通过推广绿色生产方式和生活方式，增加优质生态产品供给，从

---

① 习近平.高举中国特色社会主义伟大旗帜　为全面建设社会主义现代化国家而团结奋斗——在中国共产党第二十次全国代表大会上的报告 [M].北京：人民出版社，2022：28.

而减少经济发展对资源环境的压力，同时要统筹好质量和速度的关系。高质量发展不能将质量和速度对立起来，从纠正单纯追求发展速度的意义上来讲是可以理解的，但是只突出质量的重要性，就容易陷入"好"就要"慢"的怪圈中。有的地方为了规避环保责任，采取"一刀切"的简单做法，把有一定程度污染的产业甚至是支柱产业不加区别地关闭整顿，导致当地经济一蹶不振、失业加剧、财政困难。从新中国成立至今，党中央将"绿化祖国"的号召拓展到"植树造林，绿化祖国，造福后代"和"再造秀美山川"，再到实现绿色发展，反映出共产党人与时俱进的优良品格。绿色发展在今天也有另一层含义，就是要实现节约资源、保护环境的发展，具体体现在我们要推动绿色发展方式、绿色生产方式、绿色生活方式等方面。2012年，在党的十八大报告中首次提出了要实现绿色、循环、低碳发展；2015年，党的十八届五中全会对绿色发展做出了明确部署；2017年，党的十九大明确将推动绿色发展作为生态文明建设的首要任务；2020年，党的十九届五中全会明确提出了绿色低碳发展目标。

（二）培育现代环境治理体系的基本遵循

实现人与自然和谐共生为培育现代环境治理体系提供了基本遵循。健全现代环境治理体系，既是推动绿色发展、建设美丽中国的必然要求，也是推进国家治理体系和治理能力现代化的题中应有之义，更为生态环境保护工作的推进提供基础支撑。我国要实现人与自然和谐共生的现代化就要充分发挥环境治理体系的作用，健全现代环境治理体系也是"十四五"规划和2035年远景目标纲要重点关注的部分。党的十九大明确提出，构建政府为主导、企业为主体、社会组织和公众共同参与的环境治理体系；习近平总书记在全国生态环境保护大会上强调，要加快建立健全以治理体系和治理能力现代化为保障的生态文明制度体系；党的十九届四中全会将生态文明制度体系建设作为坚持和完善中国特色社会主义制度、推进国家治理体系和治理能力现代化的重要组成部分。构建现代环境治理体系是对党的十九大精神和全国生态环境保护大会精神的贯彻落实，是建设美丽中国的内在要求。健全现代环境治理体系，推进环境治理体系和治理能力现代化，才能为"十四五"时期推动绿色发展提供坚强保障。

（三）开创美丽中国新局面的战略举措

习近平总书记指出："我们的目标是，到本世纪中叶把我国建成富强民主文明和谐美丽的社会主义现代化强国。"① "美丽"更加丰富了社会主义现代化强国的内涵。随着经济的快速发展和人口的增加，中国面临着严重的环境问题，如空气污染、水污染、土地退化等。这些问题不仅影响了人们的生活质量，也威胁到生态系统的稳定和人类的可持续发展。人与自然和谐共生的中国式现代化要求我们必须从解决突出的环境问题，加大生态系统保护力度，改革生态环境监管体制等各个方面入手，推动形成美丽中国建设新局面。党的十八大以来，我国空气质量、水体质量、土壤质量等环境指标得到显著改善，有利于维护生态系统的稳定和健康；全民环保意识不断提高，倡导绿色生活方式，有利于促进全社会道德观念和文明素质的提升，形成节约资源、保护环境的社会风尚；关注生态系统保护和修复，强化环境风险防控，有利于保障国家生态安全和食品安全，减少自然灾害和环境事故的发生，维护国家经济安全和人民生命财产安全。美丽中国新局面的形成，也是中国式现代化在人与自然和谐共生理念指导下，迈向生态环境质量根本改善、经济可持续发展、社会文明程度提升、生态安全和发挥全球生态治理引领作用的新阶段。这一重大转变，不仅为中华民族伟大复兴提供了坚实的生态环境基础，而且为全球生态文明建设贡献了中国智慧和中国方案。在这一进程中，生态环境法律法规的完善、绿色低碳发展的推动、生态系统修复的加强、生态文明体制改革的深化，打造"生态农业""生态工业""生态信息业""生态服务业"等，开启"生态+"的发展模式以及全球环境治理的积极参与，共同构成了开创美丽中国新局面的战略举措。这也将推动我国在全球范围内实现从传统工业化模式向绿色现代化模式的转变，为构建人与自然和谐共生的现代化国家提供有力支撑，从而在实现中华民族伟大复兴的中国梦的同时，为全球可持续发展作出积极贡献。

五、坚持人与自然和谐共生为全球环境治理贡献了中国方案

生态环境问题是全人类共同面对的问题，实现人与自然和谐共生是世界各国的共识。坚持人与自然和谐共生能够促进国内治理与国际合作共同发展，

① 在第十三届全国人民代表大会第一次会议上的讲话 [N].北京：人民日报，2018-03-21.

实现生命共同体与人类命运共同体的有机统一，用中国式现代化道路开创人类文明新形态。

（一）坚持国内治理与国际合作共同发展

人类社会在取得巨大物质财富增长和科技文化成就的同时，也造成了严重的生态环境问题，敲响了人类社会"增长极限"的警钟。1972年首次人类环境会议的召开，提出了"只有一个地球"的口号，向全人类发出共同保护我们生活的地球、治理环境污染的呼吁。当今世界生态环境挑战日益严峻，造成了臭氧层破坏、全球气候变暖、物种灭绝、土地沙漠化、森林锐减、生态殖民、海洋污染、野生物种减少、有毒化学品和有毒气体急剧增加等恶劣后果。把一个什么样的地球留给我们的子孙后代，是全世界各国人民所关注的重大课题，树立人与自然和谐共生观更需要各国相互协调、一致努力，开展卓有成效的合作。世界是一个休戚与共的命运共同体，在全球气候变暖、生物多样性遭到破坏、生态环境日益恶化的今天，没有一个国家是一座"孤岛"又或是一片"世外桃源"。时代迫切需要我们在整体全面把握人与自然关系的基础之上，建构、发展、繁荣生态文明，引领生态文明立足中国、面向世界。我国不仅注重国内的生态环境治理，更注重在世界范围内建立绿色化、智能化、低污染、低消耗的人类文明，最终在世界范围内实现人与自然和谐共生的现代化。当前，全球产业体系和产业链、供应链体系加速重构，呈现出多元化、区域化、绿色化、数字化加速发展态势。科技领域的竞争愈发激烈，同时全球环境治理的形势变得更加复杂，生态环境问题的政治化倾向也在增强。建设人与自然和谐共生的中国式现代化，加快绿色低碳技术创新和先进绿色技术推广应用，开辟发展新领域新赛道、塑造发展新动能新优势，推动产业不断向全球价值链中高端迈进，有助于积极争取国际绿色低碳竞争主动权，增强我国在全球环境治理体系中的话语权和影响力，也为全球可持续发展贡献了独特的中国方案。

（二）实现生命共同体与人类命运共同体有机统一

习近平总书记立足于马克思主义生态哲学，将马克思主义与中国实际相结合，与中华优秀传统文化相结合，提出"人与自然是生命共同体"这一理念，强调我们要对自然怀有敬畏之心，尊重自然、顺应自然、保护自然，进而达到人与自然的和谐共生。习近平总书记提出的"人与自然是生命共同体"表明人类既不是在自然之上，也不是在自然之下，而是在自然之中，与自然融为一体，消解了"中心"与"边缘"结构。为了实现资本的不断增值，西方资本主义国家大量使用化石煤炭资源，造成大量温室气体排放，使国家面临深刻的环境危机，造成了极大的资源浪费和环境污染。19世纪末到20世纪初，伦敦因为大量燃烧煤炭而变得烟雾缭绕，雾霾成为常态，伦敦因此得名"雾都"。泰晤士河也因工业废水和生活污水的直接排放而遭到严重污染，生物多样性急剧下降。20世纪90年代，西方国家慢慢醒悟，开始关注生态环境，通过将高污染产业转移到发展中国家的"甩锅"行为，用他国的环境污染换取本国的发展红利，但是这种做法并不会减少世界范围内的环境污染。地球是人类共同的家园，所有人都生活在这个地球村中，任何国家都无法割裂联系而独善其身。世界各国要积极承担保护环境、绿色发展的责任，共同构建人类命运共同体、人类卫生健康共同体、人与自然生命共同体。不同社会制度、不同意识形态、不同历史文化、不同发展水平的国家在国际事务中利益共生、权利共享、责任共担，积极承担保护环境、绿色发展的责任，共同建设人与自然和谐共生的现代化，保护人类共同的家园，形成共建美好世界的最大公约数，画出人类命运的最大同心圆。习近平总书记还创造性地提出了海洋命运共同体，这是构建人类命运共同体思想的重要组成部分，既表明了中国坚定不移走和平发展道路的立场，又显示了中国愿与各国共同维护海洋和平安宁的担当。

（三）用中国式现代化道路开创人类文明新形态

现代化是一个描绘社会变迁由来已久的概念，具体表现为经济工业化、政治民主化、社会城镇化等。人与自然和谐共生的现代化体现了我国现代化的新发展，随着人与自然和谐共生观不断发展完善趋于成熟，赋予现代化更加丰富的内涵，同时也开创了中国式现代化道路，打破了"现代化等于西方化"的神话，我国从"现代化的迟到国"转变为"现代化的引领国"。在西方发达国家通往现代化的道路上，基本都走过了用生态环境换取经济社会发展的经济优先道路，人与自然和谐共生的现代化对于倒逼我国产业转型，进而建立生态优先、绿色发展具有十分重要的意义。人与自然和谐共生的现代化立足于人与自然的关系问题，在"绿水青山就是金山银山"理念的指引下，把生态文明建设放在突出位置，以自然承载力为基础，加快转变经济发展方式，倡导绿色低碳生活方式，协同推进保护环境和高质量发展。建设人与自然和谐共生现代化是生态文明建设的重要组成部分，开启了人类文明新形态。生态文明是继史前文明、农业文明、工业文明之后的人类文明的高级形态，是文明进步和社会发展到一定阶段的产物。生态文明是对工业文明的科学扬弃，是实现可持续发展的动力，更是人类社会进步的必然结果。每一次文明的变革，都是生产力发展的结果。工业文明创造了巨大的社会财富，极大地改变了人们的生活方式，但是也造成了环境污染和资源浪费，威胁到人类的生存和发展。工业文明追求的经济社会发展与生态环境的承载力之间的矛盾日益凸显，迫切需要重视生态文明建设。

六、为建设清洁美丽世界贡献生态智慧

　　近年来，全球环境治理经历了起起落落，我国在全球环境治理中已逐渐步入舞台中央。自从人类进入工业革命时代以来，生态环境危机不断出现，以1972年第一届联合国人类环境会议的召开为起点，全球环境治理大概可以分为三个阶段。第一阶段是由发达国家牵头，呈现南北分裂状态。1972年斯德哥尔摩人类环境会议之后，全球环境治理取得了实质性进展。欧美发达国家凭借在环保理念、环保技术、资金支持等方面的优势，积极推动国际环境合作，客观上在全球环境治理中发挥了主导作用。这一阶段签署了一系列关于人类环境保护事业的重要国际条约，如1972年的《联合国人类环境会议宣言》、1973年的《濒危野生动植物种国际贸易公约》、1985年的《保护臭氧层维也纳公约》、1989年的《控制危险废物越境转移及其处置巴塞尔公约》等，这一阶段全球环境治理两大阵营逐渐形成，即发达国家阵营和发展中国家阵营，这两个阵营在经济实力和应对环境危机的能力上存在显著差距，对环境保护的要求也大相径庭。[1]欧美发达国家更愿意采取强力措施，而发展中国家则表示自身的环境问题很大程度上是发展不足造成的，认为不能采取与国力不匹配的环境保护措

---

① An Ran, Sang Tian, et al. The guarantee mechanism of China's environmental protection strategy from the perspective of global environmental governance—focusing on the punishment of environmental pollution crime in China［J］. International Journal of Environmental Research and Public Health, 2022, 19(22): 14 745.

施。第二个阶段是发达国家的态度摇摆不定，形成了三足分立格局。在全球环境不断恶化及与发展有关的问题更加严重的背景下，联合国环境与发展会议于1992年在巴西里约热内卢举行。这次会议是人类环境保护进程中的又一个里程碑。会上通过了《关于环境与发展的里约宣言》、《21世纪议程》和《森林原则声明》，开放了《联合国气候变化框架公约》和《联合国生物多样性公约》供签署。2001年，美国宣布退出《京都议定书》，随后日本、新西兰、加拿大和其他一些国家表示将不再参加《京都议定书》议程。这一阶段，欧盟为推动全球环境治理做出了诸多努力，发挥了积极的引领作用，发展中国家紧跟发达国家的环境保护趋势。第三阶段是发展中国家逐渐向中心转移。2015年，《巴黎协定》的签署开启了全球环境治理的新模式——自下而上的模式。发展中国家对国际环境保护的责任越来越大，而美国于2017年退出《巴黎协定》，严重挫伤了全球环境治理的信心，并造成了国际环境合作的领导力差距。[①]在此形势下，中国政府明确表示，将坚定维护全球环境治理，继续推动《巴黎协定》后续协议的签署和实施。地球是人类赖以生存的家园，地球生态系统更是脆弱和复杂的，这也更加表明建设生态文明的重要性、必要性和紧迫性。实现人与自然和谐共生是构筑万物和谐的地球家园的内在要求，是应对全球生态危机严峻挑战的必然选择，更是共建地球生命共同体的关键举措。

（一）构筑万物和谐的地球家园的内在要求

在人与自然双向互动过程中，只有秉持人与自然和谐共生的理念，才能摆脱工业文明的桎梏和枷锁，构筑一个万物和谐的地球家园。以人与自然和谐共生为指导的生态文明建设，是超越西方工业文明的发展新范式。近年来，国际社会为实现万物和谐做出了巨大努力。在气候谈判方面，自20世纪90年代以来，世界各国一直在为应对气候变化做出努力，制定了《联合国气候变化框架公约》和《京都议定书》。在保护生物多样性方面，1993年《生物多样性公约》正式生效，中国是最早签署和批准《生物多样性公约》的缔约方之一。此

---

① 王尔德. 中国应在全球气候治理3.0时代更好发挥引领作用——专访国家应对气候变化战略研究与国际合作中心国际部主任柴麒敏［J］. 中国环境管理，2017，（05）：22-24.

后，2010年在日本确立"爱知"目标，2021年在云南昆明召开了《生物多样性公约》会议。我国在生物多样性保护方面成效显著，朱鹮从1981年的7只增长到现在的几千只；大熊猫野外种群数量达到1800多只，受威胁等级从"濒危"降为"易危"；藏羚羊受威胁等级从"濒危"降为"近危"。在世界范围内，无论是气候谈判还是生物多样性公约，都是为了解决人与自然不平衡的问题，实现可持续的生存和发展。中国作为世界上最大的发展中国家，如果亦步亦趋，既不能实现中华民族的伟大复兴和可持续发展，更不能创造一个健康、稳定、安全的外部发展环境。

（二）应对全球生态危机严峻挑战的必然选择

世界环境与发展委员会在1987年出版的《我们共同的未来》一书中对当今世界面临的生存和发展问题进行了研究，虽然报告的内容在今天看来具有较大的时代局限性，但是报告中提出人类必须寻求可持续的发展道路，首次对"可持续发展"进行了系统阐述。2021年联合国环境署发表《与自然和平相处：应对气候变化、生物多样性丧失和污染危机的科学蓝图》，联合国秘书长安东尼奥·古特雷斯指出，人类正在向自然开战，这是十分愚蠢的自杀行为。我们鲁莽行事的恶果已昭然若揭：人类遭受深刻的痛苦、巨大的经济损失，地球上无数的生命被加速吞噬。随着人口的增加和生产力的快速发展，当前国际社会面临的生态环境问题十分严峻，人类生存受到严重威胁，资源环境对经济社会发展的支撑能力减弱。除此之外，二氧化碳的排放问题对于生态文明建设来说无疑是一场灾难，人类生产生活向大气排放的二氧化碳气体增多，导致大气中二氧化碳的浓度不断增加，使得气候危机严重影响人类的生活，造成了气候变暖、台风、干旱等一系列极端天气事件。同时，古特雷斯指出与自然和平相处、保障大自然的健康是我们所有人实现繁荣及可持续发展的关键举措。这无疑与习近平总书记提出的人与自然和谐共生有着异曲同工之妙。我们要以生态文明建设为引领，协调人与自然关系，坚持绿色低碳发展，解决好工业文明带来的问题，把人类活动限制在生态环境能够承受的限度内。地球生存环境关乎人类生存，在人类面临巨大生态危机挑战之时，倡导人与自然和谐共生，是人类应对全球生态危机的主动回应，更是应对全球生态危机严峻挑战的必然选择。

（三）推进碳达峰碳中和的关键举措

习近平总书记在二十大报告中指出："实现碳达峰碳中和是一场广泛而深刻的经济社会系统性变革。立足我国能源资源禀赋，坚持先立后破，有计划分步骤实施碳达峰行动。"[①]人与自然和谐共生的中国式现代化对于积极稳妥推进碳达峰碳中和，推动经济社会发展与生态环境保护相互促进、相互协调具有积极意义。人与自然和谐共生的中国式现代化要求我们要坚持绿色发展理念，这是当今世界发展的重要趋势，也是我国实现可持续发展的必然选择。将生态环境保护纳入国家发展战略，引导全社会形成绿色发展共识，推动能源、产业、消费等领域低碳转型，同时通过科技创新推动产业结构优化升级，发展绿色低碳产业，淘汰高能耗、高污染的落后产能，为实现碳达峰碳中和奠定坚实基础。我国仍是发展中国家，工业化、城镇化尚未完成，产业结构和能源结构具有明显的高碳特征，实现碳达峰碳中和任务艰巨，资源环境对经济发展的约束日益趋紧。中国式现代化要求加快能源结构调整，发展清洁能源，降低化石能源消费比重。传统的能源结构以化石能源为主，这种能源的开采和使用对环境造成了严重破坏，并且面临着资源有限和不可持续的问题。加快能源结构调整，发展风能、太阳能、水能等可再生能源，有利于实现能源的长期供应，保障国家能源安全，减少对外部能源的依赖，提高能源供应的自主性和稳定性。同时，化石能源的燃烧是温室气体排放的主要来源，加剧了全球气候变化。通过提高清洁能源在能源消费中的比重，可以显著减少温室气体和其他污染物的排放。推动产业结构优化升级，发展绿色低碳产业，淘汰高能耗、高污染的落后产能从而降低碳排放强度，改善大气质量，保护生态环境。还要注重生态保护和修复，加大森林、草原、湿地等生态系统保护和恢复力度，降低碳排放强度，提升生态系统碳汇能力。人与自然和谐共生的中国式现代化倡导绿色低碳生活方式，提高全民环保意识，引导民众从生活中做起，降低生活领域碳排放。这不仅仅是个人行为的

---

① 习近平. 高举中国特色社会主义伟大旗帜 为全面建设社会主义现代化国家而团结奋斗——在中国共产党第二十次全国代表大会上的报告［M］. 北京：人民出版社，2022：51.

改变，更是社会文化价值观的更新，推动社会向着更加文明、环保的方向发展。实现人与自然和谐共生的中国式现代化需要我们在经济社会发展各个方面深化改革、创新举措，形成绿色发展合力，为构建美丽中国、美好世界作出贡献。

第五章

人与自然和谐共生的中国式
现代化的实践路径

生态文明建设是中华民族永续发展的千年大计，我们应当坚定不移走生态优先、绿色发展的道路，通过树立科学的生态环保意识、践行良好的生态环境是最普惠的民生福祉理念、实行最严格的生态环境保护制度、强化生态文明建设科技创新引领、不断加强学术研究与体系建构、积极稳妥推进碳达峰碳中和、提升生态文明国际话语权、构建公正的全球生态治理体系来实现人与自然和谐共生的中国式现代化。

一、树立科学的生态环保意识

生态总价值也就是绿色GDP的概念充分说明生态本身就具有很大的价值，不仅包含生态本身具有绿色价值和物质价值，还包含绿肺效应带来的旅游价值、林下经济等。习近平总书记指出："'绿水青山就是金山银山'，这实际上是增值的。"①树立绿水青山就是金山银山的意识，要从坚持人与自然和谐共生理念，树立生态优先、绿色发展理念，践行科学的生态价值观入手，将人与自然和谐共生观落到实处。

（一）坚持人与自然和谐共生理念

实现人与自然和谐共生是生态文明建设的目的。通过不断增强人民群众保护环境的生态意识和生态自觉，倡导生态行为等方式树立生态观念、培育生

---

① 习近平.论坚持人与自然和谐共生［M］.北京：中央文献出版社，2022：142.

态情感、发展生态经济，进而实现人与自然和谐共生，使生态文明建设成为全民参与的一项事业。

增强保护环境的生态自觉，培育生态情感。生态情感表现的是人类与自然万物之间的感情，是人们对自然怀有敬畏之心、依恋之情的心理表现。中国传统文化深刻地诠释了这种生态情感，比如：孔子倡导遵循"知天命、畏天命、顺天命"的自然规律，老子的"道法自然"等。"要像保护眼睛一样保护生态环境，像对待生命一样对待生态环境"①，不仅表现了坚持人与自然和谐共生的科学发展理念，也为培育生态情感提供了科学指引和基本遵循。现阶段，我国要通过大力发展生态教育、培养生态建设人才等途径，不断提高人民群众保护自然的情感自觉。

倡导绿色消费的生态行为，发展生态经济。绿色是大自然的底色，我们在生活中应将低碳绿色消费方式贯穿到生活的点点滴滴，在全社会形成处处讲节约的良好风气，节约每一滴水、每一张纸、每一度电。同时，坚决反对奢侈浪费和不合理的消费，无限膨胀的欲望、毫无限制的消费仿佛是人们寻找到了生活幸福和人生价值的源泉所在，但殊不知，人类早已沦为资本的牵线木偶。习近平总书记曾语重心长地指出："有的人觉得住上大别墅、开上豪华车，一掷千金，醉生梦死，人生价值就实现了。看看越来越多的大排量高档汽车，越来越多的高档饭店、豪华会馆、洗浴中心，越来越多的大吃大喝、杯盘狼藉，看看一些地方热衷于建设的大广场、大马路、大草坪、大剧院、大灯光等，要用多少能源呀！对这种奢侈炫耀、浪费无度的消费行为要进行制约。"②新型冠状病毒肺炎疫情的暴发也向我们发出了警告：呵护自然生态，保护野生动物，进行合理的消费，才是人类与自然和谐相处的出路。人类作为自然界的高级动物，在自然界占有一定优势，但如果我们打破了平衡，最终将会自食恶果。

（二）树立生态优先、绿色发展理念

以绿色生态引领高质量发展和绿色发展，是新时代必须要践行的发展理念，这要求"留朴、留绿、留白"。留朴是指在发展过程中厉行节俭，加快建

---

① 习近平.习近平谈治国理政（第3卷）[M].北京：外文出版社，2020：361.
② 习近平.论坚持人与自然和谐共生[M].北京：中央文献出版社，2022：78.

设能源节约型社会；留绿是指要具有前瞻性，牢牢守住绿水青山，推动形成绿色发展方式和生活方式；留白是指要给后人留下足够的发展空间，为子孙后代留下可持续发展的"绿色银行"。

加快建设能源节约型社会。习近平总书记指出："能源安全是关系国家经济社会发展的全局性、战略性问题，对国家繁荣发展、人民生活改善、社会长治久安至关重要。"①加快建设能源节约型社会，要求我们要形成低碳生产方式和生活方式，推进工业领域的"煤改电"，推进城市公共交通告别燃油时代，打造纯电动化城市。节约能源需要全社会的各个主体都参与进来，倡导全民节约，推动能源消费革命。同时，相关部门要围绕能源消费、能源供应、能效水平、节能效果等方面，加快建立科学的能源资源节约评价体系。建设能源节约型社会对于促进我国能源安全，促进经济社会可持续发展，推动社会进行绿色转型，打赢蓝天保卫战具有十分重要的意义，更是实现生态优先、绿色发展理念，树立人与自然和谐共生观的重要途径。

为子孙后代留下可持续发展的"绿色银行"。"银行"是储存和增值财富之地，与"绿色"相结合，象征着能够持续产生价值和效益的生态环境和资源，体现的是为当代计、为万世谋的深远考量。良好的生态环境是世世代代、子子孙孙赖以生存的基础和前提，也是人类社会能够走向未来的重要依托。人类的生产活动常常会给生态环境带来巨大的压力，反过来更危害人类自身的健康和可持续发展。青山绿水、碧海蓝天是发展的最大优势，不能一蹴而就地兑换成"市场价值"，在发展过程中必须将保护环境作为发展的根本立足点，在"增蓝""护绿"上下功夫，为子孙后代留下可持续发展的"绿色银行"。只有坚持人与自然和谐共生观才能保障人类健康生存和繁衍生息。

（三）践行科学的生态价值观

习近平总书记指出："人与自然是生命共同体，人类必须尊重自然、顺应自然、保护自然。"②这为我们实现人与自然和谐共生树立了科学的生态价值观。敬畏自然是实现人与自然和谐共生的观念前提，尊重自然是实现人与自然

---

① 习近平谈治国理政［M］.北京：外文出版社，2014：130.
② 习近平.论坚持人与自然和谐共生［M］.北京：中央文献出版社，2022：187.

和谐共生的伦理规范，顺应自然是实现人与自然和谐共生的客观规律，保护自然则是实现人与自然和谐共生的必然要求。

第一，敬畏自然是实现人与自然和谐共生的观念前提。敬畏是指由敬而生的尊重，不是恐惧自然，而是一种对待自然的态度，也是一种约束自身的行为准则，人类一旦缺少了对自然的敬畏，往往会变得肆无忌惮。人类在原始社会时期，几乎不具备改造自然的能力，那时人类十分敬畏自然。随着人类社会的不断进步发展，人类改造自然的能力逐步提高，仿佛撕掉了自然的那层神秘面纱，人类开始肆意妄为，肆意破坏掠夺自然。资本和资本主义的逐利本性更是加剧了人类对于自然的掠夺。人类凌驾于自然之上就必然要付出沉重的代价，自然界不会因为人类的存在、社会的进步就改变其自身的运行规律。在自然界数亿年的历程中，人类显得微不足道，即使人类最终消失殆尽，自然界依旧不会停止前进的步伐。敬畏自然也是实现人与自然和谐共生的观念前提，不懂得敬畏自然，就无法做到尊重自然，更不能做到顺应自然和保护自然。

第二，尊重自然是实现人与自然和谐共生的伦理规范。尊重是指尊敬、重视，在古汉语中，尊重是指将对方视为比自己地位高而必须对其重视的心态，但是现在已逐渐引申为平等相待的心态。不论是从历史维度、现实维度、价值维度等方面来说，自然都是高于人类的存在。在历史维度上，自然是生命之母，孕育了人类的产生和发展；在现实维度中，人类生存、社会发展都要依靠自然界提供的物质基础；在价值维度上，人类社会的生态系统与自然的生态系统处于同一个"生态圈"，一方的波动必然殃及另一方，二者是对立统一的关系。中华民族历来尊重自然、热爱自然。党的十八大以来，生态文明建设的成就举世瞩目，成为新时代党和国家事业取得历史性成就、发生历史性变革的显著标志。《中国库布其生态财富创造模式和成果报告》显示，库布其治沙面积达6000多平方公里，涵养水源240多亿立方米，释放氧气1830万吨，生物多样性保护产生价值3.49亿元。

第三，顺应自然是实现人与自然和谐共生必须遵从的客观规律。顺应是指顺从适应，要做到顺应自然，就要充分了解自然，并按照自然规律办事。《荀子·天论》中指出："天行有常，不为尧存，不为桀亡。"荀子认为，天有运行规律，人有能动力量，天的自然力量和人的能动力量有各自作用的范围。

老子也指出："天之道，不争而善胜，不言而善应。"老子认为，符合自然规律的事物，虽然不与别物相争，却能取胜；虽然不说话，却善于应答。自然界内部有其自身的运行规律，人类要通过了解自然、认识自然，掌握这些规律，进而更好地顺应自然。可以说，人类社会的发展史就是一部认识自然、了解自然的历史。人类应在经济社会不断发展前进的过程中反思我们走过的弯路，推动人类更好地认识自然、了解自然、顺应自然。顺应自然还应该在认识自然、遵循自然规律的基础之上发挥人的主观能动性。人类在自然面前不是毫无办法的，在敬畏自然、尊重自然的基础之上，发挥人的主观能动性，遵循客观规律创造人类需要的"人化自然"。

第四，保护自然是实现人与自然和谐共生必须遵守的必然要求。人类不仅是导致生态环境问题产生的凶手，更是生态环境恶化的受害者，因此保护自然就是保护人类自身。习近平总书记指出：在经济社会发展过程中，"不能只讲索取不讲投入，不能只讲发展不讲保护，不能只讲利用不讲修复"，而应"多谋打基础、利长远的善事，多干保护自然、修复生态的实事，多做治山理水、显山露水的好事"。①人类应全方位对自然进行保护，保护主体从微观到宏观，个人、企业、社会乃至世界各国都应积极承担保护自然的责任，也都有保护自然的义务；保护措施从宏观到微观，由国家制定生态环境保护政策，各级有关部门、各个社会主体都应积极落实，进而实现人与自然的和谐共生和人类社会的永续发展。我们只有真正将保护自然落实到位，最终才能建设成为人民向往的国家富强、民族复兴、人民幸福的社会主义现代化强国。

二、践行良好的生态环境是最普惠的民生福祉理念

中国共产党始终坚持生态为民、生态利民、生态惠民的理念，把生态文明建设作为重大的民生工程，把创造良好的生态环境作为最普惠的民生福祉。在推动生态民生建设，解决人民群众最关心的突出环境问题等方面下功夫，从改善生态环境质量入手，满足人民群众的美好生活需要。

---

① 习近平.论坚持人与自然和谐共生［M］.北京：中央文献出版社，2022：10.

（一）推动生态民生建设

人民是推动以民为本的生态民生建设的出发点和落脚点，生态文明建设要始终坚持以人民为中心的发展思想。不管是大力培养生态建设人才，还是不断提高环境治理水平，都是为了不断推动生态民生建设，增进人民福祉。

大力培养生态建设人才。"在百年奋斗历程中，我们党始终重视培养人才、团结人才、引领人才、成就人才，团结和支持各方面人才为党和人民事业建功立业。"[①]近年来，我国高度重视生态人才的培养工作，不断扩大生态人才队伍，印发实施《生态环境保护人才发展中长期规划（2010—2020年）》，出台《环境保护部专业技术领军人才和青年拔尖人才选拔培养办法（试行）》《环境保护部引进高层次专业技术人才实施办法（试行）》《关于加强基层生态环境保护人才的意见》等政策文件，生态建设人才在多层次、多方位都有了不同程度的提高，为打好污染防治攻坚战提供了人才保障。随着我国生态文明建设和美丽中国建设的深入推进，对生态文明建设人才提出了更高的要求，目前我国生态建设人才在数量规模、结构层次等方面还存在一些短板。在中国特色社会主义发展过程中，要进一步加强生态建设人才对生态文明的支撑与保障作用，使得人才数量和质量能够基本满足生态文明建设需求，不断完善人才引入、评价、激励机制，加强领导干部的人才队伍建设，加强高层次科技创新人才的培养，注重偏远地区生态建设人才的输送，加强环保人才基础能力建设。

不断提高环境治理水平。生态环境治理要建立在尊重自然、顺应自然、保护自然的基础之上，在尊重自然规律的基础上使用生态产品和生态功能。生态环境没有替代品，用之不觉，失之难存。我们党从生态系统整体性出发，强调要实施生态系统保护和修复重大工程，优化生态安全屏障体系，提升生态系统的稳定性，不断提高环境治理水平。一是坚持自然恢复与人工修复相辅相成。自然恢复和人工修复相辅相成、缺一不可。依靠自然力量恢复生态，需要经过一个较为漫长的周期，但是成本较低。人工修复见效快，但成本高昂，修复后的生态系统的稳定性较差。"在工业社会之前，有限的生产力水平使得人

---

① 深入实施新时代人才强国战略 加快建设世界重要人才中心和创新高地［N］.
北京：人民日报，2021-09-29.

类活动对生态环境施加的影响尚处在生态环境自我调节和修复的范围"①，在生产力高度发展的今天，我们更要给予生态进行自我修复的时间和空间。我们还自然以和谐宁静，自然就会还我们一片蓬勃生机。同时，利用好科学技术的进步，不断发展生态科技，促进人工修复。科学技术作为人类认识自然和改造自然的有力工具，对人类社会的物质文明、精神文明、生态文明等方面产生了重要影响，坚持走中国式现代化道路需要运用科技手段解决环境问题，依靠科技创新支撑生态文明建设。二是加快构建现代环境治理体系，从治理主体、治理手段和治理能力三方面着手。在治理主体方面，政府应发挥主导作用，制定和实施环境保护的政策、法规和标准，加强环境监测和执法监管，确保环境治理的公正性和有效性；强化企业的环保责任，推动企业实施绿色生产和经营，加大环保投入，严格遵守环保法律法规；鼓励和引导社会组织、公众参与环境治理，建立健全公众参与机制，提高公众环保意识和参与能力，形成全社会共同参与的环境治理格局。在治理手段方面，加强环境科技研发和创新，推动环境治理技术进步，提高污染治理效率和效果，降低治理成本；运用经济手段，如环境税费、生态补偿、绿色金融等，激励企业和个人减少污染排放，促进绿色发展；完善环境法律法规体系，加强环境执法监管，严厉打击环境违法行为，保障环境法律法规的权威性和执行力。在治理能力方面，加强环境治理人才的培养和引进，提高环境治理队伍的专业化水平，增强环境治理能力；建立健全环境信息共享机制，推动环境数据的开放和共享，提高环境治理的透明度和效率；加强环境风险防控和应急管理能力，建立健全环境事故应急响应机制，提高应对突发环境事件的能力。

（二）解决人民群众最关心的突出环境问题

党的十八大以来，我国环境治理力度明显加大，生态环境在一定程度上得到了改善，但是从长期来看，约束我国发展的资源环境问题日益突出，生态环境保护任重而道远。环境污染重、生态修复慢已成为我国建设社会主义现代化强国的突出短板。人与自然和谐共生的现代化要求着眼于环境保护的重点

① 易淼.新时代长江经济带绿色发展的问题缘起与实践理路［J］.中国高校社会科学，2020，（04）：98-105+159.

领域和关键领域，打赢蓝天保卫战，加快水污染防治，强化土壤污染管控和修复，开展农村人居环境整治行动，努力打造"生态农业"、"生态工业"、"生态信息业"和"生态服务业"等。

1. 在打好污染防治攻坚战方面，着力减少环境污染

"空气、水、土壤、蓝天等自然资源用之不觉、失之难续。"[①]2018年中共中央、国务院发布《关于全面加强生态环境保护 坚决打好污染防治攻坚战的意见》，这个意见中提到要打赢蓝天保卫战，着力打好碧水保卫战，扎实推进净土保卫战，这也就是污染防治的三大攻坚战。

其一是打赢蓝天保卫战。随着工业化、城镇化进程加快，生产生活燃煤与汽车尾气造成的大气污染状况越来越严重，随之而来的是蓝天白云被严重的雾霾天气遮蔽，不仅破坏了人们的生产生活环境，更危害人们的身体健康，打赢蓝天保卫战迫在眉睫。2013年9月，大气污染防治十条出台，这是我国开展污染系统治理的首个行动计划。2017年的政府工作报告中首次提出了蓝天保卫战，报告指出，全国的二氧化硫、氮氧化物的排放量分别下降8.0%和4.9%，煤炭消费比重下降8.1%，清洁能源的消费比重提高6.3%。燃煤对于空气质量产生的影响很大，我国高度重视燃煤污染问题，全面实施散煤综合治理，推进北方地区冬季清洁取暖，完成以电代煤。除此之外，还强化了机动车尾气治理，淘汰黄标车、老旧机动车，鼓励使用清洁能源。

其二是打好碧水保卫战。水是生存之本、文明之源、生态之基。从太空观察，地球是一个蓝色的星球，71.0%的地球面积被水覆盖，然而就全世界而言，淡水资源本就是稀缺资源，再加上工业的高度发展，对水资源的使用量越来越大，大量未经处理的污水直接排放到江河中，使得水污染越来越严重。习近平总书记多次视察河流湖泊，从"要把修复长江生态环境摆在压倒性位置，共抓大保护，不搞大开发"[②]，到强调推动黄河流域生态保护和高质量发展；从在云南洱海边殷切叮嘱当地干部"希望水更干净清澈"，到要求让山西汾河

---

① 习近平. 论坚持人与自然和谐共生［M］. 北京：中央文献出版社，2022：93.
② 习近平关于全面建成小康社会论述摘编［M］. 北京：中央文献出版社，2016：181.

"水量丰起来、水质好起来、风光美起来"。打赢碧水保卫战，突出精准治污、科学治污、依法治污，统筹水资源、水环境、水生态治理，还人民群众优美生态环境。

其三是推进净土保卫战。土壤污染具有滞后性、隐蔽性和持久性，并且修复治理污染土壤任务艰巨、代价高昂。针对我国快速工业化进程中对土壤环境质量带来的挑战，我们需要明确土壤污染物的来源，并探明污染物在土壤和作物中的迁移转化过程，从而保护土壤环境质量并阻抗农作物对污染物的积累，研发针对大面积农田的高效、廉价污染修复技术。同时，要关注药品、微塑料等新型污染物，防止土壤中致病菌与抗生素抗性基因的叠加与互作。土壤是保障食品安全的第一道防线，要让人民群众吃得安全、健康，必须持续改善土壤质量，打赢净土保卫战。打好污染防治攻坚战是一项长期的系统工程，我们要认真贯彻新发展理念，始终坚持问题导向、目标导向和结果导向，综合运用经济、法律和技术等各种手段，统筹兼顾、系统谋划、精准施策。

2. 在探索生态脱贫新路径方面，让人民群众在生态保护中获益

中国共产党始终坚持从人民群众的根本利益出发，不断满足人民群众对美好生活的向往。2015年党中央做出了要坚决打赢脱贫攻坚战的决定，将脱贫攻坚工作纳入国家总体发展战略。对于一些生态环境恶劣、脱贫难度较大、又是重要生态保护区的地区，尤其要加强对生态环境的修复力度，让贫困人口从生态环境修复中得到实惠。习近平总书记在中央扶贫开发工作会议上的讲话中指出，要将一些贫困人口转换成生态保护人员，既能解决一部分贫困人口的就业问题，又能促进生态环境的保护和建设，走出一条具有中国特色的生态扶贫新路径。

3. 在开展农村人居环境整治方面，加强农村环境保护

自改革开放以来，我国经济发展取得巨大成就，农村的整体发展水平得到明显提高。但与此同时，我国在工业化、市场化、城镇化发展过程中，由于农村本身资源吸引能力偏弱、大量优质的生产要素流向城市，导致农村在各个方面的发展都相对滞后，尤其是在环境保护方面更是疏于管理。村庄是广大农民进行农业生产和居住生活的聚集地，村庄环境是农民生产生活的基础，改善农村人居环境是乡村振兴的重要内容。"生产发展、生活宽裕、乡风文明、村

容整洁、管理民主，是建设社会主义新农村的总要求。"[1]农村人居环境治理欠账较多，配套资金缺乏，基础设施陈旧，在进行环境整改的过程中阻力较大。各级部门应充分认识到外部存在的各种问题，引导相关政策为改善农村环境做贡献。同时，在环境治理中，要加强农民参与环境治理的积极性，提高农民思想觉悟，培养广大农民自己动手建设美丽家园的意识。

4. 在实现共同富裕方面，实现生态经济协调的共同富裕

共同富裕是社会主义的本质要求，是铸牢中华民族共同体意识、实现中华民族伟大复兴的必然要求。共同富裕不是单纯的物质富裕，还包括精神富足、生态美丽，最终达到人与自然和谐共生，实现人的全面发展。只要生态保护，不要经济增长，无法走上富裕道路；只要经济增长，不要生态保护，共同富裕不可持续。马克思在《1844年经济学哲学手稿》中指出，人和动物一样靠无机界生活，动植物、空气等作为人的精神的无机界，同时也作为人的生活和活动的一部分，"人在肉体上只有靠这些自然产品才能生活，不管这些产品是以食物、燃料、衣着的形式还是以住房等等的形式表现出来"[2]。因此，我们要遵循生态经济协调发展规律，深刻理解经济系统以生态系统为基础的，生态系统遭到破坏，人类社会的发展将会举步维艰、难以为继。我们要走出一条生产发展、生活富裕、生态良好的文明发展道路，牢固树立"经济系统是生态系统子系统"的观念，努力建设人与自然和谐共生的现代化。

三、实行最严格的生态环境保护制度

我国的生态环境治理成本高、破坏生态环境行为的惩处力度小，导致生态环境问题一直没有得到根本解决，依靠制度和法治进行生态文明建设刻不容缓。党的十八大以来，党中央加快了在生态环境保护领域的改革和立法步伐，生态环保制度建设已经成为国家治理体系和治理能力现代化建设的重要组成部分。我国通过实现生态治理现代化、推进生态法治建设、形成生态文明制度体系、筑牢国家生态安全屏障等一系列举措，成功加强了生态环境保护制度的建

---

① 胡锦涛文选（第2卷）［M］.北京：人民出版社，2016：412-413.
② 马克思恩格斯选集（第1卷）［M］.北京：人民出版社，2012：55.

设，科学回答了怎样建设生态文明这一问题。

（一）实现生态治理现代化

建设人与自然和谐共生现代化要不断提高生态环境治理体系和治理能力现代化水平，这就要求我们要提高生态治理能力、调整生态治理结构、重视生态治理正义，始终坚持党委领导、政府主导、企业主体、社会参与的环境治理体系。

提高生态治理能力。建设人与自然和谐共生的现代化要不断提高生态环境治理体系和治理能力现代化水平。一方面，构建一体谋划、一体部署机制。坚持党委领导、政府主导、企业主体、社会参与的环境治理体系。完善环境保护、节能减排约束性指标管理；全面实行排污许可制，推动实现精准治污、科学治污、依法治污；激发企业技术创新潜力，加快构建市场导向的绿色技术创新体系；高校应培养一批研发技术过硬的科研人员，充分发挥高校在生态文明建设中的支撑引领作用；增强全民环保意识和生态意识，培养全民保护环境的生态自觉和生态情感。另一方面，推进源头治理、系统治理举措。在源头治理方面，光靠表面的整治是远远不够的，这依然没有跳出"先污染后治理"的怪圈，关键还要靠源头治理，将治本摆在重要位置，完善预防性法律制度。在系统治理方面，人与自然和谐共生的现代化建设要从生态系统整体性出发，统筹山水林田湖草沙一体化保护和修复，坚持"一揽子举措推动整治一盘棋"，在生态文明建设中一体推进、综合施策。

调整生态治理结构。我国在产业、能源、交通运输、用地等方面都面临着结构调整。在产业结构方面，大力推进建材、铸造和煤化工等行业的兼并重组、转型升级和布局优化，实现传统行业的整体提升。在能源结构方面，严格控制新建燃煤项目，提高清洁能源的供应保障能力，进一步优化能源结构。在交通运输方面，减少城市车流量，提倡使用公共交通，提升铁路货运占比，压缩公路运输量。在用地结构方面，重点加强城市绿地等生态环境建设，实施国土绿化行动，消灭裸露荒地，随着三江源国家公园、祁连山国家公园等国家公园陆续设立，我国森林蓄积量不断提高。

重视生态治理正义。一方面，乡镇农村地区和城市地区存在生态不正义问题。乡镇农村地区因工业化程度较低，生态环境破坏相较于大规模的工业化地区较低，但是这并不意味着乡镇农村地区没有环境污染问题。相反，乡镇农村地区因为资金不足、管理理念较为落后等原因，对于生态环境的基础设施建设十分不足，这也导致垃圾围村、黑臭水体等突出环境问题的出现。在乡镇农村的生态治理中，要以乡村居民的需求为中心，坚持公平正义为基石，致力于美丽乡村建设，致力于实现生态公平。另一方面，在全球生态治理中，也存在生态不正义的问题。西方发达资本主义国家有着较大的话语权，甚至能够主导规则的制定，掌握着"生态霸权"，资本主义国家在发展起来后将重工业转移到欠发达的国家，这也就将污染转移了出去，利用他国的廉价劳动力和丰富的资源发展经济，又不污染本国环境，这是赤裸裸的"生态殖民"，更是一种"生态霸权"。全球性的生态危机不是一个国家能解决的，必须寻求各个国家的共同合作与应对，在实现生态正义的道路上，通过各国的协商和对话，明确生态权利和责任的划分，构建国际通用的生态正义准则。

（二）推进生态法治建设

法制的建设不是一蹴而就的，而是在中国共产党的领导下逐步探索趋于完善的。将环境资源问题纳入法治轨道是依法保障人民群众环境权益、保障社会经济绿色发展的内在需要，虽然生态法制体系建设在从缺失到日益完善的过程中取得了一定的成绩，但在法律规范体系、实施体系、监督体系等方面的建设上仍要下足功夫。

构筑完备的生态文明法律规范体系。环境立法为生态环境保护提供法律保障，"保护生态环境必须依靠制度、依靠法治"①。从环境立法开始起步到不断推进生态法治建设，再到新时代中国特色社会主义时期实行最严格的生态环境保护制度，我国环境立法不断完善，加快环境资源法律法规的系统化，进而保障生态文明的永续发展。党的十八大以来，我国生态环境保护取得历史性成就，生态环境领域立法工作取得了明显成效，有关生态环境保护的相关法律达到31件，另外还有100多件行政法规和1000余件地方性法规确立，这些法律法规的确立推进了生态环保法律体系的初步形成。构筑完备的生态文明法律规范体系，在法律层面为生态文明建设划定红线、设置底线，用法律制约人民群众

① 习近平.习近平谈治国理政（第3卷）[M].北京：外文出版社，2020：363.

的行为。不仅要使人民群众在思想上认识到保护生态环境的重要性，更重要的
是付诸行动，做到知行合一。

建设高效的生态文明法治实施体系。我国长期以来追求经济快速增长，
造成了人们的法治观念不高；违法成本相对低，造成了长期以来人们对环境保
护相关法律的漠视。只有严格实施法律，才能彰显出法律的生命力和权威，才
能显示出法律的作用。目前我国已经初步形成了覆盖水、土壤、生物多样性等
环境因素在内的法制体系，只有在执法、司法、守法的各个环节真正贯彻落实
相关法律制度，最终才能卓有成效地推动我国生态文明建设。在生态执法体系
建设方面，我们应建立生态环境保护综合执法体系，实现一体化监管，在整合
生态执法资源的基础上，优化生态执法的边界和权限，着力解决重复执法、执
法疲软等问题。在生态司法体系建设方面，建设人与自然和谐共生的现代化要
依靠制度、依靠法治，我们应强化系统思维，推进生态行政执法和司法衔接，
不断推动生态环境司法保护由过去的相对零散的、地域性、临时性合作向系统
性、全面性、制度性协同发展的方向迈进，进一步加强法院、检察、公安、自
然资源、生态环境、林业、水利等相关部门协作，构建生态环境纠纷多元化解
决机制。

建立严密的生态文明法治监督体系。党的十九大报告明确指出"改革生
态环境监管体制"[1]，由此可见法治监督在法治保障中的重要地位。引起生态
环境破坏的原因有很多，但与法治监督体系的缺陷、不严密有必然联系，对
于法律实施缺少监督也会导致相关环境法的实施效果大打折扣。完备的法律体
系和高效的法治实施体系离不开法治监督体系，要坚决惩处破坏生态环境的行
为。推进人与自然和谐共生的现代化建设，需要实施严密的法治监督体系，在
全社会形成多主体参与、齐抓共管的局面，实现监管主体的多元化，进而提升
生态文明建设的效能。其一是推进生态环境纪检监察。纪检监察机关要做到对
生态环境状况跟进监督、精准监督、全程监督，及时发现问题、及时专题研
究、及时督促解决，坚决纠治落实偏差。其二是加强人大监督。国务院及各级
政府应定期向人大报告环境状况，接受人大监督；全面开展生态环保法律和相

---

[1] 习近平.习近平谈治国理政（第3卷）[M].北京：外文出版社，2020：41.

关决定的执法检查；成立随机抽查小组，奔赴企业和工地进行抽查。其三是加强民主监督。社会各界、媒体、公众等应积极参与生态环境问题的监督，发现问题及时反映，推动相关部门采取有效措施解决。政府部门应积极回应民众关切，接受公众监督，保障信息透明度，充分发挥民众的监督作用。同时坚定不移贯彻生态文明建设的法治思想，深化中央生态环境保护督查。

提供有力的生态文明法治保障体系。生态文明建设取得巨大成就的背后离不开法治的保障与守护，构建坚强的法治保障体系为建设人与自然和谐共生的现代化提供坚实后盾。一方面，进一步推动党内法律法规建设，使之与生态环境立法相辅相成，成为建设人与自然和谐共生的现代化的重要保障。党的十八大以来，党中央将生态文明建设置于重要战略地位，不断完善生态环境保护的顶层设计。近年来，《公民生态环境行为规范（试行）》《生态环境损害赔偿制度改革方案》《中央生态环境保护督察工作规定》《关于深化生态环境保护综合行政执法改革的指导意见》等文件相继颁布，在此基础上继续推进党内法规对生态环境保护的支持力度，强化环境保护党政同责、一岗双责、失职追责，做到环境保护工作和主体工作同谋划、同部署、同落实。另一方面，加强生态法律人才的培养。习近平总书记指出："要建设一支生态环境保护铁军，政治强、本领高、作风硬、敢担当，特别能吃苦、特别能战斗、特别能奉献。"①开展生态法学研究，培养高水平生态法治人才，对于丰富生态发展建设成果，生态法治建设立法工作提供智力支持具有重大意义。目前国内专门就生态法治专业人才培养的高校较少，这就要求高校尤其是政法类高校在生态法治专业人才的培养上多下功夫，催生生态法学课程，开展环境法学基础理论教学，开设法律生态化专题、环境刑法专题、环境公益诉讼专题等课程，满足国家紧缺的"多元化、复合型、高素质"生态管理法治人才的迫切需要。

（三）形成生态文明制度体系

生态文明建设不仅是一场涉及思维方式和价值观念的革命性变革，更是一场涉及生产方式、生活方式的变革，必须坚持和完善生态文明制度体系，初步形成生态文明改革顶层设计，加快健全生态文明建设制度体系，强化生态文

---

① 习近平.论坚持人与自然和谐共生［M］.北京：中央文献出版社，2022：22.

明制度体系的刚性约束，进而促进人与自然和谐共生。

初步形成生态文明改革顶层设计。我国社会主义事业的发展布局从党的十二大提出的"两个文明"发展到党的十六大确立的"三位一体"，再到党的十七大确定的"四位一体"，党的十八大进一步拓展到"五位一体"总体布局，充分展现了中国共产党对生态文明建设重要性认识的逐步深化。党的十九大提出加快生态文明体制改革，建设美丽中国；十三届全国人民代表大会一次会议通过了《中华人民共和国宪法修正案》，生态文明历史性地写入宪法；十九届四中全会提出坚持和完善生态文明制度体系。生态文明体制改革顶层设计逐步走向完善，有利于推进人与自然和谐共生的现代化的实现。

加快健全生态文明建设制度体系。与西方发达国家相比，中国的环境犯罪立法生效时间相对较晚。1997年我国在修订刑法时，增加了对环境犯罪的条款。然而在1997年至2011年期间，中国对环境犯罪的处罚非常有限，客观上导致我国环境法整体力度不足，对污染者没有形成足够的威慑力。[①] 党的十八大以来，以习近平同志为核心的党中央积极推进生态文明体制机制改革，深刻认识到目前我国生态环境所面临的严峻形势，将生态文明建设放到"五位一体"总体布局中统筹谋划，构建"五大体系"为生态文明建设提供系统治理的科学方案，为建设美丽中国提供行为准则。党中央修改完善了《水污染防治法》《野生动物保护法》《森林法》《大气污染防治法》等法律法规，制定了《土壤污染防治法》《海洋基本法》等法律法规，基本形成了以环境保护为目标，覆盖水、土壤、生物多样性等环境因素在内的法律法规体系。为加快完善生态文明建设制度体系，中共中央、国务院还印发了《生态文明体制改革总体方案》，加快建成生态文明制度的"四梁八柱"。除此之外，加快构建生态文化体系，让生态价值观念内化于心、外化于行；加快构建生态经济体系，坚持绿色发展的新发展理念；加快构建目标责任体系，"决不能让制度规定成为'没

① An Ran, Sang Tian, et al. The guarantee mechanism of China's environmental protection strategy from the perspective of global environmental governance—focusing on the punishment of environmental pollution crime in China [J]. International Journal of Environmental Research and Public Health, 2022, 19(22): 14 745.

有牙齿的老虎'"①；加快构建生态文明制度体系，根据现实问题不断进行制度创新，积极应对生态环境问题出现的新情况新挑战；加快构建生态安全体系，提高处理突发环境事件的解决能力。

强化生态文明制度体系的刚性约束。习近平总书记指出：坚持"用最严格制度最严密法治保护生态环境"②，要加快形成生态文明法治体系。对破坏生态环境的行为不能手软，必须将制度的刚性和权威树立起来。首先，法律制度不能成为"纸老虎""稻草人"。对于已经确立的法律制度必须严格执行，否则就是形同虚设，再好的制度也不能发挥其作用和效力。2017年，国家就甘肃祁连山国家级自然保护区生态环境问题发出通报，一批党政干部被问责，这也释放出了法律制度必须成为不能触碰的高压线这一信号。只有把生态文明制度体系的权威树立起来，才能真正将其转化为生态文明建设的治理效能。其次，不能在生态文明建设过程中搞"一刀切"。有些地方为了实现生态达标，不分青红皂白地实施停工停产，严重影响民生，这是典型的形式主义、官僚主义，为此生态环境部专门研究制定《禁止环保"一刀切"工作意见》。最后，建立制度执行的监督机制，详细制定执行力标准，规划监督执行标准，建立信息反馈机制，让环境保护从软约束变成不可逾越的红线。

在重点区域实行生物多样性补偿制度。划定优先区域范围是做好优先区域生物多样性保护的根本要求。党的十八大以来，我国把保护生物多样性作为建设生态文明的重大任务，以优先区域生物多样性保护为重点。我国生态的基本国情是幅员辽阔，生态环境多种多样，各地开发程度不同，如果不结合实际情况在全国推行统一的生物多样性补偿制度，可能会适得其反。《中国的生物多样性保护》白皮书指出，我国已经打破行政区域界线，连通现有自然保护地，充分考虑重要生物地理单元和生态系统类型的完整性，划定35个生物多样性保护优先区域。其中，32个陆域优先区域总面积276.3万平方公里，约占陆地国土面积的28.8%。③我们必须优先在重点的生态功能区、自然保护区等特

① 习近平.习近平谈治国理政（第3卷）［M］.北京：外文出版社，2020：364.
② 习近平.习近平谈治国理政（第3卷）［M］.北京：外文出版社，2020：363.
③ 中国的生物多样性保护白皮书［EB/OL］.北京：中华人民共和国国务院新闻办公室，2021−10. http://www.scio.gov.cn/ztk/dtzt/44689/47139/index.htm.

殊区域推行生物多样性补偿。我国应根据各地实际情况，不断健全生态保护补偿机制，将补偿方案作为一项工具融入生态保护修复当中，完善生态环境损害赔偿制度，建立重要保护物种栖息地遥感监测机制，完善打击野生动植物非法贸易制度。同时，推行森林、江河湖泊休养生息，健全耕地休耕轮作制度，对严重破坏重要生物物种等构成犯罪的行为依法追究刑事责任。

（四）筑牢国家生态安全屏障

习近平总书记十分重视青海、西藏、甘肃、云南、内蒙古等地的生态环境建设，并指出："青海和西藏的主要区域是重点生态功能区，是世界第三极，生态产品和服务的价值极大"[①]，"云南生态地位重要，有自己的优势，关键是要履行好保护的职责"[②]，"把祖国北疆这道万里绿色长城构筑得更加牢固"[③]，"青海对国家生态安全、民族永续发展负有重大责任"[④]，这一系列论述充分显示出党中央对筑牢国家生态安全屏障的重视程度。2024年6月19日，习近平总书记在青海考察时进一步强调，青海承担着维护生态安全的重大使命，产业发展必须坚持有所为、有所不为，着力培育体现本地特色和优势的现代化产业体系。我们要鼓励公众自发参与生态环境的监督、保护和治理，汇聚起维护生态安全的强大合力。在四川若尔盖县，当地成立了黄河护河队，清理河岸垃圾，引导牧民学习编织沙障、种草施肥，守护黄河安澜。在青海湖国家级自然保护区，牧民牵头组建青海湖湟鱼巡护队，配合有关部门制止非法捕捞湟鱼行为。通过把生物安全纳入国家安全体系，着力提升生态系统质量和稳定性，积极营造绿色安全的健康环境，加强野生动物保护与管理进而实现经济效益、社会效益、生态效益相统一，不断推进人与自然和谐共生的现代化建设。

把生物安全纳入国家安全体系。当今世界处于百年未有之大变局，我国正处于实现中华民族伟大复兴的关键时期，国内外不稳定、不确定性因素十分突出，整个世界也面临生物威胁的不安全因素。生物安全是国家安全的重要组成部分，已经成为全人类面临的重要问题。在人类历史上，非典型肺炎、埃

① 习近平.论坚持人与自然和谐共生［M］.北京：中央文献出版社，2022：79-80.
② 习近平.论坚持人与自然和谐共生［M］.北京：中央文献出版社，2022：82.
③ 习近平.论坚持人与自然和谐共生［M］.北京：中央文献出版社，2022：83.
④ 习近平.论坚持人与自然和谐共生［M］.北京：中央文献出版社，2022：85.

博拉病毒、非洲猪瘟病毒等传染病疫情给人类健康造成了严重威胁，新型冠状病毒肺炎疫情也凸显了保障生物安全的重要性。目前，我国在生物安全领域面临着重大突发传染病、动植物疫情、实验室安全、外来物种入侵和生物资源安全、生物武器威胁、生物恐怖袭击等多方面的风险挑战，将生物安全纳入国家安全体系刻不容缓。首先，全面提高国家生物安全治理能力，完善顶层设计，出台相关的法律法规，从法律的高度制定应对生物威胁的制度化措施，强化风险意识。其次，加强生物安全领域的基础研究，加强人才队伍建设，培养生物安全人才，重点培养能解决病原学鉴定、现场流行病学调查、实验室检测等实际问题的人才，推动专业智库和公共卫生教育建设发展；定期开展生物风险评估，利用大数据检测平台加强对生物信息的收集、评估。最后，积极动员全社会参与到应对突发公共卫生事件和灾害的行动中，配合做好生物安全风险防控和应急处置等工作，不散布虚假的生物安全信息。

着力提升生态系统质量和稳定性。生态系统的完整性和稳定性水平是生态系统安全性和质量的重要体现，也是我国持续高质量发展和人民群众健康生活的重要保障。我国在"十三五"时期，生态保护和修复成效显著，基本遏制了自然生态系统的恶化趋势。森林资源总量持续快速增长，森林覆盖率提高到23.0%；草原生态系统恶化趋势得到遏制，草原综合植被覆盖率提高到56.0%；水土流失以及荒漠化防治效果显著，沙化和石化土地面积明显减少；河湖湿地保护恢复初见成效，湿地保护率达52.7%；海洋生态保护和修复取得积极成效，局部海域的生态明显好转；生物多样性保护步伐加快，大熊猫等种群受威胁程度等级实现降级。虽然我国生态环境持续好转，但是生态文明建设依然负重前行，"十四五"时期我国生态保护和修复面临着重重困难，生态系统质量总体不高，问题积累较多，生态环境承载力较低，自然生态的防灾减灾功能有待加强等，这些问题的存在都反映了我国生态系统质量和稳定性不高。"十四五"时期，我国要通过完善生态安全屏障体系、构建自然保护地体系、健全生态保护补偿机制等方式不断提升生态系统质量和稳定性。

积极营造绿色安全的健康环境。习近平总书记在全国卫生与健康大会的讲话中指出："老百姓长期呼吸污浊的空气、吃带有污染物的农产品、喝不干净的水，怎么会有健康的体魄？"①生态环境问题是我们必须直面的问题，不能采取掩耳盗铃的办法。新中国成立后，为解决生态环境脏乱差的问题，我国开展了轰轰烈烈的爱国卫生运动，为人民群众创造一个卫生健康的生活环境做出了很大贡献。当前，我国农村人居环境有待进一步提高，我们要继续发扬爱国卫生运动的优良传统，深入开展健康城市和健康村镇建设，营造一个绿色安全的健康环境。同时，还要注重食品药品安全，这是重大的基本民生问题，与人民群众的身体健康和生命安全息息相关，并关系到社会稳定和国家的长治久安。我们应着力完善食品药品安全方面的立法，加强食品药品安全监督管理，针对食品药品造假、欺诈经营等行为加大惩罚力度，采取相应措施防止工业排放和重金属对粮食、蔬菜、原生药材的污染。

加强野生动物保护与管理。全球环境的巨大变化导致生物多样性空前减少，我国在保护野生动物方面已经取得了一定的成效，从1956年建立第一个自然保护区开始，我国采取了大量措施保护野生动物，包括颁布和修改法律法规，建立基于生态、科学或社会价值的特定物种保护的法律框架，签署国际公约和多边协议，实施国家禁令等。除了对野生动植物的直接监管保护外，还辅之以一系列旨在保护栖息地以支持野生动植物的措施。自然保护区得到了最高级别的保护，数量迅速增加，其他类型的保护区比如景区、森林公园、地质公园、湿地公园和沙漠公园也都已经建立起来。我国还通过生态恢复和生态补偿等措施进一步加强栖息地保护，比如建立国家野生动植物监测网络、实施国家濒危物种评估，这些措施大大提高了决策的科学依据。考虑到人类对淡水和海洋生物多样性的影响，我国在长江关键水域实施了为期10年的禁渔令，并在海洋实施了夏季禁渔令。未来，在保护野生动物方面，我国还应加强保护区顶层设计，整合和优化现有的保护区，以涵盖野生动物和生态系统服务的更多关键领域；加强科学的保护和管理，未来的政策和管理决策应建立一个多学科的科学委员会来提供分析、评估和决策建议；实施长期监测、信息共享和评估机制，让监测数据完全共享，以便进行整合和分析，指导管理决策和政策。②

---

① 习近平.论坚持人与自然和谐共生［M］.北京：中央文献出版社，2022：148.

② Huang Guangping, Pi Xiaoge, et al. Wildlife conservation and management in China: achievements, challenges and perspectives［J］. National Science Review, 2021, 8(7): nwab042.

四、强化生态文明建设科技创新引领

在实现人与自然和谐共生的现代化的过程中，我们必须坚持问题导向、目标导向和需求导向，通过提高防控生态环境风险技术、积极发展绿色自然技术体系，强化生态文明建设科技创新引领，全面提升生态文明建设水平。

（一）提高防控生态环境风险技术

目前，我国生态环境虽有向好的趋势，但是生态环境事故依然频发，我们要严格防控生态环境风险，降低生态环境事故的发生。严密防控环境风险是指在工业生产、资源开发、城市建设等人类活动中，采取一系列措施，对可能造成负面影响的风险因素进行严格识别、评估、监控和控制，确保环境安全，维护人民群众的身体健康和社会稳定。这是实现可持续发展、构建和谐社会的必要条件，也是贯彻我国环境保护基本国策的重要举措。

第一，识别环境风险源。识别环境风险源是环境管理和风险预防的关键步骤，对于保护生态环境、维护人民群众生命健康和社会经济的可持续发展具有重要意义。环境风险源可以分为自然风险源和人为风险源两大类，自然风险源主要包括自然灾害（如地震、洪水、台风）和自然资源枯竭等；人为风险源包括生产活动、生活方式和环境保护措施不当等造成的危险因素。我们可以通过现场调查、资料收集、专家咨询、环境监测、模型分析等方式对污染源、生态风险源、环境敏感目标、环境风险受体等进行识别，为环境风险管理、环境规划、环境政策制定等提供科学依据。通过对环境风险源的识别，有助于制定有针对性的风险防控措施，降低环境风险事故的发生概率，保障人民群众的生命财产安全和社会经济的可持续发展。

第二，评估环境风险。环境风险是指在自然和人为因素的影响下，可能导致生态系统破坏、资源枯竭、环境污染、人体健康损害等不良后果。我国在环境风险评估方面已取得了一定的成果，但仍存在一些挑战，如数据不足、评估方法不完善、风险管理机制不健全等。随着技术进步和政策完善，环境风险评估将在我国环境保护和可持续发展中发挥更加重要的作用。评估环境风险是一项复杂的工作，涉及多个方面。一是要确定评估范围和目标，范围包括评估的区域、生态系统、资源和受影响的人群等，目标则是为了识别、预测和评价

环境风险，从而为风险管理提供依据。二是进行数据收集和预处理，通过政府部门、科研机构、企业和社会组织等途径收集自然环境、社会经济、污染源、环境质量等方面的数据并进行处理。三是环境风险识别，根据收集的数据，识别可能存在的环境风险来源，比如自然灾害、人为污染、资源开发等，更加注重环境风险预测、环境风险评价、环境风险管理，进一步分析受环境风险影响的生态系统、资源和人群。

第三，制定环境风险防控措施。这是环境风险管理的关键环节，旨在通过一系列预先设计的措施来预防、减轻或消除环境风险，以保护生态环境和公众健康。制定风险防控措施是一个动态的过程，需要不断适应新的风险因素和环境变化。要在风险识别、评估的基础上，根据风险具有的特性进行防控措施的设计，通过工程控制、管理控制、行为控制等多种方式进行风险管控。工程控制主要是通过物理屏障、工艺改进、污染处理设施等工程技术手段来减少或消除风险；管理控制主要是通过制定和实施管理制度、操作规程、应急预案等管理手段来控制风险；行为控制主要是通过培训、教育、宣传等手段提高员工和公众的环境风险意识，改变不安全行为，减少人为错误导致的风险。在制定防控措施后，还需要确保这些措施得到有效实施，并在防控措施实施后对防控效果进行监测与评估，进而调整和优化防控措施，以提高风险管理的效率和效果。

第四，严格环境风险责任追究。通过对造成环境风险的个人、企业或机构进行法律、行政或经济上的追责，以促使其履行环境保护责任，预防和减少环境损害。通过严格环境风险责任追究，可以强化各方环保责任意识，促使企业和个人更加重视环境保护，从而有效预防和减少环境风险。因此，需要政府建立健全环境保护法律法规体系，明确环境风险责任追究的具体规定；明确环境风险的责任主体，包括直接污染者、间接污染者、相关管理者等；建立环境风险责任追究机制，包括行政责任、民事责任和刑事责任；明确立案、调查、取证、审理、判决等环节的环境风险责任追究的程序；针对跨区域的环境风险，建立区域协同机制，实现信息共享、执法互助、责任共担。

（二）积极发展绿色自然技术体系

技术作为影响社会发展水平的重要因素，具有两面性：既可能推动现代化发展，也可能制约现代化模式和社会文明转型。技术发展的生态指向是造成其差别的关键性因素。建设人与自然和谐共生的现代化对技术提出了更高的要求，要生成以低碳技术、循环技术、数字技术等为代表的绿色自然技术体系，进而实现"人—自然—社会"的和谐。

发展低碳技术，加快推动绿色低碳技术创新。我国仍处于并将长期处于社会主义初级阶段，发展任务依然十分严峻，但是必须摒弃以牺牲环境为代价的发展，这就要求我们要加快推动绿色低碳技术创新，坚持高质量发展。绿色低碳技术创新是实施节能环保、实现低碳经济的根本途径。企业作为经济发展的重要载体，应承担起发展低碳经济的责任和使命，积极开展绿色低碳技术创新。作为绿色低碳技术创新的推动者和社会环境监管的权威，政府的管理手段和管理力度将对企业的绿色技术创新产生影响。因此，政府应合理选择环境监管的手段和力度，防止监管手段的过度实施阻碍企业的绿色低碳技术创新，这对政府出台的激励机制提出了更高的要求。其一，政府应确定合理的补贴水平，及时评估补贴实施效果，根据评估结果动态调整补贴水平。同时细化对企业的奖惩标准，对奖励和扣罚实现标准化、精细化管理。其二，政府应动态调整污染税水平，及时评估不同税收实施效率，找到污染税的最佳比例，加强"多排多缴、少排少缴、不排不缴"的环保税政策激励。其三，政府应提高低碳产品的认证标准，建立市场准入制度，完善低碳技术的知识产权保护法律，为绿色低碳产业的发展创造良好的制度环境。其四，公众的环保宣传和引导不容忽视，消费者的消费偏好是企业的生产导向。政府可以通过低碳公益广告等宣传方式提高消费者对绿色低碳产品的认知，为绿色低碳消费提供适当的激励。

发展循环技术，构建循环经济技术支撑体系。构建循环经济技术支撑体系要以改善传统产业结构为切入点，以技术创新为支撑，广泛采用工业清洁生产技术，建立循环经济体系，主要表现在优先加强节能、低耗、无污染的高新技术产业的发展，加强对传统产业的技术改造。循环经济将经济增长和发展与有限自然资源的消耗脱钩，它改变了以往的生产方式和消费方式，使其更具弹性、更具创新性，提高了资源的使用效率，也提高了企业的供应链灵活性，通过延长产品和零件的使用寿命并从其使用周期中受益，能够创造可持续价值。

伴随着我国进入新发展阶段，循环经济体系的构建面临着新的挑战，我国必须加强循环技术的创新及应用转化。一是加强传统循环利用领域高值化、低碳化关键技术创新。紧紧抓住新一轮技术革命和产业变革机遇，坚决遏制高耗能、高排放产业持续扩张。我们应在全生命周期分析的基础之上，建立循环利用技术综合评估筛选机制，进而筛选节约资源、绿色低碳、经济可行的前瞻技术，淘汰不利于低碳经济发展的循环技术。同时，要加强绿色低碳循环产业链接、多源固废协同处置技术研发创新，加强特定种类固废在特定应用场景下的精细化利用技术研发、大宗工业固废高值化利用技术研发。二是政府要积极鼓励企业牵头或参与财政资金支持的绿色循环技术研发项目，强化科技成果对接，支持引入孵化绿色循环技术创新项目。积极争取国家科技成果转化基金，支持企业、高校、科研机构建设绿色循环技术领域的科技企业孵化器、专业化众创空间，加快先进适用技术的推广应用。

发展数字技术，建设绿色智慧的数字生态文明。习近平总书记指出："深化人工智能等数字技术应用，构建美丽中国数字化治理体系，建设绿色智慧的数字生态文明。"①中共中央、国务院印发的《数字中国建设整体布局规划》明确指出，要推动生态环境智慧治理，加快构建智慧高效的生态环境信息化体系，运用数字技术推动山水林田湖草沙一体化保护和系统治理，完善自然资源三维立体"一张图"和国土空间基础信息平台，构建以数字孪生流域为核心的智慧水利体系。②随着人工智能、区块链、云计算、大数据、物联网等新一代信息技术的发展，绿色金融科技爆发式发展，给金融市场和金融服务带来了革命性的变化。互联网和云计算降低了绿色金融的成本，构成了一种更快速、更简单的绿色金融发展模式。③我们应关注生产、消费领域的数字化、智慧化转

---

① 全面推进美丽中国建设 加快推进人与自然和谐共生的现代化［N］．北京：人民日报，2023－07－19.

② 中共中央 国务院．数字中国建设整体布局规划［EB/OL］．北京：新华社，2023－2－27. https://www.gov.cn/zhengce/2023－02/27/content_5743484.htm.

③ Zhou Jianing, Analysis and countermeasures of green finance development under carbon peaking and carbon neutrality goals［J］. Open Journal of Social Science, 2022, 10(2):147－154.

型，积极推动生态领域与网络大数据等的融合，利用大数据技术建立绿色评价体系和绿色信息平台，收集环境信息，实时进行数据分析，降低环境风险，为建设绿色智慧的数字生态文明提供重要支持。

实施绿色科技工程，提升生态文明建设水平。实施重大绿色科技工程，是推动我国经济转型升级、实现可持续发展的关键举措。我国应加快实施零碳能源生产和智慧供能示范科技工程、绿色低碳化学工程和可持续工业科技工程、农村环境综合治理与绿色高效农业科技工程、基于自然修复的环境质量持续改善科技工程等，充分发挥科学技术的作用。一是需要政府加强政策引导和支持。政府在实施重大绿色科技工程中起到关键作用，政府需要制定税收优惠、资金扶持、土地政策等一系列支持绿色科技发展的政策，以降低企业研发和生产的成本，鼓励更多的企业投入到绿色科技领域。二是推进技术创新和研发。技术创新和研发是实施重大绿色科技工程的核心。一方面，需要加大对绿色科技研发的投入，提高研发经费占GDP的比重，支持高校、科研院所和企业开展绿色科技研究。另一方面，需要完善科技创新体系，推动产学研相结合，鼓励企业、高校和科研院所共同开展绿色科技研发，形成技术创新的合力。三是完善市场监督，这是实施重大绿色科技工程的重要保障。政府尽快建立绿色科技产品的市场准入和认证制度，确保绿色科技产品的质量和安全；加强对绿色科技市场的监管，打击假冒伪劣产品，维护市场秩序；完善绿色科技产品的定价机制，引导企业和社会公众积极参与绿色科技产品的消费。

五、不断加强学术研究与体系建构

习近平总书记强调，要建立中国特色、中国风格、中国气派的文明研究学科体系、学术体系、话语体系，为人类文明新形态实践提供有力理论支撑。构建中国自主知识体系是推进马克思主义中国化、时代化的题中应有之意，学术界给予了高度关注，从具体学科、领域出发进行探索。在实现人与自然和谐共生的中国式现代化进程中，应不断加强学术研究与体系建构，重点构建习近平生态文明思想学术体系，并加强对生物多样性的学术研究。同时，人与自然和谐共生的理念应当成为学校教育改革发展着力凸显的价值维度，渗透到教育教学实践的全方位和全过程。

（一）构建习近平生态文明思想学术体系

习近平生态文明思想开辟了人与自然和谐发展的新境界，为全面推进中国特色社会主义生态文明建设，保障中华民族的永续发展提供了科学系统的思想引领与行动指南。作为一个具有时代性、创新性、系统性的学科体系，对其研究深入学术发展脉络之中，从学理上解释我国生态文明建设实际，从而预测发展前景，指导生态文明建设实践。我们要重视习近平生态文明思想教材编写、建设生态文明学科评价体系和学术评价体系。

重视习近平生态文明思想教材编写。习近平生态文明思想是习近平新时代中国特色社会主义思想的重要组成部分，是新时代推进美丽中国建设、实现人与自然和谐共生的现代化的强大思想武器，该思想系统完整、逻辑严密、内涵丰富、博大精深，主要方面体现为"十个坚持"。对习近平生态文明思想的研究要深入到学术发展脉络之中，把握其发展的根本规律，从学理上正确地描述和解释中国的生态文明建设现实，从学理上回答好习近平生态文明思想是什么、为什么、怎么办的重大理论问题，从学理上回答好中国特色社会主义生态文明建设为什么、什么样、怎么建的重大实践问题，从而指导中国特色社会主义生态文明建设实践。目前，为了学习贯彻习近平生态文明思想，已经编写出版了《习近平生态文明思想学习纲要》《论坚持人与自然和谐共生》等著作，在习近平生态文明思想教材编写方面还有所欠缺，应结合大中小学段各自特点，构建以习近平生态文明思想为核心内容的必修课和选修课、理论课和实践课相结合的完整课程体系。

建设生态文明学科评价体系和学术评价体系。习近平总书记指出："每个学科都要构建成体系的学科理论和概念。"①党中央提出要把习近平生态文明思想贯穿到精神文明建设各领域、国民教育全过程，推进学习常态化、制度化、长效化，不断向基层延伸、向纵深发展。从国民教育的角度来说，生态文明学科建设能够在观念引领、理论支撑、人才培养、科技创新等方面发挥先导

---

① 习近平.在哲学社会科学工作座谈会上的讲话［N］.北京：人民日报，2016-05-19.

性、基础性和决定性的作用。①对于生态文明学术和学科发展水平的评价，必须构建适合中国生态文明建设现状和未来发展趋势的学术和学科评价指标与评价体系，逐渐形成生态文明建设的"中国标准"。

（二）加强对生物多样性的学术研究

建立中国的OECMs体系。OECMs（Other Effective Area-based Conservation Measures）即"其他有效的区域保护措施"，是《生物多样性公约》（CBD）"爱知目标"中的一个重要概念。我国应积极支持和推动OECMs的识别、认可和实施，以保护和恢复生物多样性、实现可持续发展为目标。通过制定适合国情的指南和措施，加强监管和公众参与，以及与国际社会的合作，在全球生物多样性保护中发挥重要作用。首先，我国作为最早签署《生物多样性公约》的缔约国之一，有责任履行国际公约，同时基于自身生态文明建设的需要，我国有必要支持OECMs的识别和认可，并将其纳入到整个国家的保护地系统中。这有助于更好地保护和维护生物多样性，实现可持续发展。其次，近年来，我国在国土空间规划上取得了很大进展，明确了"三区三线"，即生态空间、农业空间、城镇空间三类空间类型，以及与其相对应的生态保护红线、永久基本农田保护红线和城镇开发边界这三条控制线。这些规划为OECMs的实施提供了良好的基础。然而，目前的OECMs各项指导文件主要是在北美和非洲等国家的应用基础上开发的，可能存在与我国实际现实不符的情况。因此，我国需要根据自身国情，制定适合中国的OECMs评估、认定和监管指南，以确保这些措施能够有效地落实和执行。我国有广泛的区域可以纳入OECMs，包括社区保护地、生态公益林区、水源保护区、天然林保护工程区、生态红线区以及城市绿地、湿地等。这些区域都具有重要的生物多样性价值和生态系统服务功能，需要得到有效的保护和恢复。再次，政府层面应认可OECMs的必要性，带头或支持设立OECMs专项基金，为OECMs的在地保护提供长期融资、技术支持和奖励。同时，建立OECMs数据库和定期评级机制，对OECMs的保护成效进行社会公示，加强公众对OECMs的监督，对不再符合OECMs标

---

① 安黎哲，林震.创建生态文明建设交叉学科，创新中国自主生态文明知识体系［J］.城市与环境研究，2023，（02）：7-11.

准的地方进行报告、举证、改进。此外，通过政策、法规来确立OECMs的治理主体对某个区域进行保护和管理的权力，特别是很多由社区通过习惯法来治理和管理的社区保护地。社区保护地除了与传统文化融合，也需要引入创新的模式，以提高保护效率和可持续性。最后，积极了解关于OECMs的全球进展，深化国际交流与合作。通过与国际社会的合作，我国可以借鉴其他国家的经验和做法，推动OECMs在全球范围内的推广和应用，共同应对生物多样性丧失的挑战。

　　突破相关研究的薄弱环节。随着联合国《生物多样性公约》的签订，全球生物多样性保护成了国际社会关注的焦点。西方生态人类学研究者开始关注全球生物多样性保护中的各种理论和现实问题，对生物多样性的就地保护方式、生物多样性的可持续利用、生物多样性与文化多样性之间的关系等进行了深入研究，建构了多学科研究范式。我国在生物多样性研究方面应在青藏高原、亚热带森林、海洋生物多样性和长江流域等几个薄弱方面得到推进。首先，青藏高原及周边山脉作为地球第三极，是生物多样性研究的完美天然实验室。然而，目前这一区域的研究仍存在较大的学术研究空间，需要大量的调查数据支撑研究。全球气候和土地利用变化正在极大地改变青藏高原的环境，我们需要对环境进行进一步监测，以更有效地保护其生物多样性和脆弱的生态系统。其次，我国拥有全球近70%的亚热带森林，这些地区具有高水平的生物多样性和特有性。然而，这些地区面临着集约型农业和工业活动以及高度城市化对生态环境造成的严重人为威胁。我们需要进一步研究如何解决这些威胁，并保护亚热带森林的生物多样性。再次，我国海岸线长3.2万公里，海域面积473万平方公里。目前海洋生物多样性研究的进展与陆地生物多样性研究相比仍存在较大差距。因此，我们应进一步开展海洋生物多样性研究，加强海洋标本采集，监测不同环境的海洋生物多样性，开展中国海域和近岸生态系统生物多样性变化研究。最后，长江作为世界第三长的河流，周边地区的淡水和陆地生物多样性面临着快速城市化和水坝建设的严重威胁。尽管政府和科学家为监测和保护该地区的生物多样性做出巨大努力，但对流域管理进行更系统规划的需求迟迟没有得到实现。我们需要探索物种共存的潜在机制、量化濒危物种面临的威胁以及评估生物多样性与社会经济发展之间的协同作用，并迫切需要对生物多样性变化进行有效监测。[①]

　　不断加强和扩大国际合作。首先，我国需要进一步通过国际合作来维持和加强现有的关于生物多样性研究的联合项目。这包括支持正在建立的区域合作项目，如亚洲植物测绘项目、中非联合研究中心和东南亚生物多样性研究所，通过共享资源和知识，促进国际合作，加强生物多样性保护工作。其次，我国应开发新的生物多样性合作研究平台，继续推动澜沧江—湄公河环境合作圆桌对话，与东盟国家合作开发和实施"生物多样性与生态系统保护合作计划""大湄公河次区域核心环境项目与生物多样性保护走廊计划"等项目，将有助于加强区域合作，共同保护生物多样性，推动可持续发展。再次，我国在2013年发起的"一带一路"倡议为扩大中国与欧亚大陆、非洲和中东地区60多个国家之间的生物多样性合作研究提供了机会。随着这些国家基础设施的发展，我们应注意减少"一带一路"国家基础设施建设中对生物多样性造成的潜在风险，例如栖息地破坏、生物入侵等问题，在项目规划和实施过程中考虑到生物多样性的保护，采取相应的措施来减少对生态环境的影响。最后，充分发挥我国拥有的喜马拉雅山、中亚山脉等多个跨国界生物多样性热点地区优势。这些地区是全球生物多样性最丰富的地区之一，也是许多珍稀濒危物种的栖息地。因此，我们需要大力加强监测和研究，进行跨界合作以保护这些关键领域，比如建立跨国界的自然保护区、开展联合科研活动、加强物种保护和恢复工作等。通过国际合作，我们可以共享资源、知识和经验，推动生物多样性保护工作，实现可持续发展。同时，我们应关注国际合作项目中潜在的生态风险，并采取相应的措施来减少对生物多样性的负面影响。[②]

六、提升生态文明国际话语权

　　进入新时代，在习近平生态文明思想的指引下，生态文明建设取得了丰硕成果，为人类文明发展做出了巨大贡献，为生态话语的创新发展奠定坚实基

　　① Mi Xiangcheng, Feng Gang, et al. The global significance of biodiversity science in China: an overview［J］. National Science Review, 2021,（8）7: nwab032.

　　② Mi Xiangcheng, Feng Gang, et al. The global significance of biodiversity science in China: an overview［J］. National Science Review, 2021,（8）7: nwab032.

础。我们应以此为契机，通过建构具有中国特色的生态话语体系、创新拓展生态话语传播方式、不断推进全球生态治理方略等路径实现我国生态话语的创新突破，改变"有理说不出，说了传不开"的境地，改变理论话语的表达与传播滞后于我国具体实践的状况。

（一）建构具有中国特色的生态话语体系

在生态话语的创新构建中首先要建构具有中国特色的生态话语体系，这是坚定我国生态话语自信的前提。习近平生态文明思想话语体系借助批判、继承、自塑的话语建构逻辑，最终形成具有中国风格、中国特色、中国气派的生态话语。

批判具有西方生态意识形态话语霸权的生态话语。"一刻也不能放松和削弱意识形态工作，必须把意识形态工作的领导权、管理权、话语权牢牢掌握在手中。"[①]生态意识形态是一种特殊类型的意识形态，起源于二十世纪五六十年代的欧美国家，其发展源自人类对自然环境破坏的深刻反思。随着生态问题的意识形态化，引发了发达国家通过污染源转移等具有"生态霸权"性质的源头治理方式来减轻本国生态环境污染问题。此外，发达国家还通过召开国际性会议、签署相关国际条约等方式不断加强和丰富其生态意识形态话语体系，逐渐掌握和扩大国际生态意识形态话语权。尽管自党的十八大以来，我国在生态环境保护方面取得了巨大成就，并且已经成为全球生态文明建设的重要参与者、贡献者和引领者，但在生态意识形态领域的斗争中处于不利地位。为有效应对生态意识形态领域的斗争，我国必须努力构建适应新时代新征程的生态意识形态话语体系，形成具有中国特色的生态话语体系，以打破西方国家在生态意识形态话语上的霸权。习近平总书记指出："生态文明建设做好了，对中国特色社会主义是加分项，反之就会成为别有用心的势力攻击我们的借口。"[②]

继承蕴含中华优秀传统生态文化元素的生态话语。习近平总书记指出：中华传统文化"反映了中华民族的精神追求，其中最核心的内容已经成为中华

---

① 论党的宣传思想工作［M］.北京：中央文献出版社，2020：21.
② 习近平.习近平谈治国理政（第3卷）［M］.北京：外文出版社，2020：360.

民族最基本的文化基因"①。中华优秀传统文化蕴含的生态要素为我国构建具有中国特色的生态话语体系提供了滋养。儒家"天人合一"的思想将天、地、人看作和谐统一的整体，大自然在为人类提供必要的生存条件的同时也需要得到爱护，在建设人与自然和谐共生的现代化的过程中，要遵循孔子倡导的"知天命、畏天命、顺天命"（《论语》）的自然规律，从而促进人与自然和谐共生。老子的"道法自然"，庄子的"天地与我并生，而万物与我为一"（《庄子·内篇·齐物论》），荀子的"万物各得其和以生，各得其养以成"（《荀子·天论》）等中华优秀传统文化对我国生态话语的构建产生了积极的影响。习近平总书记在全国生态环境保护大会上的讲话，引用了《易经》《老子》《孟子》《荀子》《齐民要术》《周礼》等先人对人与自然关系的认识，来说明生态文明建设的重要意义。此外，要想阐释清楚中国的生态话语特色，需要明确我们国家和民族的历史传统、文化积淀和基本国情，需要厘清中华民族五千多年的悠久文化所蕴含的精神追求，明确中国特色社会主义生态实践植根于中华文化的沃土，具有深厚的历史渊源和广泛的现实基础。

自塑促进人与自然和谐共生的现代化的生态话语。明清实行闭关锁国政策后，我国的国际地位由世界中心滑落边缘，鸦片战争后被迫卷入资本主义世界市场，自此实现现代化成为国人长期追求的梦想。现代化是一个描绘社会变迁由来已久的概念，具体表现为经济工业化、政治民主化、社会城镇化等。随着时代的发展变迁，人与自然和谐共生的现代化不断发展完善趋于成熟，赋予了现代化更加丰富的内涵，打破了"现代化等于西方化"的神话，我国从"现代化的迟到国"转变为"现代化的引领国"。人与自然和谐共生的现代化立足于人与自然的关系问题，在"绿水青山就是金山银山"的理念指引下，把生态文明建设放在突出位置，以自然承载力为基础，加快转变经济发展方式，倡导绿色低碳生活方式，"以高品质生态环境支撑高质量发展，加快推进人与自然和谐共生的现代化"②。建设人与自然和谐共生的现代化是生态文明建设的重

---

① 牢记历史经验历史教训历史警示 为国家治理能力现代化提供有益借鉴［N］.北京：人民日报，2014-10-14.

② 全面推进美丽中国建设 加快推进人与自然和谐共生的现代化［N］.北京：人民日报，2023-07-19.

要组成部分，开启了人类文明新形态，自塑了具有中国特色的中国式现代化的生态话语。

（二）创新拓展生态话语传播方式

创新拓展生态话语传播方式对于我国生态话语的传播、发展与创新建构意义重大。我国将生态文明理念与实践融入中国特色大国外交战略，致力于讲好中国生态故事，利用外宣平台传播生态理念，通过多边生态外交传播生态话语，不断复兴国际话语权，增强生态话语权。

讲好中国生态实践故事。习近平总书记指出："要精心做好对外宣传工作，创新对外宣传方式，着力打造融通中外的新概念新范畴新表述，讲好中国故事，传播好中国声音。"[①]尽管我国凭借着经济实力和生态成就在世界上的话语权越来越大，但是一些西方大国仍然肆意扭曲中国特色社会主义理论和实践。在拓展生态话语传播方式的过程中，我们应认真思考什么才是好故事？怎样讲好中国生态故事？怎样通过中国故事改变世界对我们的看法？通过将我们想传播的内容与民众喜爱的内容结合起来，从受众易于接受的内容出发，使用受众熟悉的沟通方式，使之在情感、价值上引发共鸣。在总结生态文明建设的经验体会基础之上，将中国生态环保故事讲得生动、精彩、感人，用蓝天碧水净土的美好形象回应西方一些居心叵测、别有用心的攻击言论，以加快构建中国哲学社会科学话语体系为契机，进一步创新我国的生态话语。

建设绿色智慧的数字生态文明。习近平总书记指出："深化人工智能等数字技术应用，构建美丽中国数字化治理体系，建设绿色智慧的数字生态文明。"[②]在数字化全媒体时代，传播平台与传播方式发生了深刻变化，微信、微博等新媒体平台逐渐成为生态话语至关重要的传播手段。我们应该充分挖掘互联网的潜力，调动各类社交网络资源，例如在国际主流社交平台Facebook、YouTube、X（Twitter）上建立账户，借助数字通信技术，顺应媒体融合发展

---

① 胸怀大局把握大势着眼大事 努力把宣传思想工作做得更好［N］.北京：人民日报，2013-08-21.

② 全面推进美丽中国建设 加快推进人与自然和谐共生的现代化［N］.北京：人民日报，2023-07-19.

的大势，借助全媒体努力构建具有国际影响力和竞争力的生态媒体群体。[①]通过实践灵活多样的媒体传播方式，使得中国声音和生态画面更加深入人心，改变其他国家对中国的刻板印象，注重在国外传播过程中夺取生态文明舆论场的主导权，增强舆论引导和思想引领的话语传播功能，进一步提升对外传播效果。

通过多边生态外交传播生态话语。多边生态外交强调跨国合作、共同努力和共赢思维，通过建立广泛的合作伙伴关系，促进政策协调，分享经验和技术，共同应对全球性的环境挑战，同时也为我国传播生态话语提供了重要舞台。一方面，注重国际合作与协调，发挥多边双边机制的作用。在国际生态环境治理中倡导和践行多边主义，维护全球生态环境治理秩序，通过主场外交和高层往来的方式不断拓展生态话语的传播；通过支持联合国环境规划署等国际机构，在全球范围内加强生态环境治理合作，共同应对气候变化、生物多样性保护等全球性挑战。另一方面，国际生态环保组织和民间生态文化交流也能为生态话语的传播作出贡献。生态环保组织在凝聚各成员密切协作、经验分享等方面发挥着桥梁纽带的作用，可以促进中国与世界各国的民间交流和理解，提升我国生态文明理念的知晓度，并增强生态话语的感染力、吸引力和影响力。

（三）深度参与全球环境治理方略

生态话语的创新构建需要确立原则、亮明立场并积极承担国际责任，一方面捍卫发展中国家在发展过程中的正当利益与权益，另一方面也要积极承担国际责任，在世界生态环境治理中给出中国的绿色方案。

坚持共同但有区别的责任原则。自20世纪90年代我国开始稳步快速发展以来，西方主导的全球政治经济格局敏锐地察觉到了所谓的"中国威胁论"，其中包括军事威胁论和能源威胁论等。在众多威胁论的话语中，"环境威胁论"也被政治话语放大。然而，我国坚持共同但有区别的责任原则、公平原则和各自能力原则，坚决抵制"碳干涉"和"绿色陷阱"，并积极参与全球环境

---

① 李昕蕾. 习近平生态文明思想的国际化意蕴与民间外交传播路径［J］. 福建师范大学学报（哲学社会科学版），2019，（06）：19-28+167-168.

和气候治理，提出了"双碳"承诺。2014年，我国在《中美气候联合声明》中首次提出"碳达峰"目标；2020年9月22日，习近平总书记在第七十五届联合国大会一般性辩论上的讲话中指出："二氧化碳排放力争于2030年前达到峰值，努力争取2060年前实现碳中和"①，首次正式提出了"双碳"目标；党的二十大报告中"推动绿色发展，促进人与自然和谐共生"作为一个独立篇章并进一步强调：要"积极稳妥推进碳达峰碳中和"②。对我国来说，这是一项全新的挑战，碳达峰一般发生在经济高速增长之后，持续低速增长但人均GDP比较高的时段，从而实现碳排放与经济发展脱钩，在高速增长的同时实现减碳目标还没有国际先例。"双碳"目标是全球的共识和行动，要努力通过实现能源的更新换代和经济、政治、文化、技术的绿色化，最终实现文明的转型，转向多元可持续的未来，还要积极争取我国在此领域的国际话语权。

共同构建地球生命共同体。党的十八大明确提出"要倡导人类命运共同体意识"，地球生命共同体是2021年习近平总书记在《生物多样性公约》第十五次缔约方大会领导人峰会上以视频方式发表主旨讲话中提出的。人类命运共同体强调人类作为一个整体，共同面对全球性挑战，共同承担维护世界和平与发展的责任，提倡国家之间的合作与共赢，以及对于全球问题的集体应对。地球生命共同体是指地球上所有生物及其生存环境的总和，包括动植物、微生物以及它们所生存的生态系统，强调了所有生物之间、生物与非生物环境之间的相互依存和相互作用。这两个概念的共同目标是通过可持续的方式管理和保护自然资源，确保地球上的生命能够持续繁衍和发展，它们相互关联、相互影响，共同构成了对全球生态平衡和人类社会可持续发展的整体理解。一方面，地球生命共同体的健康与稳定是人类命运共同体可持续发展的基础。如果生态系统退化、生物多样性丧失，人类的生存和发展将受到威胁。因此，维护地球生命共同体的完整性和功能是构建人类命运共同体的前提。另一方面，人类的

① 习近平.在第七十五届联合国大会一般性辩论上的讲话 [N].北京：人民日报，2020-09-23.
② 习近平.高举中国特色社会主义伟大旗帜 为全面建设社会主义现代化国家而团结奋斗——在中国共产党第二十次全国代表大会上的报告 [M].北京：人民出版社，2022：51.

活动对地球生命共同体有着深远的影响。全球气候变化、环境污染、生物多样性丧失等问题，都是人类活动对自然环境造成的影响。人类作为地球生命共同体的一部分，有责任保护和尊重其他生命形式。这种道德责任也是构建人类命运共同体的基础，要求人类在追求自身发展的同时，考虑到其他生物的利益。马克思主义世界历史理论揭示了世界各国走向现代化的必然性，生产力的发展不断推动着世界历史的演进，也必然催生新的文明形式，凸显了人类历史走向现代化过程中的多样性。我国在生态文明建设方面始终坚持国际视野，习近平总书记从人类命运共同体高度提出要共同构建地球生命共同体来指导世界各国的生态文明建设。构建地球生命共同体呼吁各国之间要采取协调一致、共同合作的方式来解决全球生态问题，既要实现国家间的共同利益，也要尊重各国的文化和价值观念。在这个过程中，需要实现全球资源的合理配置、减少环境污染和生态破坏、促进全球生态平衡等目标。同时，构建地球生命共同体需要世界各国共同努力。各国政府应该通过国际合作机制，制定和执行全球生态治理方案，促进可持续发展；企业应该承担企业社会责任，积极推进绿色发展；社会组织和公民个人应该积极参与到生态保护和绿色发展中来，推动生态文明建设。在充分发挥全球合作，推动全球生态可持续发展的同时，向世界发出中国声音，贡献中国智慧和中国力量。

七、积极稳妥推进碳达峰碳中和

实现碳达峰碳中和，是以习近平同志为核心的党中央经过深思熟虑作出的重大战略决策，对于全面建设社会主义现代化国家、促进中华民族永续发展和构建人类命运共同体都具有重要意义。我们要通过推动形成绿色生产方式和生活方式、持续提高碳汇能力、积极推动绿色金融发展、完善碳排放权交易市场等途径积极稳妥推进碳达峰碳中和。

（一）推动形成绿色生产方式和生活方式

推动形成绿色发展方式和生活方式是贯彻落实新发展理念的重要举措，在实现人与自然和谐共生的现代化的过程中，我们要不断优化能源结构、推动产业转型升级、加快绿色城市的建设、发展绿色交通。

优化能源结构。中国碳排放总量大的根本原因是化石燃料（主要是煤炭和石油）的大量消耗，我国经济正处于由高速增长向中高速发展转变的时期，与欧美发达国家不同，中国的能源结构高度依赖煤炭。超过70.0%的发电厂是燃煤电厂，发电产生的碳排放占全国总排放量的44.0%。[1]面对这种现状，我国应参照德国的能源转型路线进行"煤炭淘汰"，摆脱煤炭依赖包括逐步淘汰煤炭、推进落后矿区改造、推进电力系统现代化建设、探索分布式和可再生能源储能技术。同时我国要大力推广和发展清洁能源，优化现有能源结构，减少对化石能源的依赖，发挥风能、太阳能、海洋能和地热能等可再生能源和零碳技术的替代作用。同时，我国石油公司应制定完善的碳排放监测指标体系，在碳中和战略中，应明确每个阶段的目标，以达成关键指标。[2]

加快形成绿色生活方式。所谓绿色生活方式是指在居民生活的方方面面都要厉行节俭、反对浪费，要求人们要注重保护公共卫生，确立节俭生存观，克制自身"虚假的需求"，节制对物质的过度欲望。在日常生活中严以律己，从小事着手，逐步培养绿色化的生活习惯，合理处置生活中的废旧物品，将垃圾分类落实到日常生活中，逐步形成绿色出行、绿色居住、绿色消费的生活方式。在城市建设过程中，既要彰显"以人为本"的价值观，又要体现"因地制宜"的理念，建设绿色建筑，实现城市的绿色发展。在城市发展过程中，贯彻落实设计标准化、装修一体化、管理信息化、应用智能化等绿色建筑理念，在最大程度上实现节能、节水、节材的目标，最大程度上减少城市污染，同时要注重延长绿色建筑的生命周期，实现"百年住宅"目标。

（二）加快发展ESG政策

ESG是环境、社会和公司治理的缩写。近年来，气候变化越来越受到全世界的关注，企业在气候变化治理中发挥着重要作用，环境、社会和公司治理也就是ESG理念的发展与实现全球气候变化治理和我国"碳达峰碳中和"目标高度统一，因此要加快发展适合中国国情的ESG政策。ESG的发展在许多西方

① Li Jin, Cai Wenjia, et al. Research on biomass energy technology deployment strategy of China's power sector under the vision of carbon neutralization [J]. Chinese Journal of Environmental Management, 2021, 13(1): 59-64.

② Wang Yao, Guo Chi-hui, et al. Carbon peak and carbon neutrality in China: goals, implementation path and prospects [J]. China Geology, 2021, 4(4): 720-746.

国家已经相对成熟，但在我国它仍处于起步阶段，树立具有中国特色的ESG理念有着广阔的发展空间。首先，我国要创造一个更有利于ESG发展的环境。为确保企业沿着ESG理念的方向发展，应提出更多与ESG发展理念相关的政策法规，并为ESG表现良好的企业提供补贴、减税等优惠政策。此外，政府可以整合具有不同职能的政府机构，加强机构和机构之间的组织合作，以加快我国ESG的发展。其次，建立完善的ESG信息披露体系至关重要。ESG信息披露是ESG评级的基础，我国应加快制定统一的ESG信息披露标准。同时，要合理运用政府的强制性职能，鼓励企业制定符合ESG理念的发展规划，严格监督企业ESG信息的有效、真实披露。最后，构建基于中国实际的ESG评价体系。相关部门应在充分考虑我国实际的基础上，与民营机构合作，构建统一的政企ESG综合评价管理框架。政府应鼓励发展国内ESG评级机构，在高碳排放行业开展ESG试点。[1]

（三）持续提高碳汇能力

碳汇是碳循环系统中吸收、储存二氧化碳的系统或区域，相对于"碳源"，自然生态系统在碳汇中发挥着重要作用。通过推动海洋渔业碳汇的增长模式转变、提高森林固碳能力等措施，可以增强生态系统的碳汇能力，减缓气候变化的影响，为实现碳达峰碳中和目标做出贡献。首先，自然资源生态系统如森林、草原、湿地、耕地、海洋等具有较强的碳汇能力。这些生态系统通过光合作用吸收大气中的二氧化碳，并将其储存起来，从而减缓大气中二氧化碳的积累速度，降低温室效应，对抗气候变化。海洋是地球上最大的碳汇，吸收了大量的二氧化碳。陆地生态系统，特别是森林也扮演着重要的角色，因为它们能够长期储存碳。其次，海洋渔业碳汇的增长模式需要向技术驱动的高质量发展转变，以提高沿海城市海洋渔业碳汇能力。政府应推广海水养殖智慧管控平台，以实现宏观的、精准的管理，避免因超负荷养殖和规模过度扩增导致的海域水环境恶化。此外，建立和完善海洋渔业碳汇工程技术体系，可以促进海

---

① Ju Binbin, Shi Xiaonan, et al. The current state and prospects of China's environmental, social, and governance policies [J]. Frontiers in Environmental Science, 2022, 10: 999145.

洋碳汇渔业的高质量发展，为中国实现"碳中和"目标做出贡献。最后，提高森林的固碳能力也是减缓气候变化的重要途径。虽然减少化石燃料消耗可以直接减少碳排放，但在减轻大气二氧化碳方面的效果有限。因此，土地利用的变化和林业对国家自主贡献目标的贡献不容忽视。为了保持较高的森林固碳能力和更长的森林碳汇服务时间，我们需要为森林制定更全面的战略计划，森林恢复、造林、再造林以及对森林资源的可持续开发将是延长森林碳汇服务时间的主要方法。[①]

（四）积极推动绿色金融发展

绿色金融是一种支持环境改善、应对气候变化、解决资源危机等问题的经济活动，它涵盖了绿色产业项目的投融资、项目运营和风险管理等一系列金融服务。发展绿色金融对于促进环境保护、应对气候变化和实现可持续发展具有重要意义。通过加强绿色金融意识、完善政策体系、推动绿色金融创新和国际合作，可以更好地推动绿色金融的发展，实现经济与环境的双赢。绿色金融通过市场机制来推动解决生态问题，鼓励和引导资金流向绿色产业，支持可持续发展的项目，从而促进环境保护和资源的合理利用。绿色金融的发展有助于推动企业和投资者更加重视环境影响，实现经济效益和环境效益的双赢。然而，目前一些企业和部门对绿色金融发展的意识相对薄弱。地方政府对绿色金融的重视程度不足，绿色产品的早期阶段往往是高投入、低回报，这使得一些企业和部门对绿色金融的发展持观望态度。此外，各部门之间的协调存在不顺畅，现行绿色金融相关政策与财税政策不相适应，这不利于政策的有效实施。绿色产业的概念相对宏观抽象，不同部门对"绿色产业"的边界有不同的定义，这使得与国际金融机构的交流和发展经验分享存在困难，降低了中国绿色金融的发展速度。因此，我国应不断完善绿色金融体系，形成统一的绿色金融标准体系，建立多元化政策，并制定与绿色金融标准相关的法律法规，为绿色金融市场的发展提供明确的方向。在绿色金融创新方面，我们应加快绿色保险产品的创新，深入挖掘经济社会绿色转型的保险需求，构建强制性保险制度，

---

① Cheng Fushan, Tian Jiaxin, et al. The spatial and temporal distribution of China's forest carbon [J]. Frontiers in Ecology and Evolution, 2023, 11: 1110594.

形成全方位、多层次的绿色金融市场体系。这将有助于推动绿色金融的发展，为绿色产业提供更多的金融支持。在国际合作方面，通过《巴黎协定》、"一带一路"倡议、上海合作组织、亚洲基础设施投资银行等平台，支持相关国家的绿色投资，推动绿色金融的国际合作。这有助于促进全球绿色金融的发展，共同应对气候变化和资源危机的挑战。

（五）完善碳排放权交易市场

全国碳排放权交易市场是我国在应对气候变化和推动绿色低碳发展方面的一项重要制度创新，旨在通过市场机制来控制和减少碳排放，从而实现我国碳达峰和碳中和的目标。一方面，全国碳排放权交易市场通过设定碳排放权的总量，并通过市场机制对其进行定价。这有助于激励企业寻找减少碳排放的方法，从而降低社会的减排成本。同时，适度从紧的总量设置可以提高资金利用效率，使得高排放地区和企业得到针对性的扶持。此外，灵活调整不同阶段的碳排放交易政策，可以不断激发碳排放市场的活力，提升碳市场的活跃度，保持碳价格稳定。另一方面，将碳市场活动记录纳入社会信用体系，可以促使企业和个人更加重视自身的碳排放行为。社会信用评分差的"失信"企业和个人将会受到跨部门的处罚和制裁，例如减少获得信贷的机会、政府补贴和商业登记等。这将有助于形成全社会共同参与降碳减排的良好氛围，推动绿色低碳发展。2024年2月4日，国务院公布了《碳排放权交易管理暂行条例》，首次以行政法规的形式明确了碳排放权市场交易制度。《碳排放权交易管理暂行条例》将分阶段、有步骤地逐步推动碳排放权交易市场覆盖碳排放重点行业。2024年1月22日，全国温室气体自愿减排交易市场启动，这是又一个助力双碳目标实现的政策工具，与全国碳排放交易权市场既有区别又相互补充。

八、构建公正的全球生态治理体系

第一次联合国人类环境会议召开已经过去了五十多年，人类社会对环境危机的认识不断加深，环境危机是大自然向全人类敲响的警钟，使人类充分认识到在环境保护方面共同努力的必要性和紧迫性。我国在生态文明建设方面始终坚持国际视野，习近平总书记提出的实现人与自然和谐共生理念，不仅关注国内生态文明建设，更从人类命运共同体的高度出发指导世界各国的生态文明建设。2021年，在中国云南省昆明市举行的《生物多样性公约》第十五次缔约方大会上，习近平总书记提出了建设"三个地球家园"的美好愿景，即建设人与自然和谐相处的地球家园、经济环境协同工作的地球家园、世界各国共同发展的地球家园的愿景，这充分展现出我国在生态治理方面的全球视野。

（一）坚持绿色共识，聚焦绿色发展行动

绿色发展应是全球面临生态危机所达成的共识，世界各国要进一步推动科技发展，依靠科技破解绿色发展难题。中国作为负责任的大国，在引领全球绿色低碳转型，推进"绿色一带一路"建设等方面为全球生态文明建设作出了积极贡献。

依靠科技破解全球绿色发展难题。习近平总书记指出：我们要"依靠科技创新破解绿色发展难题，形成人与自然和谐发展新格局"[①]。解决生态的深层次矛盾和问题，关键是要依靠科技创新，这不仅是生态环境保护的发展方向，也对生态科技提出了新的更高的要求。一方面，从全球来看，世界各国的绿色发展情况参差不齐，差异较大。发达国家虽然已经实现了高水平的发展，科技、管理水平相对较高。然而发展中国家面临着巨大的发展压力，科技水平较低，无法实现高质量发展。因此，发达国家要积极探索设计良好的政策框架引领绿色发展，为发展中国家提供一定的科技支撑，向发展中国家传授先进的治理和管理经验，助力全球的高质量发展。另一方面，始终坚持生态科技创新的人民性。抓住新一轮科技革命和产业变革的历史性机遇，加速科技成果向现实生产力转化，坚持科技进步始终为人民服务，依靠科技发展推动生态修复，依靠科技创新治理环境污染，依靠绿色科技推进生态环境质量持续改善，研究成果要切实解决人民群众所关切的实际问题。

积极引领全球实现绿色低碳转型。人类进入21世纪后，面临着环境危机、经济危机、公共健康危机等各类问题，绿色新政、绿色经济、绿色发展昭示着人类未来的转型趋势。我国积极引领全球的绿色低碳转型，持续加大对可再生能源的投资，在光伏和风力发电中，我国成为最大的投资者。《2014年全球可再生能源投资趋势》报告显示，2013年我国在可再生能源方面的投资已高

---

① 习近平. 论坚持人与自然和谐共生 [M]. 北京：中央文献出版社，2022：145.

达560亿元。我国积极在海外进行绿色发展理念的实践，比如东非最大的光伏电站加里萨光伏发电站就由中企承建。国际能源署发布的2023年可再生能源年度展望报告《2023年可再生能源：到2028年的分析和预测》指出，中国是可再生能源大国，2023年在中国太阳能光伏市场的推动下，全球可再生能源装机容量增长再上新台阶。虽然欧洲、美国和巴西的可再生能源装机容量增长创历史新高，但中国的增长速度非同寻常。

推进绿色"一带一路"建设。"一带一路"倡议由中国发起并在实践中实现纵深发展，党中央进一步提出共建绿色"一带一路"，即统筹经济发展与环境保护，将绿色发展纳入"一带一路"建设的全过程，"让生态文明的理念和实践造福沿线各国人民"[①]。我国发展过程中的经验教训以及当前"一带一路"沿线各国面临的环境威胁都表明，绿色发展方式才是实现可持续发展的必由之路。我国采取多项措施努力支持和保障绿色"一带一路"的建设：2017年，中国政府发布了《"一带一路"生态环境保护合作规划》；2022年3月，我国印发了《推进绿色"一带一路"倡议的指导意见》，提出了在实施"一带一路"期间，在绿色发展重点领域和境外项目绿色发展方面的详细合作任务。目前我国已经在沿线国家开展了一大批清洁能源项目，清洁能源已经成为"一带一路"国家的合作热点。"聚焦携手打造绿色丝绸之路、健康丝绸之路、智力丝绸之路、和平丝绸之路，以钉钉子精神抓下去，一步一步把'一带一路'建设推向前进"[②]，用实际行动致力于实现人与自然和谐共生。

（二）坚持行动导向，推进全球海洋治理

全球环境治理不再局限于民族国家的世界政治，而是以活跃在地方一级的行为者越来越多地参与为特征，参与全球环境治理的行为者数量和程度大幅增加、组织类型的多样性有所增加。全球海洋治理是全球治理的重要组成部分，它不可避免地与全球治理的新格局联系在一起，其特点是复杂性和多样性。[③]由于海洋的流动性、整体性，相关国家管辖海域政策有所差异，以及近

---

① 习近平. 习近平谈治国理政（第3卷）［M］. 北京：外文出版社，2020：364.

② 习近平. 论坚持人与自然和谐共生［M］. 北京：中央文献出版社，2022：119.

③ Chen Yitong, Liu Huirong. Critical perspectives on the new situation of global ocean governance［J］. Sustainability, 2023, 15（14）：10921.

年来过度捕捞、海洋污染、生物多样性和栖息地的消失、外来物种入侵、气候变化等海洋问题日益严重，全球海洋治理正面临新的巨大的挑战。海洋孕育了生命、联通了世界、促进了发展，习近平总书记高瞻远瞩地提出了构建海洋命运共同体的重要理念，坚持海洋命运共同体理念推进全球海洋治理。

第一，充分发挥科技创新与应用在全球海洋治理中的作用。一方面，科技进步扩大了全球海洋治理的深度和广度。另一方面，随着科技进步，许多新出现的海洋治理挑战也浮出水面。第四次技术革命以信息技术和人工智能为主要特征，对全球海洋治理的议程制定和机制建设产生了积极的影响，但也提出了根本性挑战。这些挑战源于新的治理真空的产生，产生了许多以前不存在或潜在的问题。这些问题包括深海军事战略价值的竞争和监管、人工智能武器在海上的应用、通过提高海域意识对海洋空间和战略的竞争，以及新技术带来的恐怖主义和海盗行为等对海上安全治理的新威胁。不断更新的科技成果和适应性强的国际法律制度是全球海洋治理工具箱的重要组成部分。全球海洋治理需要系统、全面的国际法来应对解决，这需要以科学技术为关键要素的多学科发挥协同作用。自2015年联合国通过《2030年可持续发展议程》以来，科学家深入参与国际立法，尤其是有关气候变化、海洋和环境的立法。在国际立法的初步阶段，科学家可以为国际层面的科学共识和优先事项设定做出贡献，为国际法律制度的构建和文书的谈判提供设计框架和内容要素。在国际法律文书的谈判中，科学家根据进行谈判的组织程序规则参与文书的设计和初稿的起草。①

第二，实现海洋生态环境的可持续发展。随着陆地资源的日益开发和枯竭，深海已成为人类不可避免要涉足的领域。海洋是地球上最大的自然生态系统，也是人类生存和发展的关键。随着海洋经济的快速发展，各国的海洋生态环境都面临着超出其承受能力的风险。尽管自1994年《联合国海洋法公约》生效以来，国际海洋治理取得了一些进展，但仍面临巨大挑战。国际水域的人类活动包括无管制和破坏性的捕捞活动、物种入侵、过度矿产开采、船舶石油污染、废物倾倒和微塑料污染等，对海洋环境构成了实际或潜在威胁，这也导

---

① Chen Yitong, Liu Huirong. Critical perspectives on the new situation of global ocean governance [J]. Sustainability, 2023, 15（14）: 10921.

致了海洋变暖、水酸度增加、海洋生物多样性减少等问题的产生。全球海洋生态环境治理是全球治理的重要议题。全球海洋生态环境共治理念是多主体参与海洋生态环境治理和构建协商模式的前提和基础。立足于全球海洋生态环境保护，必须要进行全球合作，我国在此领域发挥重要作用。一是我国十分重视并积极参与全球海洋生态环境治理，《联合国海洋法公约》强调的人类共同遗产原则中的"共享资源"理念，实质上与中国"共商共建共享"的全球治理理念不谋而合。二是致力于建立海洋生态环境治理全球协调机制，构建人类命运的区域共同体和新的组织机制。任何一个国家、组织或机构都无法独自承担全球海洋生态系统治理的责任，要形成一个整体和清晰的方法来解决海洋面临的多重问题。三是实现全球海洋生态环境保护的关键不仅在于准确认识海洋生态环境的破坏现状，更在于如何结合国际政治、经济、社会形势进行理性分析，突破不同阵营、不同政策的意识形态壁垒，实现全球海洋生态环境保护的最优制度模型设计。通过多主体治理海洋生态环境，有利于更加有效地实现海洋生态环境的可持续发展，保护全人类共同遗产，实现代际公平，构建命运共同体等重大目标共同体。①

第三，不断完善国际海洋法建设。人类世的到来，以"生物多样性丧失、大气和海洋化学变化、城市化、全球化"为标志，不仅引发了对现有全球治理框架的充分性和有效性的反思，也引发了对它们本身在多大程度上使人类世成为可能的反思。与处理人与自然关系的其他国际法领域一样，海洋法在人类世中可以重新评估和重新构想。②从20世纪初开始，为编纂海洋法，各国都作出了若干努力，但直到1973年第三次联合国海洋法会议召开时，才以系统和全面的方式进行。在随后的九年中举行的会议促成了《联合国海洋法公约》（以下简称《公约》），这是海洋法史上最重要的"宪法时刻"。国际海洋秩序是动态的、不断演变的，《公约》的权威性、全面性和广泛性并不意味着《公约》的完善性。作为国家集团之间利益博弈和妥协的产物，《公约》的许

---

① Zhang Wenbin. Dilemma of multisubject co-governance of global marine ecological environment and implementation path［J］. Sustainability, 2021, 13（20）: 11145.

② Stephens Tim. Global ocean governance in the anthropocene: from extractive imaginaries to planetary boundaries?［J］. Global Policy, 2022, 13（53）: 76-85.

多条款都是具有原则性和概述性的，这导致了法律解释的模糊和差异，而这些解释往往需要在具体应用中加以解决。《公约》也未能预见和穷尽人类世科学技术的快速发展和地球系统的变化所带来的机遇和挑战。以《公约》为代表的当前国际海洋秩序正处于"世纪空前变化"背景下的快速变化时期，需要应对海平面上升、海洋塑料污染酸化等一系列地球系统变化。随着人类世的开始，国际法将面临根本性的挑战。从全新世到人类世的过渡将需要根据新形势的需要和目标作出反应或转变，而不是通过类比或先例强加基于先前不再有效的规范或制度。同时，在国际法中寻求稳定并最终寻求促进和平与预防冲突的解决方案，将趋向于法律领域的渐进式变革。①

除了关注海洋治理外，还要支持淡水生物多样性的恢复。淡水生物多样性是未来十年最容易被忽视和最紧迫的保护领域。世界自然保护联盟区分了28种全球淡水生态系统类型，为促进淡水生物多样性的恢复和保护活动提供了强有力的框架。目前，对淡水生态系统的主要威胁已综合为六大类：水文变化、生物环境退化和丧失、污染、过度开发、入侵物种和气候变化。生态系统恢复具有挑战性并且成本高昂，可能需要数十年的持续努力才能达到预期的结果。加强对淡水生态系统和生物多样性的保护，迫切需要呼吁包括自由流动的河流、河流—湿地镶嵌、泉水和其他依赖地下水的生态系统，以及跨空间尺度的管辖区和部门来综合协调的陆地—淡水—河口/海洋的综合保护。同时，加强淡水保护区的保护效益需要科学家、管理机构以及访问、了解和使用这些地区的群众积极参与合作。加强公众参与、坚定利益攸关方对条件或物种丰富度趋势的参与性监测，可以提高淡水生物多样性的普及程度，并有助于改变可能导致生态系统破坏的行为。②

（三）坚持互利共赢，构筑环境保护伙伴关系

当前，全球环境治理面临着前所未有的挑战，习近平总书记指出：各国应"共商应对气候变化挑战之策，共谋人与自然和谐共生之道"，"共同构建人

---

① Chen Yitong, Liu Huirong. Critical perspectives on the new situation of global ocean governance［J］. Sustainability, 2023, 15（14）: 10921.

② Arthington Angela H. Grand challenges to support the freshwater biodiversity emergency recovery plan［J］. Frontiers in Environmental Science, 2021, 9: 664313

与自然生命共同体"，^①充分展现出我国在环境治理方面的国际视野。

　　第一，共商应对气候变化挑战之策。习近平总书记指出："保护生态环境、应对气候变化需要世界各国同舟共济、共同努力。"^②气候变化是世界各国共同面对的挑战，是一个全球性的问题，它对人类社会和自然环境造成了严重影响。国际社会要共同保护我们的地球家园，共同应对气候变化挑战，这关系到全人类的前途命运。为了应对气候变化的挑战，全球气候治理需要各国共同努力，共同承担责任。只有通过全球气候治理，才能实现可持续发展的目标，保护地球家园，为人类的未来创造更好的生活环境。其一是全球气候治理需要各国共同参与，要有必胜的决心，积极落实好《巴黎协定》，为应对气候变化注入动力。气候变化的影响是全球性的，没有哪个国家能够独善其身，各国应该积极参与全球气候治理，共同制定减排目标和行动计划，共同应对气候变化带来的挑战。其二是全球气候治理需要各国共同承担责任，要有合作的诚心，恪守"共同但有区别的责任"原则，充分考虑发展中国家的发展需要，给予发展中国家相应的资金和技术支持。各国应该根据自身的能力和责任，共同承担降碳减排任务。发达国家应该承担更多的责任，向发展中国家提供资金和技术支持，帮助他们应对气候变化的挑战。其三是全球气候治理需要各国共同努力实现可持续发展，要有行动的恒心，要在经济发展进程中实现绿色低碳转型，不断强化行动力度。气候变化与经济发展密切相关，各国应该在发展经济的同时，注重环境保护和资源的可持续利用。通过发展清洁能源、提高能源效率、推广低碳技术等方式，实现经济发展和环境保护的双赢。我国作为负责任的大国，以实际行动来保护全人类赖以生存的生态环境，为全球应对气候变化做出积极努力。

　　第二，共谋人与自然和谐共生之道。世界是一个休戚与共的命运共同体，随着全球化进程的加快，世界范围内生态环境问题日益加剧。面对气候变暖、生态破坏严重、生物多样性丧失等一系列全球环境问题，需要全世界携起手来共同应对。习近平总书记指出："面对脆弱的生态环境，我们要坚持

　　① 习近平.共同构建人与自然生命共同体［N］.北京：人民日报，2021-04-23.
　　② 习近平.习近平谈治国理政（第3卷）［M］.北京：外文出版社，2020：364.

尊重自然、顺应自然、保护自然，共建绿色家园。面对气候变化给人类生存和发展带来的严峻挑战，我们要勇于担当、同心协力，共谋人与自然和谐共生之道。"①处理好人与自然、人与人、人与社会、经济建设与环境保护、国家与国家之间的关系，始终坚持绿色发展、以人为本、系统治理，实现人与自然和谐共生。

第三，共建人类命运共同体。世界格局多极化、经济贸易全球化、文化交流多样化的趋势不可逆转，经济全球化是生产力提高和科技进步必然产生的结果。各国在经济全球化这个不可逆转的趋势下相互依存、紧密联系在一起，但是也引发了一系列全球性问题。面对纷繁复杂的国际形势，没有一个国家能够脱离整个国际社会独善其身。地球是人类共同的家园，任何国家都无法割裂联系而独善其身。一些西方国家奉行单边主义，在全球生态环境建设中有利则合、无利则弃，导致国际合作机制的削弱，在节能减排等问题上避重就轻，在资金、技术上对发展中国家的援助"缺斤少两"、口惠而实不至，动辄以"退群""甩锅"推卸责任。一些西方环境生态学者片面强调"平等"而忽视公平，历史上一些发达国家在工业化和现代化过程中大量排放温室气体，对当前全球气候变化有较大影响，这些国家在应对气候变化方面承担着特殊的历史责任。然而，一些西方国家出于自身利益，试图推卸和逃避这些责任，或是将其与发展中国家的当前排放量相提并论，忽视了历史责任和公平性问题。世界各国要积极承担保护环境、绿色发展的责任，共同构建人类命运共同体、人类卫生健康共同体、地球生命共同体。不同社会制度、不同意识形态、不同历史文化、不同发展水平的国家在国际事务中利益共生、权利共享、责任共担，积极承担保护环境、绿色发展的责任，共同建设人与自然和谐共生的现代化，保护人类共同的家园，形成共建美好世界的最大公约数，画出人类命运的最大同心圆。

① 习近平.加强政党合作 共谋人民幸福［N］.北京：人民日报，2021-07-07.

结 语

　　中国式现代化，是中国共产党领导的社会主义现代化，既有各国现代化的共同特征，更有基于自己国情的中国特色，其中之一是人与自然和谐共生的现代化。人与自然和谐共生作为中国式现代化的重要特征和本质要求之一，充分反映了我国对现代化的认识达到新高度。准确理解人与自然和谐共生的中国式现代化的生成逻辑与内涵意蕴，并进一步优化路径选择，事关全面建设社会主义现代化国家的重大部署，具有重要的理论与实践意义。人与自然和谐共生的现代化实现了从"我们只有一个地球"到"命运共同体"的转变，具体表现在人与自然是命运共同体、地球生命共同体、人类卫生健康共同体、海洋命运共同体等；实现了从"就环境谈环境"到"跳出环境谈环境"的转变。习近平总书记从更加宏阔的视野来理解生态环境问题，生态环境问题直接涉及社会经济的发展、人民生活的幸福以及国家总体安全的构建，因此更是一个政治问题、经济问题、文化问题、社会问题、国家安全问题。坚定不移走好人与自然和谐共生的中国式现代化之路就要树立科学的生态环保意识、践行良好的生态环境是最普惠的民生福祉理念、实行最严格的生态环境保护制度、强化生态文明建设科技创新引领、不断加强学术研究与体系建构、积极稳妥推进碳达峰、碳中和，协同推进降碳、减污、扩绿、增长，推进生态优先、节约集约、绿色低碳发展，扎实推进美丽中国建设。同时，习近平总书记站在人类社会可持续发展的高度，提出人与自然是生命共同体理念，我国要不断提升生态文明国际话语权，助力构建公正的全球生态治理体系。以人与自然和谐共生谋划发展，为全面建设社会主义现代化强国奠定生态基础，为中华民族伟大复兴贡献生态力量。

参考文献

一、著作类

［1］中共中央马克思恩格斯列宁斯大林著作编译局. 马克思恩格斯选集（1—4卷）［M］. 北京：人民出版社，2012.

［2］中共中央毛泽东选集出版委员会. 毛泽东选集（1—4卷）［M］. 北京：人民出版社，1991.

［3］中共中央文献研究室. 邓小平文集（1—3卷）［M］. 北京：人民出版社，2014.

［4］江泽民. 江泽民文选（1—3卷）［M］. 北京：人民出版社，2006.

［5］胡锦涛. 胡锦涛文选（1—3卷）［M］. 北京：人民出版社，2016.

［6］习近平. 习近平谈治国理政（1—4卷）［M］. 北京：外文出版社，2017—2022.

［7］习近平. 论坚持人与自然和谐共生［M］. 北京：中央文献出版社，2022.

［8］高举中国特色社会主义伟大旗帜 为全面建设社会主义化国家而团结奋斗——在中国共产党第二十次全国代表大会上的报告［M］. 北京：人民出版社，2022.

［9］中共中央文献研究室. 习近平关于社会主义生态文明建设论述摘编［M］. 北京：中央文献出版社，2017.

［10］蔡华杰. 新自由主义"生态环境治理术"批判［M］. 北京：经济管理出版社，2023.

［11］曹孟勤. 人对自然界的身份与责任［M］. 北京：中国社会科学出版社，2022.

［12］陈文珍.马克思人与自然关系理论的多维审视［M］.北京：人民出版社，2014.

［13］陈学明.走向人类文明新形态［M］.天津：天津人民出版社，2022.

［14］黄承梁.新时代生态文明建设思想概论［M］.北京：人民出版社，2018.

［15］郇庆治.马克思主义生态学论丛（1—5）［M］.北京：中国环境出版集团，2021.

［16］郇庆治.生态文明建设十讲［M］.北京：商务印书馆，2014.

［17］刘敬东，郇庆治，陆俊.国外马克思主义思潮评介［M］.北京：北京师范大学出版社，2021.

［18］刘仁胜.生态马克思主义概论［M］.北京：中央编译出版社，2007.

［19］莫放春.马克思的生态学与生态学马克思主义研究［M］.北京：人民出版社，2018.

［20］倪瑞华.英国生态学马克思主义研究［M］.北京：人民出版社，2011.

［21］潘家华.生态文明建设的理论建构与实践探索［M］.北京：中国社会科学出版社，2019.

［22］王立胜.中国式现代化道路与人类文明新形态［M］.南昌：江西高校出版社，2022.

［23］王雨辰.生态文明与文明的转型［M］.湖北：崇文书局，2020.

［24］辛向阳.中国式现代化［M］.南昌：江西教育出版社，2022.

［25］曾文婷."生态学马克思主义"研究［M］.重庆：重庆出版社，2008年.

［26］张一兵.当代国外马克思主义哲学思潮［M］.南京：江苏人民出版社，2012年.

［27］张云飞，李娜.建设人与自然和谐共生的现代化［M］.北京：中国人民大学出版社，2022.

［28］张云飞.开创社会主义生态文学明新时代［M］.北京：中国人民大学出版社，2017.

［29］［德］A.施米特.马克思的自然概念［M］.北京：商务印书馆，1988.

二、期刊论文类

［1］白晋湘，郑健.民族传统体育助力"人与自然和谐共生"的内涵阐释及实现路径［J］.天津体育学院学报，2022，（06）.

［2］本刊编辑部.全面推进美丽中国建设 努力实现人与自然和谐共生的现代化［J］.环境保护，2024，（08）.

［3］本刊编辑部.推动绿色发展建设人与自然和谐共生的现代化［J］.环境保护，2021，（06）.

［4］白彦.中国式现代化视域中的生态法治建设［J］.人民论坛，2022，（22）.

［5］曹辉，李包庚.论人与自然和谐共生的现代化［J］.世界社会科学，2023，（02）.

［6］陈军，肖雨彤.中国式现代化视域下生态文明制度建设的实现理路［J］.南京工业大学学报（社会科学版），2023，（05）.

［7］陈继雯，曾天雄.用"天人合一"思想滋育人与自然和谐共生的现代化［J］.思想理论教育导刊，2023，（12）.

［8］陈石明，刘淑琪.论中国式现代化的文明意义［J］.北京联合大学学报（人文社会科学版），2024，（03）.

［9］程相占.在"人与自然和谐共生"观指导下深化生态美学［J］.文艺理论研究，2024，（02）.

［10］陈云.建设人与自然和谐共生现代化的模式探索——基于学术史的考察［J］.南京师大学报（社会科学版），2024，（01）.

［11］董慧，汪筠茹.中国式现代化道路的生态意蕴及其经验启示［J］.湖北大学学报（哲学社会科学版），2022，（03）.

［12］邓集文.中国式现代化的鲜明特色［J］.湖南社会科学，2022，（06）.

［13］丁帅.人与自然和谐共生的现代化［J］.上海经济研究，2023，（05）.

［14］戴秀丽.人与自然和谐共生现代化的阶段特征与推进策略研究［J］.兰州大学学报（社会科学版），2022，（04）.

［15］代砚春.自然的重置与控制的消解——从中西比较视域看中国式现代化的生态观变革［J］.云南社会科学，2023，（05）.

〔16〕方世南，韩叶. 以人与自然和谐共生的现代化推进共同富裕研究〔J〕. 江苏大学学报（社会科学版），2023，（01）.

〔17〕方世南，张玥. 深刻领悟"站在人与自然和谐共生的高度谋划发展"的战略深意〔J〕. 马克思主义理论学科研究，2023，（01）.

〔18〕方世南. 促进人与自然和谐共生的内涵、价值与路径研究〔J〕. 南通大学学报（社会科学版），2021，（05）.

〔19〕方世南. 建设人与自然和谐共生的现代化〔J〕. 理论视野，2018，（02）.

〔20〕方世南. 论人与自然和谐共生的现代化的真善美意蕴〔J〕. 学术探索，2023，（03）.

〔21〕方世南. 绿色发展：迈向人与自然和谐共生的绿色经济社会〔J〕. 苏州大学学报（哲学社会科学版），2021，（01）.

〔22〕方世南. 深刻领悟"站在人与自然和谐共生的高度谋划发展"的重要意义〔J〕. 马克思主义与现实，2023，（03）.

〔23〕方世南. 习近平生态经济观蕴涵的新质生产力理念研究〔J〕. 北京航空航天大学学报（社会科学版），2024，（02）.

〔24〕方世南. 以人与自然和谐共生的现代化创造人类生态文明新形态研究〔J〕. 江苏大学学报（社会科学版），2023，（05）.

〔25〕方世南. 以中国式现代化创造人类生态文明新形态研究〔J〕. 南京师大学报（社会科学版），2023，（04）.

〔26〕方世南. 中国化时代化的马克思主义生态政治观——"站在人与自然和谐共生的高度谋划发展"的生态政治意蕴〔J〕. 西北师大学报（社会科学版），2023，（05）.

〔27〕高波，吕有金. 中国式现代化道路：理论逻辑、现实特征与推进路径〔J〕. 河北学刊，2022，（06）.

〔28〕耿步健. 人与自然和谐共生的现代化：习近平生态文明思想的核心与特色〔J〕. 探索，2023，（01）.

〔29〕黄承梁. 中国式现代化与建设人与自然和谐共生现代化的历史必然〔J〕. 中国人口·资源与环境，2023，（04）.

〔30〕胡春立，赵建军.建设人与自然和谐共生现代化及其路径选择〔J〕.城市与环境研究，2022，（04）.

〔31〕胡长生.习近平总书记关于人与自然和谐共生重要论述的三重逻辑〔J〕.湖南社会科学，2022，（05）.

〔32〕巩固.人与自然和谐共生的理论阐释与法治图景〔J〕.法制与社会发展，2024，（03）.

〔33〕郭根山，艾磊.中国式现代化的实践基础、价值重构与理论品格〔J〕.中州学刊，2023，（06）.

〔34〕韩晶.人与自然和谐共生的现代化：理论逻辑、现实约束与实践路径〔J〕.理论学刊，2023，（06）.

〔35〕韩秋红.习近平生态文明思想的中国智慧与人类贡献〔J〕.马克思主义理论学科研究，2022，（03）.

〔36〕韩秋红.中国式现代化人与自然和谐共生的本质特征与世界意义〔J〕.社会科学家，2023，（02）.

〔37〕郇庆治，苗旭琳."人与自然和谐共生的中国式现代化"阐释的三重维度〔J〕.南京工业大学学报（社会科学版），2024，（01）.

〔38〕郇庆治."中国式现代化的生态观"析论〔J〕.人民论坛·学术前沿，2023，（08）.

〔39〕郇庆治.以更高理论自觉推进全面建设人与自然和谐共生现代化国家〔J〕.中州学刊，2023，（01）.

〔40〕郭小丽，刘长明.论中国式现代化的人民逻辑〔J〕.当代世界与社会主义，2023，（04）.

〔41〕黄雪英.人与自然和谐共生现代化的三重维度〔J〕.北方民族大学学报，2023，（05）.

〔42〕何玉芳，李戈.习近平生态文明思想视域下中国式现代化的生态图景〔J〕.城市与环境研究，2023，（02）.

〔43〕贾翠娇，许志晋.人与自然和谐共生现代化：独特优势、多重超越与实践路径〔J〕.社会科学家，2023，（11）.

〔44〕蒋建清.人与自然和谐共生的现代化建设研究〔J〕.中共中央党校

（国家行政学院）学报，2022，（05）.

［45］金志校，曹孟勤.全面建设社会主义现代化国家生态向度的三维阐释［J］.哈尔滨工业大学学报（社会科学版），2023，（05）.

［46］姜长云.科学把握中国式现代化的内涵要义和创新价值［J］.陕西师范大学学报（哲学社会科学版），2023，（06）.

［47］李飞虎，齐卫平.中国式现代化生态观创造人类文明新形态的价值论析［J］.四川师范大学学报（社会科学版），2024，（03）.

［48］李国锋.人与自然和谐共生的现代化：逻辑叙事、时代方位、价值旨归［J］.山东师范大学学报（社会科学版），2024，（02）.

［49］李湖.促进人与自然和谐共生是中国式现代化的本质要求［J］.红旗文稿，2023，（03）.

［50］李宏伟.建设人与自然和谐共生的中国式现代化研究［J］.理论视野，2023，（01）.

［51］李宏伟.推进人与自然和谐共生现代化的三重维度［J］.城市与环境研究，2023，（01）.

［52］李娟.人与自然和谐共生现代化的传统文化根基［J］.马克思主义研究，2023，（06）.

［53］吕景春，韩俊喆.人与自然和谐共生的中国式现代化——内在逻辑、现实制约与路径选择［J］.南开学报（哲学社会科学版），2023，（06）.

［54］刘经纬，刘晓雪.人与自然和谐共生现代化的中华优秀传统文化底蕴［J］.理论视野，2024，（04）.

［55］李建肖.生态现代化理论的样态审视——兼论"人与自然和谐共生"的文明基因［J］.哈尔滨工业大学学报（社会科学版），2023，（04）.

［56］李琳.人与自然和谐共生现代化的唯物史观意蕴［J］.南昌大学学报（人文社会科学版），2022，（06）.

［57］刘珉，胡鞍钢.人与自然和谐共生的现代化——中国林业绿色发展之路（1949—2060）［J］.海南大学学报（人文社会科学版），2022，（05）.

［58］李颂.论人与自然和谐共生现代化的超越性逻辑［J］.广西社会科学，2023，（09）.

［59］刘卫先.以中国式现代化引领环境法治建设［J］.中州学刊，2023，（07）.

［60］李曦辉，弋生辉.中国式生态文明现代化的成就与经验［J］.北方民族大学学报，2023，（02）.

［61］李雪娇，何爱平.人与自然和谐共生：中国式现代化道路的生态向度研究［J］.社会主义研究，2022，（05）.

［62］刘耀彬，傅如毅，肖小东.绿色高质量发展的逻辑、框架与路径——基于人与自然和谐共生现代化的视角［J］.兰州大学学报（社会科学版），2023，（02）.

［63］李征.天人合一的宇宙观：人与自然和谐共生的文化根基［J］.山东社会科学，2023，（06）.

［64］马元喜，方盛举.人与自然和谐共生的中国式现代化——一项基于多维度的历时性考察［J］.学术探索，2024，（03）.

［65］马元喜.人与自然和谐共生的现代化：逻辑、特质与进路［J］.云南民族大学学报（哲学社会科学版），2023，（03）.

［66］彭璞.论人与自然和谐共生的中国式现代化环境伦理［J］.世界经济与政治论坛，2023，（02）.

［67］齐绍洲.中国式现代化视角下的碳达峰与碳中和［J］.经济评论，2022，（06）.

［68］秦天宝.人与自然和谐共生的现代化与环境法的转型［J］.比较法研究，2024，（03）.

［69］秦天宝.人与自然和谐共生的中国式现代化之环境法治保障［J］.武汉大学学报（哲学社会科学版），2023，（03）.

［70］阮睿颖，余永跃.人与自然和谐共生：中国式现代化的理论借鉴、生态反思和实践创新［J］.学习与实践，2023，（05）.

［71］孙金龙.以美丽中国建设全面推进人与自然和谐共生的现代化［J］.环境保护，2024，（Z2）.

［72］孙嘉笠.人与自然和谐共生现代化的理论渊源、实践指向与时代价值［J］.学校党建与思想教育，2023，（24）.

［73］司林波，裴索亚.人与自然和谐共生的中国式现代化：生成逻辑、时代意蕴与治理图景［J］.西北大学学报（哲学社会科学版），2023，（03）.

［74］沈满洪.建设"人与自然和谐共生的现代化"的"重要窗口"［J］.浙江工商大学学报，2021，（05）.

［75］陶蕾韬，牟贞牙."双碳"目标助力中国式现代化的内在逻辑与实践路径［J］.贵州社会科学，2023，（11）.

［76］田时雨.推进人与自然和谐共生现代化法治建设的三重维度［J］.理论视野，2023，（05）.

［77］王彬彬，雏田梦.人与自然和谐共生的现代化的生成逻辑、发展历程与实践进路［J］.南昌大学学报（人文社会科学版），2023，（06）.

［78］王灿发，张祖增.人与自然和谐共生式现代化的环境法制进路探索［J］.学术交流，2023，（05）.

［79］文丰安.加快推进人与自然和谐共生现代化的路径选择［J］.新视野，2023，（05）.

［80］王桂艳，王纯.人与自然和谐共生现代化的生成逻辑［J］.河南社会科学，2024，（05）.

［81］魏恒，徐德斌.比较视阈下深刻把握中国式现代化的生态属性［J］.学校党建与思想教育，2023，（12）.

［82］温华军，张秋生.中国式现代化道路的生态文明理念及其贡献［J］.南京大学学报（哲学·人文科学·社会科学），2022，（06）.

［83］王青，李萌萌.人类文明新形态的生态意蕴［J］.东岳论丛，2023，（05）.

［84］王青，李萌萌.人与自然和谐共生现代化的战略演进［J］.江西师范大学学报（哲学社会科学版），2022，（01）.

［85］王文轩.人与自然和谐共生的现代化：历史选择、理论依据与实践路径［J］.科学社会主义，2023，（03）.

［86］邬晓燕.中国绿色现代化的探索历程、理论意蕴与基本经验［J］.教学与研究，2023，（01）.

［87］王雪源，王增福.人与自然和谐共生的现代化：科学内涵、本质要

求与实现路径［J］.福建论坛（人文社会科学版），2023，（01）.

［88］王雨辰，彭无瑕.美丽中国建设目标的生态哲学阐释及其价值［J］.吉首大学学报（社会科学版），2023，（05）.

［89］王雨辰，张熊.中国式现代化的形态建构、动力要素与实践进路——以人与自然和谐共生为分析视角［J］.新疆师范大学学报（哲学社会科学版），2024，（03）.

［90］王雨辰，周宜.站在人与自然和谐共生高度谋划发展与美丽中国建设［J］.求是学刊，2023，（01）.

［91］王雨辰.论"人与自然和谐共生"与美丽中国建设［J］.马克思主义理论学科研究，2023，（12）.

［92］王雨辰.习近平生态文明思想视域下的"人与自然和谐共生的现代化"［J］.求是学刊，2022，（04）.

［93］王阳春.走人民至上的人与自然和谐共生的发展道路——基于学理、历史、实践三重维度［J］.山东社会科学，2023，（05）.

［94］徐国亮，薛伟.深刻理解人与自然和谐共生的现代化整体性逻辑［J］.城市与环境研究，2023，（04）.

［95］肖建国，李雨豪.习近平总书记关于人与自然和谐共生重要论述的内在逻辑与实践指向［J］.江苏大学学报（社会科学版），2024，（02）.

［96］肖兰兰.人与自然和谐共生现代化建设与全球气候治理的互动逻辑［J］.福建师范大学学报（哲学社会科学版），2023，（06）.

［97］杨慧民，杨丽丽.人与自然和谐共生的现代化走向世界的叙事逻辑［J］.思想教育研究，2023，（10）.

［98］严金明.促进人与自然和谐共生的中国式现代化［J］.中国人民大学学报，2022，（06）.

［99］杨露，阮李全.西藏可持续发展之路：走向人与自然和谐共生［J］.西藏研究，2024，（01）.

［100］燕连福，赵莹.中国式现代化蕴含生态观的丰富内涵、理论贡献及实践路径［J］.自然辩证法通讯，2024，（02）.

［101］颜晓峰，张艳红.人与自然和谐共生的中国式现代化的四重超越

［J］.山东社会科学，2024，（05）.

　　［102］姚修杰.中国式现代化对西方现代化的五维超越［J］.学术交流，2024，（03）.

　　［103］杨英姿.中国式现代化的生态建构［J］.城市与环境研究，2023，（03）.

　　［104］叶海涛，沈利华.论中国式现代化的生态哲学基础［J］.中州学刊，2023，（05）.

　　［105］叶海涛，张劲松.论人与自然和谐共生的中国式现代化［J］.江苏行政学院学报，2023，（03）.

　　［106］袁红英.加快建设人与自然和谐共生的现代化［J］.城市与环境研究，2022，（04）.

　　［107］余玉湖，李景源.人与自然和谐共生的中国式现代化道路生态图景［J］.当代世界与社会主义，2022，（05）.

　　［108］于舟，万立明.人与自然和谐共生的中国式现代化——基于马克思物质变换思想的分析［J］.经济问题，2023，（11）.

　　［109］周家斌.保护好桂林山水走人与自然和谐共生的中国式现代化之路［J］.党建，2022，（12）.

　　［110］赵建军.以中国式现代化加快推进人与自然和谐共生现代化［J］.中州学刊，2023，（01）.

　　［111］郑继江.论人与自然和谐共生的现代化生成机理［J］.理论学刊，2020，（06）.

　　［112］朱锦秀，蔡璐.回溯、思考、践行：人与自然和谐共生的现代化［J］.重庆社会科学，2024，（02）.

　　［113］张华.人与自然和谐共生的现代化的情感意蕴［J］.湖南科技大学学报（社会科学版），2024，（02）.

　　［114］张青兰，蔡苗.中国式现代化的生态意蕴［J］.江西师范大学学报（哲学社会科学版），2023，（04）.

　　［115］曾嵘，王立胜.中国式现代化是人与自然和谐共生的现代化［J］.广西大学学报（哲学社会科学版），2023，（03）.

［116］张涛. 中国式现代化的生态观［J］. 思想理论教育导刊，2024，（03）.

［117］张涛. 中国式现代化生态观的生成逻辑、理论意涵与世界意义［J］. 思想理论教育，2023，（11）.

［118］张涛. 资本主义现代化的生态困境与中国式现代化的超越——基于"生产方式"的研究视角［J］. 经济社会体制比较，2024，（03）.

［119］张云飞，李娜. 建设人与自然和谐共生现代化的价值抉择［J］. 东南学术，2022，（04）.

［120］张云飞，曲一歌. 建设人与自然和谐共生现代化的系统抉择［J］. 西南大学学报（社会科学版），2021，（06）.

［121］张云飞. 建设人与自然和谐共生现代化的创新抉择［J］. 思想理论教育导刊，2021，（05）.

［122］张云飞. 建设人与自然和谐共生现代化的政治宣言和行动纲领［J］. 人民论坛，2022，（22）.

［123］张云飞. 人与自然和谐共生：中国式现代化的生态维度和本质要求［J］. 南京工业大学学报（社会科学版），2023，（01）.

［124］张云飞. 生态文明：全面建设社会主义现代化国家的内在要求［J］. 马克思主义与现实，2023，（05）.

［125］张云飞. 中国式现代化的生态导向［J］. 思想理论教育，2023，（11）.

［126］张云飞. 中国式现代化中蕴含的独特生态观的内涵和贡献［J］. 东南学术，2024，（01）.

［127］张友国. 人与自然和谐共生绿色发展的路径选择［J］. 社会科学辑刊，2023，（05）.

［128］朱育漩，单继刚. 人与自然和谐共生的现代化建设探析［J］. 理论视野，2023，（12）.

［129］张震，袁周斌. 人与自然和谐共生的中国式现代化之法治体系与方略［J］. 重庆大学学报（社会科学版），2023，（02）.